Raissa Gorbatschowa

Leben heißt hoffen

Erinnerungen und Gedanken

Aus dem Englischen von Christa Broermann,
Gabriele Burkhardt und Reinhard Tiffert

Gustav Lübbe Verlag

Titel der englischen Buchausgabe: I Hope.
Reminiscences and Reflections
Originalverlag: HarperCollins*Publishers*,
Hammersmith, London W6 8JB
Aus dem Englischen von Christa Broermann,
Gabriele Burkhardt und Reinhard Tiffert

Redaktionelle Bearbeitung: Reiner Pfleiderer und Bernd Rullkötter
Umschlaggestaltung: Manfred Peters, Bergisch Gladbach,
unter Verwendung zweier Fotos von Jürgens Ost+Europa-Photo, Köln
Satz: Dr. Ulrich Mihr, Tübingen
Druck und Einband: Ebner Ulm

Printed in Germany
ISBN 3-7857-0637-5

Inhalt

Vorbemerkung

Raissa Gorbatschowa erzählt von sich und ihrem Leben im Gespräch mit Georgi Prjachin. Um Verwechslungen auszuschließen, wird der Text von Georgi Prjachin *kursiv* gedruckt.

An meine ausländischen Leser

Im ersten Kapitel meines Buches, das die Überschrift »Einladung zu einem Interview« trägt, habe ich die Gründe dargelegt, die mich dazu bewogen haben, zur Feder zu greifen und dieses Buch zu schreiben. Dem dort Gesagten kann ich nur noch folgendes hinzufügen: In den letzten Jahren erhielt ich zahlreiche Angebote, ein Buch über mich und meine Familie zu schreiben oder Interviews zu geben. Diese Angebote habe ich alle entschieden abgelehnt. Nun aber, da ich mich dazu entschlossen habe, steht mein Entschluß ebenso fest. Vermutlich geht es vielen Menschen so, und mir ist es nicht anders gegangen.

Mein Buch *Leben heißt hoffen* hatte eine kurze Entstehungszeit – lediglich vier Monate. Es handelt sich dabei nicht um Memoiren oder Lebenserinnerungen mit dem üblichen Bemühen um Chronologie und Details. Noch weniger ist es eine systematische Darstellung meiner Ansichten und Überzeugungen, wenngleich sie in das Buch eingeflossen sind. Es ist ein Buch, in dem ich ganz offen spreche, ein Buch, das an manchen Stellen wahrscheinlich widersprüchlich, gefühlsbetont und bruchstückhaft ist. Es ist ein Buch über mich, meine Vergangenheit und meine Gegenwart, über meine Erlebnisse und unmittelbaren Eindrücke. Es ist eine spontane und sehr persönliche Antwort auf die Geschehnisse in meiner Umgebung und auf die dramatischen Konflikte und Erschütterungen, aber auch auf die Fortschritte, die jetzt das öffentliche Leben in meinem Land kennzeichnen.

Für mich bietet dieses Buch die Gelegenheit, meinen Standpunkt deutlich zu machen, gewisse Dinge zu erklären und Mißverständnisse auszuräumen. Und die Möglichkeit, anderen Menschen meine Probleme, meine Ängste und meine Hoffnungen mitzuteilen. Wenn Ihr Herz dafür empfänglich ist, würde mich das freuen.

Was die Form des Buches betrifft, so erschien mir in Anbetracht der erwähnten Umstände ein persönliches Gespräch am natürlichsten.

Raissa Gorbatschowa
Juni 1991

Einladung zu einem Interview

Ich hätte die Frau des Mannes, der später der erste sowjetische Präsident werden sollte, ohne weiteres auch schon 1964 kennenlernen können. Sie lebte damals in meiner Nähe – rund zweihundert Kilometer von der kleinen Stadt entfernt, in der ich aufgewachsen bin. Ich hatte schon früh meine Eltern verloren und kam zuerst in ein Kinderheim, dann in eine Schule für Jungen aus der Arbeiterklasse, in der jeder zweite Mitschüler beinahe doppelt so alt und so groß war wie ich. Dort begann ich meine Laufbahn als Reporter. Manchmal kam die spätere First Lady unserem Städtchen erheblich näher, dann nämlich, wenn sie durch die Schlammassen stapfte, in die sich die Landstraßen im Herbst verwandelten. Sie arbeitete damals an einer soziologischen Studie und erforschte das dörfliche Leben.

Wie jeder gute Landwirt hat auch der Soziologe zur Erforschung des Dorflebens einen Beruf gewählt, bei dem er sich die Füße wund läuft. Vor mir auf dem Tisch liegt ein vergilbtes, auf schlechtem Papier gedrucktes Büchlein, das 1967 erschien. Auf dem Einband steht: »R. M. Gorbatschowa. Autorreferat der Dissertation, die zur Erlangung des akademischen Grades eines Kandidaten der philosophischen Wissenschaften vorgelegt wurde.« Der Titel der Arbeit lautet: Die Entwicklung neuer Merkmale in der Lebensweise der Kolchosbauern.

Die zierliche Forscherin pflegte ihre Runden durch die Dörfer in Gummistiefeln zu machen – versuchen Sie einmal, Ihren Stiefel aus dem Matsch zu ziehen, ohne daß der Fuß, der in dicken Wollsocken steckt, aus dem Stiefel rutscht –, denn da-

mals gab es keine andere Möglichkeit, in die Dörfer zu gelangen. Als Dorf-Soziologin konnte sie sich wahrhaftig die Füße wund laufen! Sie trank Tee mit den alten Frauen und den Kriegerwitwen. Aber den ungebräuchlichen Begriff »Soziologin« wird sie kaum benutzt haben, wenn sie sich vorstellte. Wahrscheinlich wählte sie andere Worte, die den Menschen auf dem Land geläufiger waren.

Kennengelernt haben wir uns freilich erst viele Jahre später, weit von diesen Dörfern entfernt – und zwar in Moskau.

Und nun erhielt ich vor wenigen Tagen die überraschende Einladung, als eine Art Interviewer für ein Buch zu fungieren, das weitgehend autobiographischen Charakter haben soll. Für heute war ich in die in einem Vorort gelegene Präsidenten-Datscha eingeladen. Wie sich herausstellte, war der Weg dorthin nicht weit.

Hinter dem Tor bog der Wagen in die Auffahrt ein und rollte an einem Waldstück entlang, dessen Bäume wahrscheinlich vor vielen Jahren gepflanzt worden waren, ein »lichtes Wäldchen«, wie wir Russen sagen. Die dichten Kronen der Tannen und Föhren und die Äste der Linden zeichneten Muster gegen den sich verdunkelnden Himmel, und die älteren, borkigen Linden steckten tief im unberührten Schnee. Hinter den Bäumen erblickte ich ein gelbes, zweistöckiges Haus, das mich an ein Landhaus vom Ende des letzten Jahrhunderts erinnerte. Der Wolga bremste und hielt. Ich stieg aus und sah Raissa Maximowna Gorbatschowa in der breiten, gläsernen Doppeltür stehen.

Sie trug einen gemusterten Pullover, wahrscheinlich selbst gestrickt. Ich hatte sie schon einmal in diesem Pullover in der Zentralen Kinderklinik der Republik gesehen, die sie unterstützte und der sie erst vor wenigen Tagen einen inoffiziellen Besuch abgestattet hatte; sie hatte sich über drei Stunden dort aufgehalten. Zum erstenmal sah ich sie in Hosen. Der Pullover, die Hosen und die Sandaletten mit Stoffoberteil standen der Dame des Hauses gut. »Willkommen«, sagte sie und streckte mir die Hand entgegen.

Ihr Blick war aufmerksam und freundlich.

In der Eingangshalle entdeckte ich nichts besonders Auffälliges: Im Gegenteil, sie wirkte eher zu funktional. Auf der linken Seite befand sich die Garderobe. Mein Mantel sah dort ziemlich einsam aus. Darunter standen mehrere Paar Hausschuhe. Trotzdem wechselte ich nicht die Schuhe. Dann gingen wir eine steile, blitzblanke Treppe zum ersten Stock hinauf. An den Wänden hingen einige gerahmte Bilder. Meine Gastgeberin zeigte auf eines von ihnen:

Wie gefällt Ihnen diese Eule? Die Leute – vor allem Kinder – schicken mir alles mögliche zur Erinnerung, alles, was sie selbst machen können. Auch diese Eule hat mir ein Kind geschickt. Ich habe darum gebeten, sie hier aufzuhängen. Ich glaube, die Eule ist das Symbol der Ruhe und der Weisheit. Stimmt das?

Was die Weisheit betraf, so war ich mir nicht sicher; aber die Eule an der Wand war freundlich und alles andere als grau. Gleich auf den ersten Blick war zu erkennen, daß das Kind sämtliche Farben benutzt hatte, die zur Hand waren.

Wir gingen in die Bibliothek und von dort aus weiter in das Arbeitszimmer des Präsidenten, das viel kleiner war, als man hätte erwarten können. Es war ein ganz gewöhnliches Zimmer, aber mit schöner Holztäfelung. Zwei Dinge sprangen mir ins Auge, als ich über die Schwelle trat – das merkwürdig geformte, leuchtendrote Telefon unter einer durchsichtigen Schutzhaube und eine vergrößerte, gerahmte Fotografie, die in einer Lücke im Bücherregal stand. Was das Telefon anging, so begriff ich natürlich sofort, um welche Art von Telefon es sich handelte; die auffallende Farbe sagte alles. Aber das große, gerahmte Porträt konnte ich nicht sofort einordnen.

Der Präsident sieht seiner Mutter viel ähnlicher als seinem Vater; das erkannte ich einen Augenblick später.

Die vergrößerte Fotografie zeigte einen Mann, der zufrieden lächelte, als hätte er gerade eine lange und schwere Arbeit beendet. Sein Haar lichtete sich bereits. Die Feldbluse, die am Hals offen stand, war ziemlich abgetragen. Sogar auf dem Schwarzweißfoto war das deutlich zu sehen. Mehrere Reihen von Orden schmückten seine breite Brust. Der Soldat auf dem Foto kannte das Leben, wie man so sagt. Ihm war deutlich anzusehen, daß er keine Zwanzig mehr war. Er gehörte zu den Schwerstarbeitern, die im Krieg und in der Zeit danach die Hauptlast getragen hatten. Das Foto war vermutlich kurz nach Kriegsende aufgenommen worden.

Das leuchtendrote Telefon und die vergrößerte Fotografie stehen einander gegenüber. Wenn der Präsident am Schreibtisch sitzt, tauscht er mit seinem Vater, der leider schon gestorben ist, wahrscheinlich Blicke.

Die Wände in der Bibliothek und im Arbeitszimmer waren vom Boden bis zur Decke mit Büchervitrinen zugestellt. Ich versuchte, mir einige Buchtitel einzuprägen; vielleicht mußte ich ja eines Tages über sie schreiben. Darunter waren sehr schöne Bände über russische Geschichte – Solowjow, Karamsin, Kljutschewski. Hinter einer der Glastüren fiel mir ein Streifen Papier auf, der an einem Regal klebte und auf dem geschrieben stand: »Freunde – bitte ordnet die Bücher alphabetisch ein.« Meine Gastgeberin sagte mit einem Lächeln:

In diesem Raum bin ich Sekretärin, Bibliothekarin und Verwalterin in einer Person. Ich versuche, ein wenig Ordnung in die Dinge zu bringen.

Ich bin nicht ganz sicher, aber möglicherweise war ich das erste Mitglied des sowjetischen Schriftstellerverbandes, das die Bibliothek des Präsidenten in Augenschein nahm. In der

Ecke eines Regals bemerkte ich hinter einem Stapel Bücher eine farbige Postkarte mit französischer Aufschrift.

»Nikolai Benois. Zum Andenken.«

Die erste improvisierte Exkursion war zu Ende. Wenn ich mir große Mühe gebe, fallen mir nur zwei Dinge ein, die man als Luxus bezeichnen könnte: der Schreibtisch in der Bibliothek mit der Arbeitsplatte aus karelischer Birke – sehr eindrucksvoll und offiziell wirkend – und die Sauberkeit. Es war jene hingebungsvolle, lebendige, beinahe süß duftende Sauberkeit, die die Luft erfüllte und vage an die Sauberkeit der Bauernstuben in Südrußland erinnerte, eine Erinnerung, die wohl auch die Fotografie des Soldaten geweckt hatte, der trotz einer schweren Verwundung aus dem Krieg zurückgekehrt war. Es gibt kaum ein Haus oder eine Wohnung in Rußland ohne ein solches Bild. An den Fenstern hingen schön drapierte Stores. Meine Gastgeberin zog einen der Vorhänge zurück, damit ich hinausschauen konnte. Ein Stück entfernt waren die Silhouetten der Bäume im Zwielicht zu sehen. Der Garten?

Der Garten... Es war der 10. März 1985, der Tag, an dem Konstantin Ustinowitsch Tschernenko starb. Um zehn Uhr abends fand eine Sondersitzung des Politbüros statt. Michail Sergejewitsch kam sehr spät heim; wir wohnten damals in einem Landhaus unweit von Moskau. Wir gingen in den Garten hinaus. Etwas Bedrückendes lag in der nächtlichen Luft, die noch kein Frühlingshauch berührt hatte. Drei Todesfälle in drei Jahren. Drei Generalsekretäre, die führenden Männer des Landes, waren nacheinander gestorben. Michail Sergejewitsch war sehr müde und schwieg zunächst. Dann sagte er: »Morgen findet eine Plenarsitzung des Zentralkomitees statt. Möglicherweise wird man mich fragen, die Führung der Partei zu übernehmen.« Diese Nachricht kam für mich völlig überraschend, und in gewissem Sinn war ich schockiert. Mehr noch. Ich sah meinem Mann an, daß auch er überrascht war. Wir hatten zuvor nie miteinander über dieses Thema gesprochen.

Wir schlenderten durch den Garten, in dem noch der Schnee lag. Mein Mann war wieder still. Dann schien er laut zu denken und murmelte vor sich hin: »Ich habe so viele Jahre in Stawropol gearbeitet. Jetzt bin ich das siebte Jahr in Moskau. Aber es ist unmöglich, etwas Bedeutendes zu leisten, irgend etwas im größeren Maßstab zu bewegen, worauf das Land wartet. Es ist, als liefe man gegen eine Wand. Aber das Leben fordert es, schon lange. Nein!« hörte ich ihn sagen. »So kann es einfach nicht weitergehen.«

Damals hörte ich diese Worte zum erstenmal.

Wir hatten lange an einem glänzend polierten Tischchen gesessen. Das Tonbandgerät lief. Ich hatte Stift und Notizbuch in der Hand. Meine Gesprächspartnerin hatte sich zwar auf unsere heutige Begegnung vorbereitet, aber keine allzu große Sorgfalt darauf verwandt. Sie hatte nicht einmal einen Schreibblock, sondern nur einen Stapel loser Blätter, die sie aus einem Notizbuch und aus einem gewöhnlichen Schulheft herausgerissen und auf die Hälfte oder ein Viertel zusammengefaltet hatte. Dazwischen lag gelegentlich auch ein ganzer Bogen weißen Schreibpapiers. Wenn es an der Zeit war, nahm sie das nächste Stück Papier zur Hand, auf dem vielleicht nur ein einziger Satz stand, warf einen Blick darauf, so, wie Menschen nachdenklich eine Spielkarte betrachten, las die Worte vor, nachdem sie sie entziffert hatte, legte die Notiz beiseite und führte den Gedanken weiter aus, den sie niedergeschrieben hatte. Ihre knappen Notizen oder Erinnerungen hatten nichts beflissen Methodisches. Sie entsprangen dem Augenblick und wurden eilig festgehalten. Ich vermute, sie kommen so zustande: Im Laufe ihrer täglichen Aktivitäten fällt ihr etwas ein, ein Gedanke, den sie zu fassen versucht hat, dringt plötzlich an die Oberfläche, und sie schreibt ihn schnell ir-

gendwohin, auf das erstbeste Stück Papier, das ihr in die Finger kommt. Wenn es stimmt, daß der Stil den Menschen ausmacht, dann spiegeln in ihrem Fall die losen Blätter nicht nur die Art des Denkens wider, sondern auch, daß ihr Leben keineswegs frei von Sorgen ist.

Damals hörte ich diese Worte also zum erstenmal. Heute werden sie von Millionen Menschen wiederholt, und ganze Legenden haben sich um sie herum gesponnen. Man kann wohl sagen, daß in jener Nacht ein neuer Zeitabschnitt begann, der das Leben unseres Landes und auch mein Leben radikal verändert hat.

Die Jahre der Perestroika, was haben sie uns gebracht? Eine ganze Menge: die Demokratisierung aller Bereiche unseres Lebens und den Beginn eines neuen Denkens in internationalen Fragen. Das Wichtigste, das ich in der Fülle der menschlichen Gefühle und guten Wünsche entdeckte, wenn ich den Präsidenten auf seinen Reisen im In- und Ausland begleitete, war der neugeborene Glaube an die Möglichkeit, ohne Krieg zu leben.

Die Jahre der Perestroika haben uns viel gebracht. Und gleichzeitig auch sehr wenig. Unser Land hat es jetzt schwer, sehr schwer. Es gibt Probleme, die in Jahrzehnten, vielleicht sogar in Jahrhunderten entstanden sind. Die Schwierigkeit, neue Wege zu finden. Der Mangel an Konsumgütern. Und noch etwas: Dostojewski hat einmal gesagt, daß in Zeiten der Unruhe und Veränderung in allen Ecken und Winkeln allerlei »Unrat« zum Vorschein kommt. Leider ist es uns in der Perestroika nicht gelungen, diesen gefährlichen, destruktiven »Unrat« zu vermeiden. Wie hätte es auch anders sein können? Schließlich leben wir in einer Zeit der Hoffnungen und Ängste, der Errungenschaften und Fehlschläge. In einer Zeit des Nachdenkens und der Zweifel.

Es ist schwierig, über sich selbst zu sprechen. Ich glaube,

es ist immer schwierig, für jeden von uns. Aber heute kommt es mir besonders schwierig vor.

Das Telefon läutete. Das rote konnte es kaum sein, dachte ich bei mir, das hatte wahrscheinlich einen anderen Klang. Außerdem konnte es sowieso nicht läuten, wenn der Mann nicht da war, in dessen Arbeitszimmer es stand. Der Klang begleitete ihn bestimmt, folgte ihm auf dem Fuß, wo immer er sich auch gerade aufhielt – in seinem Arbeitszimmer, in seinem Auto oder auf einer politischen Versammlung.

Wie fühlst du dich, Michail Sergejewitsch? Müde?

Ich hörte die Antwort nicht, denn ich war aufgestanden und ging leise aus dem Arbeitszimmer hinüber in die Bibliothek.

Es ist schwierig, über sich selbst zu sprechen. Wiederholt bin ich von Zeitungen und Zeitschriften um ein Interview gebeten worden. Verlage, sogar amerikanische, haben mich gebeten, ein Buch zu schreiben. Ich habe es nicht getan und, um ehrlich zu sein, auch nie vorgehabt. Aus verschiedenen Gründen, hauptsächlich persönlichen, habe ich es weder vorgehabt noch getan: Mir kam es immer absolut überflüssig vor. Das meine ich ganz ehrlich. Warum sollte ich über mich selbst sprechen? Ausgerechnet über mich? Ich bin kein Filmstar, keine Schriftstellerin, keine Künstlerin, Musikerin oder Modeschöpferin. Und ich bin auch keine Politikerin, kein Staatsmann, der wichtige Entscheidungen zu treffen hat und für das Schicksal seines Volkes verantwortlich ist. Ich bin die Frau des sowjetischen Präsidenten, unterstütze meinen Mann, so gut ich kann, und helfe ihm, wie ich das schon getan habe, als wir beschlossen, unser Leben miteinander zu teilen. Bis zum heutigen Tag herrscht in unserer Familie folgende Auffassung: Das Problem eines jeden Familienmitglieds ist das Problem aller.

Im Jahr 1985 tauchte im Zusammenhang mit Michail Sergejewitschs Reisen und den Besuchen ausländischer Staatschefs bei uns ein Problem auf. In anderen Ländern ist es Tradition, daß die Frauen der Staatsmänner bei einer Reihe öffentlicher Auftritte und offizieller Anlässe mit dabei sind. Bei unseren Vorgängern war das nicht üblich gewesen. Was sollten wir tun? Michail Sergejewitsch sagte: »Alles wird sich ganz natürlich entwickeln.« So begannen wir, die Gepflogenheiten der übrigen Welt zu übernehmen: Die Frau des Staatsoberhauptes trat zum erstenmal in der Öffentlichkeit in Erscheinung. Auch das ist ein Zeichen der »Liberalisierung« im Zuge der Perestroika, wenn auch bei weitem nicht das wichtigste.

Die Art, wie ich mich jetzt verhalte, und die Art, wie mein Mann und ich uns heute verhalten, hat sich ganz natürlich aus unserer Beziehung, unserem Werdegang und unserem Leben entwickelt. Auf keinen Fall haben wir uns wegen unserer neuen Pflichten irgend etwas »Besonderes« ausgedacht. Daher frage ich mich erneut: Besteht irgendeine Notwendigkeit, über mich zu schreiben oder zu sprechen? Viel wichtiger ist doch die Sache, für die Michail Sergejewitsch, seine Mitarbeiter und Anhänger arbeiten: Diese – seine – Sache bestimmt heute weitgehend auch meine Lebensweise.

Um es noch einmal zu sagen: Bisher war es in unserem Lande nicht üblich, daß die Frauen der führenden Politiker Interviews gaben oder Bücher schrieben, schon gar nicht über sich selbst. Der westliche Leser mag darin ein Vorurteil erblikken. Aber Vorurteile können auch Traditionen sein, und vermutlich schickt es sich für die Frau des Präsidenten gerade in solchen Dingen, noch mehr auf Traditionen zu achten als der Präsident selbst.

Trotzdem breche ich in diesem Fall mein »Schweigegelöbnis«, das ich seit 1985 gehalten habe. Bewogen hat mich dazu die Logik des Lebens, und bestärkt haben mich darin die vielen Begegnungen und Kontakte mit Menschen, aber auch das lebhafte und aufrichtige, ich würde beinahe sagen, wohltuende Interesse an den Vorgängen in unserem Land, die heute in aller Welt so aufmerksam verfolgt werden. Und nicht zuletzt das Thema »Die sowjetische Frau und die Perestroika« sowie die Fragen, die an mich gerichtet wurden, auch in zahlreichen Briefen. Zu den unzähligen Begegnungen, die mich dazu bewogen, über ein eigenes Buch nachzudenken, gehörten auch die in Amerika. Zuerst 1987, und dann im Sommer 1990, als ich zusammen mit Mrs. Barbara Bush ein Mädchen-College besuchte und von den Studentinnen mit Fragen überschüttet wurde. Das stimmte mich schließlich um.

Hinzu kam, daß in jenen Jahren auf der ganzen Welt und auch in unserem Land eine Menge Artikel und sogar Bücher über mich erschienen, bei denen der gute Wille keineswegs immer von Faktenkenntnis begleitet war. In manchen Fällen stimmte so gut wie nichts, und was da geschrieben worden war, beruhte auf Erfindungen, Märchen und sogar Verleumdungen. Gewisse Autoren mögen mir das folgende verzeihen, aber wäre nicht mein Name in ihren Texten aufgetaucht, hätte ich nie und nimmer geglaubt, da sei von mir die Rede.

Daraufhin beschloß ich, selbst von mir zu erzählen: von meiner Lebenseinstellung, von meinen Erlebnissen und von dem, was mir teuer und wichtig ist. Zu denen zu sprechen, die willens sind, mir zuzuhören. Zu erzählen und zu reden. Sie, Georgi Wladimirowitsch, habe ich gebeten, als mein Gesprächspartner zu fungieren.

Sie legte das Blatt weg, das sie in der Hand hielt. Es trat eine Pause ein.

»Vielleicht sollten wir erklären, warum die Wahl gerade auf mich fiel?« regte ich an, obwohl ich selbst nicht wußte, was den Ausschlag gegeben hatte; deshalb meine Frage.

Nun, zum einen, weil ich Sie kenne und Sie in Stawropol geboren wurden, wie Michail Sergejewitsch. Und nicht zuletzt deshalb, weil Sie vier Töchter haben. Folglich sind Sie ein guter und anständiger Mensch. Genügt das?

In meinen Augen völlig.

Daß alle Ihre Kinder bei Ihnen wohnen, sagt mir eine Menge.

»Vielen Dank«, sagte ich, obwohl ich gestehen muß, daß ich deswegen zum erstenmal gelobt wurde. Um die Wahrheit zu sagen, ich werde von meiner Familie oft dafür kritisiert, daß ich unser Los nicht verbessere – sieben Personen in einer Wohnung, das macht das Zusammenleben schwierig. Schade, daß sie es nicht hören.

Mein Notizbuch ist voll, das Tonbandgerät abgeschaltet, der Tee ausgetrunken. Draußen, hinter den Stores am Fenster, ist es mittlerweile völlig dunkel geworden. Wir bringen den Tisch und die beiden Stühle wieder zurück an ihren Platz im Arbeitszimmer des Präsidenten. Die Kristallvase wird vom Schreibtisch des Präsidenten auf ein niedriges Tischchen gestellt. Beim Hinausgehen lasse ich meinen Blick noch einmal durch den Raum schweifen. Neben der Fotografie von Gorbatschows Vater steht eine etwas kleinere von seiner Frau, die zu Beginn ihrer Ehe aufgenommen wurde. Sie zeigt ein junges Mädchen mit einem auffallend konzentrierten und wachen Gesichtsausdruck. Das Mädchen schaut geradeaus, wirkt aber dennoch in sich zurückgezogen.

Das war in jenem Jahr, in dem ich mein Universitätsstudium beendete. Wissen Sie, was mir kürzlich aufgefallen ist? Ich trage eine graue Jacke und eine dunkelrote Bluse. Ist es zu glauben? Und da redet man immer davon, dem weiblichen Charakter mangele es an Beständigkeit.

Grau ist eine ihrer Lieblingsfarben, genau jenes Grau, das der Schriftsteller Iwan Bunin in seiner eleganten Art so definierte, daß es gar kein Grau sei, sondern »perlfarben«. Perlgrau.

Aber die Fotografie ist schwarzweiß! Das heißt, sie konnte sich sowohl an die Jacke als auch an die Bluse erinnern. Sie hatte diese Sachen als Studentin nach dem Krieg getragen, und wie wir alle konnte sie sich mühelos an sie erinnern.

Wir gingen dieselbe Holztreppe wieder hinunter. In der überaus funktionell eingerichteten Eingangshalle bemerkte ich etwas, das mir aus irgendeinem Grund vorher entgangen war: ein kleines, schön verziertes Puppenhaus mit einem Schlitten daneben. In diesen höchst offiziellen Räumlichkeiten war es eine rührende Erinnerung an Neujahr.

Das ist ein rein privates Haus in einer staatlichen Residenz. Es gehört unseren Enkelkindern. Leider liegen sie gerade beide mit einer Erkältung im Bett.

Ich fuhr mit demselben Auto durch dasselbe Tor wieder hinaus. Der Soldat, der unter der Lampe am Tor stand, salutierte. Es war der einzige Soldat, den ich in der Präsidenten-Datscha gesehen hatte. Überhaupt hatte ich nur drei Personen gesehen: den Mann am Tor, meine Gastgeberin und eine bezaubernde Frau, die den Tee servierte und von der Gattin des Präsidenten mit russischer Unkompliziertheit und Freundlichkeit »Schura« gerufen wurde.

Auf dem Rückweg nach Moskau begegneten wir keinem Auto, das den Präsidenten zurückbrachte. Es war erst zwanzig Uhr, zu früh für ihn, um schon nach Hause zu kommen.

Wir alle waren einmal Kinder

Raissa Maximowna, ich hatte schon vermutet, daß Sie Antoine de Saint-Exupéry mögen, und mehr als einmal habe ich Sie Passagen aus Der kleine Prinz *zitieren hören. Ich möchte unser heutiges Gespräch mit einem bekannten Zitat von Saint-Exupéry beginnen: »Wir alle waren einmal Kinder ...«*

Ja, ich liebe ihn und seinen kleinen Helden, der so große und gute Taten vollbrachte. Die Kindheit ist eine Welt der Phantasie und der Träume, eine Zeit für Tausende von Fragen. Und der ersten Versuche, Antworten auf diese Fragen zu finden. Jeder von uns hatte eine Kindheit. Und damals, als wir selbst Kinder waren, schien es uns, als könne es keine andere Kindheit geben. Deshalb bleibt sie uns so teuer.

Wir gingen zur Schule, dann zu den Pioniergruppen und besuchten die Zusammenkünfte der Jungen Kommunisten. Wir waren stolz auf die Errungenschaften unseres Landes – die Erzförderung in Magnitka, das Dnjepr-Kraftwerk, Komsomolsk am Amur, die Nordmeer-Fahrt der *Tscheljuskin,* die Piloten Valeri Tschkalow und Valentina Grisodubowa. Wir bewunderten den Heroismus von Alexander Matrossow und Soja Kosmodemjanskaja in den beiden Weltkriegen und die Partisanen der Jungen Garde. Wir lasen jedes Buch, das wir in die Finger bekamen, und träumten von weiten Reisen, fernen Ländern und Städten. Mein Traum war, Kapitän eines Hochseedampfers zu werden... Wir träumten davon, Schätze zu finden!

Meine Kinder träumen heute meistens davon, außerirdischen Lebewesen zu begegnen.

Nein, wir gaben die Hoffnung nie auf und suchten unermüdlich nach Schätzen. Und dann spielten wir natürlich Krieg. Ich weiß, daß alle Kinder in der einen oder anderen Form Krieg spielen; aber bei Kindern meiner Generation riefen solche Spiele äußerst schmerzliche Erinnerungen wach, da sie häufig der Wirklichkeit sehr nahekamen. Natürlich spielten wir auch Schule oder mit unseren Puppen. Am besten kann ich mich jedoch daran erinnern, daß wir Krieg spielten. Jeder von uns wollte am liebsten ein Partisan sein, Tschapajew oder Anna, und wenn sie keine anderen »positiven« Rollen bekamen, wollten sogar die kleinen Jungen Anna sein, das Mädchen aus dem Film *Tschapajew.* Niemand wollte ein Weißer, ein Deutscher oder ein Faschist sein. Es kam uns nicht in den Sinn, daß die Weißen unsere Landsleute waren.

Ja, wenn ich heute auf diese Jahre zurückblicke und über meine Kindheit und meine Generation nachdenke, wenn ich beispielsweise die Fotos nehme, die ich durchgesehen habe, bevor Sie kamen, dann erinnere ich mich vor allem an den Krieg. Er folgte uns überallhin. Der Krieg in Spanien. Die Entsendung von Freiwilligen. Der Krieg mit Finnland. Der Zusammenstoß mit japanischen Soldaten in Chalkin-Gol. Und im Land selbst? Die dreißiger Jahre und »die Volksfeinde«. Ich erinnere mich, wie in der ersten und zweiten Klasse die Bilder von Jegorow, Blücher und Tuchatschewski* in unseren Schulbüchern mit Tinte unkenntlich gemacht wurden. Ich empfinde Trauer und Bitterkeit, wenn ich daran denke.

Und schließlich der Große Vaterländische Krieg von 1941 bis 1945. Millionen von Toten, das Leben von Millionen zerstört. Verwüstete Häuser, verwaiste Kinder, zerstörte Städte und Dörfer, verbrannte Erde... Menschenmengen drängten sich auf den Bahnhöfen. Das ganze Land verwandelte sich in einen einzigen großen Bahnhof. Es schien, als gebe es nur

* Militärführer, die bei der Säuberungsaktion von 1937 hingerichtet wurden.

noch zwei vorherrschende Gefühle: Abschied nehmen und Warten. Gesichter, die vom Hunger aufgedunsen waren. Und die Angst, die Lebensmittelkarte oder den Bezugsschein für die Brotration zu verlieren. Daran erinnere ich mich bis zum heutigen Tag. Und auf den Feldern Ähren nachlesen und nach gefrorenen Kartoffeln suchen. So war es. Für mich und jeden anderen meiner Generation.

Dann kam die Freude über den Sieg. So etwas muß man erlebt haben. Das Glück, Freunde oder Verwandte, die überlebt hatten, zu Hause willkommen zu heißen. Und überhaupt, das überwältigende Gefühl der Freude, am Leben zu sein, wissen Sie, einfach körperlich am Leben zu sein.

Mein Vater wurde 1907 geboren und war Ukrainer. Meine Mutter wurde 1913 geboren und war Russin; sie stammte aus Sibirien.

Georgi Wladimirowitsch, wir haben doch vereinbart, daß meine Betrachtungen keine streng chronologische Ordnung haben werden, nicht wahr? Ich würde sie eher als ein Mosaik beschreiben, das beim Sprechen entsteht. Dinge, die mir in den Sinn kommen und meiner momentanen Stimmung entsprechen. Das hier sind keine Memoiren, nicht wahr?

Gerade das gefällt mir daran, daß es keine Memoiren sind. Außerdem gefällt mir, daß Sie emotional reagieren, wenn Sie sich an Ihre Kindheit und die späteren Jahre erinnern, und nicht einfach ohne jede Gefühlsregung davon sprechen.

Mein Vater hat sein ganzes Leben lang bei der Eisenbahn gearbeitet. Immer, wenn ich einen Fragebogen ausfüllen mußte, schrieb ich: Vater Eisenbahnangestellter, parteilos. O ja, parteilos. Das Vertrauen zur Partei kam bei meinem Vater erst mit Michail Sergejewitsch, meinem Mann. Trotz des Altersunterschiedes wurde mein Mann für ihn zum Symbol, wie ein Kommunist sein sollte. Mein Vater wurde in Tschernigow, nördlich von Kiew, geboren und kam im Frühjahr 1929 nach Sibirien.

Wo genau ist er hingezogen?

Er kam, um am Bau der Bahnlinie mitzuarbeiten. Die erste Eisenbahn, an der mein Vater mitbaute, war die von Rubzowsk nach Ridder im Altai-Gebirge. Seine Eltern – sein Vater Andrei Filippowitsch und seine Mutter Maria Maximowna – verließen das Dorf und zogen in die Stadt, nach Tschernigow. Sie gaben ihr Land auf, weil es sie nicht ernährte. Auf der Suche nach Arbeit ging mein Vater mit seinen Kameraden in die Region Westsibirien, wie sie damals noch hieß. Heute heißt sie Altai. Er fand Arbeit beim Bau der Bahnlinie, die direkt durch das Dorf führen sollte, in dem meine Mutter geboren wurde – Wesselojarsk. O ja, dieses Dorf gibt es, ich erhielt gerade einen Brief mit Neujahrsgrüßen von dort.

Michail Sergejewitsch sagte in einem Interview, ich sei in Sibirien geboren, in der Region Altai, in Rubzowsk. Also begannen sich die Leute dort für mich und meine Mutter zu interessieren. Mich bewegt dieses wohlwollende Interesse. Und so kam es, daß meine Eltern in Wesselojarsk heirateten. Mein Vater war länger beim Eisenbahnbau geblieben und lernte seine Frau kennen.

Wesselojarsk ist ein hübscher Name. Es gibt nicht sehr viele solcher Namen in unserem Land. Aus irgendeinem Grund lenken wir nicht gern die Aufmerksamkeit auf die Vorzüge unserer Städte und Dörfer. Ob das ein Teil unseres Nationalcharakters ist? Manchmal liest man auf Reisen die Namen von Orten und ist regelrecht abgestoßen – Grjasnucha, zum Beispiel, oder Tscherny Jar… Aber hier haben wir den Namen Wesselojarsk.*

* Im Russischen bedeutet *grjasnucha* soviel wie »schmutziger Ort«, *tscherny jar* »schwarzes Loch« und *weselojarsk* »glückliche Stadt«.

Darauf hat schon Gogol hingewiesen.

Ich wurde als erstes Kind der Familie geboren und nach orthodoxer Tradition getauft. Natürlich nicht in der Kirche – welche Art von Kirche konnte es 1932 schon geben, als der Kampf gegen die Religion auf dem Höhepunkt angelangt war –, sondern im Haus eines Priesters. Allerdings wurde mein Name nicht dem Kirchenkalender entnommen. Wie Sie wissen, war es Tradition, daß der Priester einen Namen aus dem Kalender vorschlug. Aber meinen Namen haben meine Eltern ausgesucht. Eigentlich war es mein Vater. Es ist bekannt, wie viele schöne slawische und russische Namen wir haben. Aber zu jener Zeit wurden neue Namen erfunden. Neue Namen für eine neue Zeit. Von meinen Altersgenossinnen heißen viele Oktjabrina, in Anlehnung an die Oktoberrevolution, oder Wladilena in Anlehnung an Wladimir Lenin. Und auch unter den Gebildeten kamen neue Namen auf, so Nelly, Jeanne oder Alla. Aber mein Vater nannte mich Raissa – Rajetschka. Wie er mir später erklärte, bedeutete der Name für ihn »rai« – »Paradies«. Der Apfel im Garten Eden.

Der Name ist dort, wo ich herkomme, ebenfalls sehr verbreitet. Aber eine solche Deutung habe ich noch nie gehört. Ihr Vater hatte eine blühende Phantasie!

Vergessen Sie nicht, daß ich das erste Kind war. Mein Vater hatte all seine Kinder sehr gerne, hing aber trotzdem sein Leben lang besonders an mir, seinem ersten Kind. Und er war sehr stolz auf mich. In den letzten Monaten seines Lebens, als er in Moskau im Krankenhaus lag, sagte er mir, daß er aus irgendeinem Grunde immer an seine Mutter und an mich als kleines Mädchen denken müsse. »Ich habe immer gewußt, immer gefühlt, daß du diejenige sein würdest, die mir das Leben rettet«, sagte er mir im Krankenhaus. Leider waren wir nicht sehr erfolgreich. Mein Vater mußte sich einer schwierigen Operation unterziehen. Er starb 1986.

Wenn ich daran denke, wie ich im Krankenhaus an seinem Bett saß und ihn die Worte sagen hörte, die in Wahrheit seine Abschiedsworte an mich waren, weckt das zu viele persönliche Gefühle. Vielleicht ist es nicht nötig, daß ich darüber spreche? Ich möchte lieber nicht.

Ihre Stimme ist leise. Leise und gleichzeitig klar. Man kann sich gut vorstellen, wenn sie zu einem Publikum spricht. Ich weiß, daß es in Stawropol eine Zeit gab, in der Studenten, darunter auch Freunde von mir, sehr begierig darauf waren, ihre Vorlesungen zu hören. Vortragenden wie ihr hören sie besonders gern zu, weil sie auch einen erfreulichen Anblick bieten, da sie mehr oder weniger im gleichen Alter sind wie die Studenten selbst. Aber jetzt ist ihre Stimme anders als die Stimme, die von Zeit zu Zeit im Fernsehen zu hören ist. Es ist die Stimme einer Tochter, deren Publikum im wesentlichen nur aus einer Person besteht – ihr selbst.

Die Eltern meiner Mutter *[sie spricht weiter und bringt ihre Stimme unter Kontrolle],* Pjotr Stepanowitsch und Anastasia Wassiljewna, entstammten ebenfalls einer Bauernfamilie. Ob sie ein leichtes Leben hatten? Glauben Sie nur das nicht – nach dem, was meine Mutter mir erzählt hat. Glauben Sie nur nicht, Bauern seien früher reich gewesen. Es war eine hoffnungslose Plackerei. Das Land, das Vieh und wenig zu essen. »Deine arme Großmutter!« ruft meine Mutter Alexandra Petrowna jedesmal. »Sie führte kein normales Leben, sondern leistete Zwangsarbeit. Sie pflügte, säte, wusch die Kleider und ernährte sechs Kinder. Und in ihrem ganzen Leben kein einziges Wort der Klage.«

Vera, eine Schwester meiner Mutter, starb mit Sechzehn. Woran? Das weiß niemand genau. Schließlich gab es keine ärztliche Versorgung. Der älteste Bruder, Alexander, starb mit Sechsundzwanzig. Woran? Auch das weiß niemand.

Lenin gab meinen Eltern Land – sagt meine Mutter immer. Vorher hatten sie kein eigenes Land. Nach Aussage meiner Mutter hieß es, sie sollten nehmen, soviel sie wollten, soviel sie bebauen konnten. Aber Anfang der dreißiger Jahre behandelte man meinen Großvater und seine Familie als »reiche Bauern«, nahm ihnen das Land und das Haus weg und zwang sie, ihren Lebensunterhalt mit Gelegenheitsarbeiten zu verdienen. Und später, sagt meine Mutter, wurde Großvater des Trotzkismus angeklagt. Er wurde verhaftet und verschwand spurlos.

Wirklich! Unsere unberechenbare russische Geschichte drückt schwer wie ein blutdurchtränkter Soldatenmantel. Die Frau mir gegenüber hat einen völlig anderen Werdegang als ich, ein anderes Alter und schließlich auch ein anderes »Herkommen«, wie man früher sagte. Aber auch ihr Großvater wurde enteignet. Mein Großvater wurde ebenfalls enteignet, und mein Vater wurde von einem Teil des Landes in einen anderen verfrachtet. Wo sonst kann man auf derartige Dinge stoßen? In Rußland begegnen sie einem auf Schritt und Tritt, so schmerzlich das sein mag.

Sie werden überrascht sein, meine Mutter weiß bis heute nicht, wer Trotzki war, und auch mein Großvater hat es ganz bestimmt nicht gewußt. Bis auf den heutigen Tag kann meine Mutter nicht verstehen, was man ihrem Vater vorgeworfen hat. Wir alle haben diese nationale Tragödie miterlebt. Deshalb macht es mir immer angst, wenn heute von allen Seiten lautstark gefordert wird, man müsse »die Schuldigen suchen«. Das würde nur zu weiterem Blutvergießen führen.

Meine Großmutter starb vor Gram und Hunger als Frau eines »Volksfeindes«. Und die vier Kinder, die sie zurückließ, waren der Willkür des Schicksals ausgeliefert.

Mein Großvater Pjotr Stepanowitsch sorgte dafür, daß seine Söhne eine gute Ausbildung erhielten. Der älteste, Alexander, der mit sechsundzwanzig Jahren starb, studierte Volkswirtschaft. Der jüngste, Iwan studierte ebenfalls. Aber nach russischer Tradition wurde der Ausbildung der Töchter keine besondere Aufmerksamkeit geschenkt. Die Frauen in Bauernfamilien waren fast durchweg Analphabetinnen. Ab ihrem achten Lebensjahr mußte meine Mutter pflügen und spinnen. Erst nach ihrer Heirat besuchte sie Kurse, in denen sie lesen und schreiben lernte. Sie verhalf ihrer jüngeren Schwester zu einer Ausbildung als Apothekerin. Meine Mutter ist ein Mensch, der mit einem natürlichen und überaus scharfen Verstand ausgestattet ist. Ihr Leben lang empfand sie es als Unglück, daß sie keine richtige Ausbildung genossen hatte. So sah sie es als wichtigstes Ziel in ihrem Leben an, wenigstens ihren Kindern eine ordentliche Erziehung zu ermöglichen. Und tatsächlich sorgte sie dafür, daß ihre Kinder ausnahmslos eine gute Ausbildung erhielten.

Meine Mutter ging nicht arbeiten. Sie blieb Hausfrau. Die zahlreichen Umzüge, die die Familie mitmachen mußte, weil mein Vater Eisenbahner war, die Mühsal, die das jedesmal mit sich brachte, die verschiedenen Wohnungen, die wir als Unterkunft bekamen – weiß der Himmel, wie viele solcher Baracken und Holzhütten wir im Laufe der Zeit bewohnt haben… Einmal hatten wir allerdings ein schönes großes Holzhaus im Ural. Unsere Familie erhielt es in den Kriegsjahren; durch welch glückliche Fügung weiß ich nicht mehr. Und eine Zeitlang lebten wir in einer »Wohnung« in den Gebäuden eines ehemaligen Klosters. Können Sie sich vorstellen, wie unser Leben ausgesehen hat? Es war Krieg. Und selbst nach dem Krieg lebte unsere Familie so weiter, wie Zugvögel. Erst nach vierzig Arbeitsjahren bekamen mein Vater und meine Mutter eine dauerhafte Bleibe, und auch das nur mit großer Mühe.

Meine Mutter blieb auch deshalb Hausfrau, weil sie mit fünfundzwanzig Jahren schon drei Kinder hatte. Aber ich kann mich bis heute nicht daran erinnern, daß meine Mutter nicht mit irgend etwas beschäftigt gewesen wäre oder sich einmal hingesetzt und ein Weilchen ausgeruht hätte. Ihr Leben lang nähte, flickte, stopfte, strickte, kochte, stickte oder putzte sie. Sie besserte alles selbst aus, hielt alles sauber, arbeitete im Garten, und wenn es möglich war, hielt sie eine Kuh oder eine Ziege, damit wir Kinder Milch bekamen. Und heute ist sie noch genauso, trotz ihres hohen Alters.

Von ihrem Charakter her ist meine Mutter streng und verlangt viel. Ich habe noch die Szene vor Augen, als wir meinen Vater an den Bahnhof begleiteten, weil er an die Front sollte. Den überfüllten Bahnhof – ich erinnere mich klar und deutlich an die Bahnhöfe meiner Kindheit mit ihrer unsagbar traurigen Atmosphäre – Frauen, Kinder und Tränen. Viele Frauen wurden sogar ohnmächtig. Und ich erinnere mich an meine Mutter, die vor Kummer erstarrt war. Sie sagte: »Wer wird für uns sorgen? Wir müssen durchhalten.«

Mein Vater sollte zwar an die Front, aber er erreichte sie nicht: Er kehrte in einer Militäruniform nach Hause zurück, da das gesamte Eisenbahnnetz in den Dienst des Militärs gestellt wurde. In aller Eile mußten neue Bahnlinien gebaut werden, damit die Front mit Nachschub versorgt werden konnte. Aus unserer Familie kämpfte der Bruder meiner Mutter an der Front, und ihre Schwester war Ärztin bei der Armee.

Was haben mir meine Eltern gegeben? Was hat mir die Familie gegeben? Wenn ich mir diese Frage stelle, wissen Sie, woran ich dann unwillkürlich denken muß? Daß meine Eltern und all die Menschen, die die tragische Bürde jener Jahre unserer Geschichte getragen und diese schwere Bürde auf ihre Schultern geladen haben, keine Gelegenheit hatten, sich so zu verwirklichen, wie sie gerne wollten. Deshalb wohl haben sie sich in ihrem Leben das Ziel gesetzt, wenigstens durch ihre Kinder die kostbaren Dinge zu erreichen, die für die überwältigende Mehrheit von ihnen unerreichbar waren. Wie Sie wissen, gibt es bei uns in Rußland den Ausdruck, »die Kinder emporheben«. In meinen Augen ist das eine sehr aufschlußreiche Metapher. Ich würde sogar noch weitergehen: Unsere Eltern haben uns nicht nur eine Erziehung gegeben, sondern durch ihre Art zu leben auch in uns ein Gefühl der Verantwortung geweckt – für unser Handeln und unser Verhalten. Und vielleicht war das das Wichtigste, was mir meine Eltern mitgegeben haben: die Fähigkeit, die Nöte anderer Menschen nachzuempfinden, an ihrem Kummer und ihren Schmerzen Anteil zu nehmen, die Eigenschaft des Mitgefühls... Nein, keine Generation lebt umsonst auf dieser sündigen Erde.

Die Bilder aus meiner Kindheit sind unvollständig, anscheinend haben sie große Lücken. Einer der Gründe dafür ist vielleicht, daß wir dauernd umziehen mußten.

Infolge unserer ständigen Wohnortwechsel mußte ich viele Male auch die Schule wechseln. Und das brachte natürlich gewisse Schwierigkeiten mit sich. Jeder Umzug bedeutete neue Lehrer, ein anderes Unterrichtsniveau, unterschiedliche Anforderungen und neue Mitschülerinnen. Und in der Regel auch ein gesteigertes Interesse an der Neuen, was in solchen Fällen unvermeidlich war.

Immer die Neue? Haben Sie nicht das Gefühl, daß Sie das bis ins Erwachsenenleben hinein verfolgt hat? Rund zwei Jahre lang habe ich Sie und Michail Sergejewitsch auf offiziellen Reisen begleitet, und ich sehe, daß die Neugier der Journalisten und das Interesse der Menschen an Ihnen immer größer geworden sind. Nicht nur am Präsidenten – das ist normal –, sondern auch an Ihnen. Als er während der Kampagne vor dem Parteitag die Zweite Moskauer Uhrenfabrik besichtigte, hörte ich die Frauen, die dort die Uhren zusammenbauen und sich in ihren weißen Kitteln in der Werkshalle versammelt hatten, mit langgereckten Hälsen fragen: »Ist Raissa dabei? Wo ist sie?« Verzeihen Sie mir, wenn ich sie wörtlich zitiere, ohne Ihren Vatersnamen zu nennen. Schließlich verliert eine Frau in Rußland, wenn sie berühmt wird, als erstes ihren Vatersnamen.

Und dann?

Ich sagte ihnen, daß Raissa Maximowna nicht mitgekommen sei, da es bei dem Treffen ausschließlich um Parteiangelegenheiten gehe.

Und was sagten sie dann?

Sie waren enttäuscht.

Wirklich? Nun ja, die unvermeidliche Neugier und ein gewisser Mangel an Vertrauen zu der Neuen wirkten sich natürlich schon aus, sowohl auf mein Lernen als auch darauf, wie ich mich fühlte. In all den Jahren der Kindheit und Jugend empfand ich eine Art Befangenheit, ein Gefühl der Schüchternheit, manchmal der Isolation. Schließlich sind Kinder, wenn sie eine Gruppe bilden, oft sehr eigentümlich.

Haben Sie Ihre Schüchternheit völlig überwunden?

Das weiß ich nicht, und ich weiß auch nicht, ob ich sie »völlig« überwinden sollte. Aber die Tatsache, immer »die Neue« zu sein, brachte mich gleichzeitig dazu, Kontakte zu Menschen zu knüpfen. Ich mußte einfach größere soziale Fähigkeiten entwickeln.

Die Schulen meiner Kindheit waren nicht so eingerichtet und ausgestattet wie heutige Schulen. Sie waren vollkommen anders. Ich wiederhole, die Schulen, die ich besuchte, unterschieden sich in gewisser Weise, doch in den meisten wichtigen Punkten waren sie identisch: grob gezimmerte Pulte, selbstgemachte Rechenbretter, selbstgemachte Fibeln und während des Krieges auch selbstgemachte Schreibhefte, die meist aus schlechtem Papier waren. Und sogar selbstgemachte Tinte.

Selbstgemachte Tinte?

Ja, aus Ruß. Es gab nur ein Schulbuch für jeweils vier oder fünf Schüler. Während des Krieges gab es jeden Tag eine Schale Wassersuppe zum Mittagessen. Ich erinnere mich, wie wir Kinder damals herumliefen: Wir trugen Pullover, gefütterte Strickjacken oder bestenfalls ein ärmelloses Wams oder einen Mantel aus Baumwolle oder irgendeinem selbstgesponnenen Material. Ein solcher Stoff hieß »Serge«. Meinen ersten richtigen Mantel schenkten mir meine Eltern, als ich bereits an der Universität studierte. Er hatte einen kleinen Pelzkragen, einen »Boston«, wie ihn meine Mutter nannte. Ich habe ihn lange getragen. Die ganze Familie erinnert sich noch an diesen Mantel. Mein Vater hatte tausend Rubel bei einer Verlosung gewonnen, und meine Mutter sagte, Freunde hätten ihnen dabei geholfen, den Mantel im Dorfladen zu kaufen. So etwas war Mangelware! Alle erinnern sich an den Mantel; er war ein Meilenstein in unserer Familiengeschichte. Wissen Sie, zur Universität gingen wir alle in dem, was wir gerade hatten – die eine im Mantel ihrer Mutter, die andere in der Jacke von sonst jemandem. So war das damals.

Trotzdem war es meine Schule, und sie ist mir wie meine Kindheit lieb und teuer geblieben. Ich mochte die Lehrer. Meine Freundinnen. Wir sangen im Schulchor und führten Theaterstücke auf. Auch die Lehrer und der Schulleiter spielten mit. So etwas wäre heute kaum möglich; zumindest kommt es mir so vor.

In der Turnstunde bauten wir oft eine Menschenpyramide, und ich wurde immer ganz oben auf die Spitze gehoben, wahrscheinlich, weil ich die leichteste war. Wir machten Wanderungen, sammelten Altmetall und weggeworfenes Papier, bepflanzten unseren Schulhof und brachten eine Wandzeitung heraus. Wir organisierten Schulfeste. Wir tanzten. Und wir erhielten unsere ersten Liebesbriefe.

Was ist mir sonst noch in Erinnerung aus meiner Schulzeit? Wir halfen den Familien, die im Krieg Angehörige verloren hatten. Wir leisteten einander feierliche Schwüre – einander stets treu zu sein, immer zusammenzuhalten, uns gegenseitig zu helfen und nichts voreinander zu verbergen. Wir besiegelten unsere Schwüre mit der Pioniers- oder der Komsomolzen-Ehre. Und wir schnitten uns sogar in den Finger und mischten unsere Blutstropfen. Das weiß ich noch genau.

Mein Vater und meine Mutter hatten keine Schule besucht. Übrigens habe ich sie auch nie »Vater und Mutter« genannt; sie waren »Mama und Papa«. Ich sagte auch nicht »Batjuschka und Matuschka«, das war nicht üblich, sondern einfach Papa und Mama. Außerdem siezten wir sie immer. Ich kann mich nicht daran erinnern, daß meine Eltern jemals in die Schule bestellt worden wären. Sie kontrollierten auch nie meine Hausaufgaben. Nur manchmal erzählte mir mein Vater, wie er erzogen worden war. Er war ein gebildeter Mann und erzählte auch von der Zeit der »Schulreformen«. Damals wurde über die Versetzung der Schüler in die nächste Klasse abgestimmt. Die »Ergebnisse« der Abstimmung wurden von den Lehrern bei Klassenversammlungen bestätigt. Es war allein Sache der Kinder, ob sie ihre Aufgaben machten oder nicht. »Und schau, was für ein eindrucksvolles Resultat dieses System hervorgebracht hat«, schloß mein Vater immer und zeigte mit einem Schmunzeln auf sich.

Die Entscheidung den Kindern überlassen... Heute wäre es gefährlich, so etwas auch nur zu erwähnen, jedenfalls bei mir zu Hause.

Ich beendete die zehnte Klasse in der Stadt Sterlitamak in Baschkirien. In meinem Abgangszeugnis stand, daß mir »eine Goldmedaille für ausgezeichnete Leistungen und vorbildliches Betragen verliehen« wurde. Das gab mir, und jetzt zitiere ich wörtlich aus dem Zeugnis, »das Recht, in der UdSSR ohne Aufnahmeprüfung in Einrichtungen höherer Bildung einzutreten«. Das war das zweite Jahr, in dem Goldmedaillen verliehen wurden. Ich beschloß, die Staatliche Lomonossow-Universität in Moskau zu besuchen.

Wann war das?

Das war 1949. Damals war ich siebzehn.

Wie viele andere erkannte ich in der Kindheit die Bedeutung von Büchern, diesem größten Wunder, das die Menschheit je vollbracht hat. Bücher, die großen Werke der Literatur, waren mir in jenen Jahren ein stetes Bedürfnis, ihnen galt meine ganze Liebe. Wie schon gesagt, war ich nicht die einzige, die diese Erfahrung machte. Gerade in jenen Jahren wurde unser Land zu einem »Land der Leser«, wie wir heute sagen. Gewiß, es waren nicht sehr viele Bücher zu bekommen, man hatte keine große Auswahl, aber wir lasen alles, was wir zu fassen bekamen. Und jedes Buch war für uns eine Offenbarung.

Die glücklichsten und schönsten Seiten meiner Kindheit, die mir jetzt in Erinnerung kommen, waren jene Stunden, in denen wir im Familienkreis Bücher lasen. Ich liebte es, laut vorzulesen. Was für wundervolle Abende waren das! Das Holz knisterte im Kamin oder im Herd. Mama kochte das Abendessen. Mein Bruder und meine jüngere Schwester kuschelten sich eng an mich. Und ich las vor. Mein Vater war selten bei uns, sehr selten. Sie wissen, wie die Menschen damals gearbeitet haben – sie hatten keinen freien Tag und keine Ferien. Ich erinnere mich, daß Vater anstelle der Ferien eine »Vergütung« bekam. So hieß das seinerzeit – »Vergütung für nicht genommenen Urlaub«. Er machte nie Urlaub, sondern arbeitete das ganze Jahr hindurch und erhielt zusätzliches Geld. Und so ging es weiter, Jahr um Jahr.

Wir lasen alles: Panfjorows *Bruski,* Scholochows *Der stille Don,* Tolstois *Anna Karenina,* Victor Hugos *Der Glöckner von Notre Dame,* Dreisers *Eine amerikanische Tragödie,* Dumas' *Die drei Musketiere* und *Der Graf von Monte Christo.* Wir lasen Gogols *Abende auf dem Vorwerk bei Dikanka, Der wahre Mensch* von Boris Polewoi, *Die junge Garde* von Fadejew und Gedichte von Simonow. Und wenn mein Vater da war, las ich immer Taras Schewtschenko, vor allem seine *Gedanken.* Zum Beispiel:

»Meine Gedanken, meine Gedanken, welche Pein bringt ihr mir!
Warum taucht ihr in so düsteren Reihen in mir empor?« …

Oder auch:

»Es ist schwer, sehr schwer für eine einsame Waise.
Vor bitterer Sehnsucht und Kummer könnte ich von der Brücke springen,
Um zu ertrinken und diesem Wandern von einem Ort zum anderen ein Ende zu machen.
Das Leben ist unfreundlich, feindselig, und ich habe keinen Ort, an dem ich mich verbergen könnte …«

Und auch:

»Wozu habe ich meine dunklen Brauen und meine braunen Augen?
Oder meine mädchenhafte Keuschheit, die so schnell vergeht.
Meine Jugend wird umsonst vergeudet,
Und meine dunklen Brauen bleicht der Wind …«

Sehr gern mochten wir auch *Katerina* und *Der breite Dnjepr.* Ich habe Ihnen jetzt auf russisch vorgelesen, aber mein Vater hörte die Gedichte gern im ukrainischen Original, das klingt ganz anders!

Die Ausgabe von Der Kobsar, *die sie auf dem Schoß hält, hat etwas von einer Bibel – ein wunderschön gebundenes Buch. Sie findet sich leicht darin zurecht. Trotzdem hat sie gewisse Schwierigkeiten, vom Russischen ins Ukrainische zu wechseln: Das findet man recht häufig bei Menschen, die gern Ukrainisch hören und sogar ukrainische Lieder singen. Ich kann zum Beispiel keine ukrainische Lyrik aufsagen; da hapert es einfach mit der Aussprache.*

Wenn ich einen Band von Schewtschenko in die Hand nehme, denke ich augenblicklich an meinen Vater. An ihn mußte ich auch denken, als ich das letzte Mal in der Ukraine war. Ich traf mich mit einigen Schriftstellern aus der Republik, und wir sprachen über Schewtschenko und seinen *Kobsar.* Mein Vater liebte ihn so sehr!

Mein Bruder ist drei Jahre jünger als ich und meine Schwester sechs Jahre. Jeder von uns hat natürlich seinen eigenen Lebensweg eingeschlagen, einen Beruf gewählt und sein eigenes Schicksal. Meine Schwester betrachtete ich immer als ein Kind, für das ich, die ältere, Sorge zu tragen hatte. Noch heute rede ich sie mit der Verkleinerungsform »Ljudotschka« an. Als ich von zu Hause wegging, um in Moskau zu studieren, war meine Schwester erst elf. Von den Kindheitserlebnissen, die mit ihr zu tun haben und an die ich am häufigsten denke, möchte ich zwei erzählen. Sie, mein Bruder und ich hatten ein Lieblingsspiel: Wir rieten Namen, die sich jeder von uns ausgedacht hatte, männliche wie weibliche. Als meine Schwester an der Reihe war, sich einen Namen auszudenken, kamen wir lange Zeit nicht darauf, welchen sie meinte. So sehr wir uns auch bemühten, es nützte alles nichts. Es flossen sogar Tränen. Allmählich kam uns der Verdacht, daß sie mogelte. Schließlich verriet sie uns den Namen. Sie sagte, es sei ein Männername – »Byvalotscha«.

Wir brachen in Gelächter aus und begriffen sofort, wen sie meinte. Wissen Sie, zu jener Zeit gab es keine Hotels in den kleineren Städten und Dörfern. Reisende übernachteten bei Freunden, und im Haus meiner Eltern war häufig ein Kollege meines Vaters zu Gast. Er war viel herumgekommen und konnte gut Geschichten erzählen. Unsere ganze Familie hörte ihm abends gerne zu. Jede Geschichte begann er mit den Worten: »Also, *byvalotscha,...«* * *Die ganze Familie machte sich darüber lustig, daß er unentwegt dieses Wort benutzte. Aber für meine kleine Schwester wurde es zu einem Eigennamen, den sie sich ausgesucht hatte. Ich kann mich nicht mehr erinnern, wie der Mann richtig hieß. Aber ich erinnere mich gut an sein ständiges byvalotscha.* Mein Bruder und ich rätselten tagelang an der Lösung herum. Dann kam die Zeit der Tränen und der gegenseitigen Beschuldigungen, bis meine Schwester uns schließlich verriet, daß sie sich »Byvalotscha« ausgedacht hatte.

* Im Russischen bedeutet *byvalotscha* »Es war einmal«.

Bei diesem Spiel kommt es darauf an, daß man ehrlich ist. Wir haben in unserer Familie auch so etwas Ähnliches gespielt.

Ja, alle Kinderspiele beruhen darauf, daß man ehrlich ist. Und jetzt noch eine zweite Begebenheit. Im Krieg wurden deutsche Kriegsgefangene zum Eisenbahnbau herangezogen. In dem Ort, in dem wir damals wohnten, brach ein Feuer aus, und mehrere Häuser brannten völlig ab. Andere wurden beschädigt und mußten wieder hergerichtet werden. Zu den letzteren gehörte das Haus, in dem unsere Familie wohnte. Meine Schwester – sie war sehr klein, hatte blondes Haar und blaue Augen – zog ständig die Aufmerksamkeit der Gefangenen auf sich. Die Deutschen reparierten das Dach unseres Hauses und gingen uns auch sonst zur Hand. Einmal spielte ich im Hof und sah, wie ein Deutscher auf meine Schwester zuging, die Hand ausstreckte und ihr über den Kopf strich. Mein Herz krampfte sich vor Angst zusammen. Wie der Blitz war ich an ihrer Seite und zerrte sie zu mir her. Erst dann schaute ich den Deutschen an und merkte plötzlich, daß er weinte. Wissen Sie, ich war richtig erschüttert. Da standen wir – der junge Deutsche mit hängendem Kopf, Tränen in den Augen, ich, ein junges Mädchen, und meine Schwester, die sich ängstlich an mich klammerte.

Wenn ich heute an diese Szene zurückdenke, steigen die Gefühle wieder in mir auf, die mich und alle anderen in der schrecklichen Zeit der deutschen Invasion ergriffen hatten, und ich denke an die furchtbare Tragödie, die über Millionen von völlig unschuldigen Menschen hereinbrach.

Mir fällt dabei ein, daß ich Sie auf dem Friedhof für sowjetische Kriegsgefangene im westdeutschen Stukenbrock gesehen habe.

Ja, ich hatte sehr gemischte Gefühle, als wir zusammen mit einer Reihe von Persönlichkeiten des öffentlichen Lebens, die Michail Sergejewitsch bei seinem Staatsbesuch in Westdeutschland begleiteten, den Gräbern unserer unglücklichen Landsleute die Ehre erwiesen. Auch viele Deutsche kamen an jenem Tag zu dem Friedhof. Und es schien mir, als sei der Geist der Versöhnung auf diesen leidvollen Ort namens Stukenbrock herabgekommen, zu unser aller Wohl, dem der Lebenden und dem der Toten. Vergebung. Man kann nicht dauernd im Haß leben. Ich glaube, daß diese endlosen Reihen von Gräbern – sowohl in Stukenbrock als auch in unserem Land – uns letztlich nicht zur Rache, sondern zur Vernunft aufrufen...

Meine Schwester hat Medizin studiert. Sie ist Ärztin, ihr Mann Ingenieur. Sie hat einen erwachsenen Sohn und eine kleine Enkeltochter.

Und Ihr Bruder?

Sein Leben hat einen anderen Verlauf genommen. Er ist ein begabter und talentierter Mensch. Leider war es ihm aber nicht vergönnt, seine Möglichkeiten zu verwirklichen, da seine Talente unerwünscht waren und ruiniert wurden. Mein Bruder trinkt und verbringt viele Monate im Krankenhaus. Sein Schicksal ist eine Tragödie für Mutter und Vater. Für mich ist es eine ständige Quelle des Schmerzes, den ich nun seit über dreißig Jahren in meinem Herzen trage. Sein Unglück hat mir viel Kummer bereitet, um so mehr, als wir uns in der Kindheit sehr nahe waren: Wir waren einander immer sehr liebevoll zugetan. Es ist sehr hart und schmerzlich für mich.

Raissa Maximowna zog sich in sich selbst zurück. Und ich begann, wieder über Mütterchen Rußland und das Trinken nachzudenken: In unserem Land gibt es zu viele ähnliche Katastrophen, rein russische Katastrophen. Es gibt sie praktisch in der Geschichte jeder Familie, unabhängig von ihrer gesellschaftlichen Stellung. Noch heute leiden unsere Familien unter diesem russischen Fluch.

Es war an der Zeit, mit einer Frage zu einem anderen Thema überzuleiten. Aber mir fiel einfach keine Frage ein. Das Thema, das wir zufällig berührt hatten, rief auch in mir so manche Erinnerung wach.

Als ich auf die eine oder andere Phase meines Lebens zurückblickte, machte ich eine überraschende Entdeckung! *[Meine Gastgeberin nahm das Gespräch wieder auf, ohne daß ich Fragen stellen mußte.]* Aber vielleicht ist sie gar nicht so überraschend, sondern eher natürlich: Alle Erinnerungen an meine Kindheit und Jugend und sogar an meine Jahre als Erwachsene sind stets von einem farbenfrohen und überwältigenden Natureindruck begleitet. Ich bin überzeugt, daß die Wurzeln dafür in meiner Kindheit liegen. Ich bin inmitten der Natur aufgewachsen. Natur und Kinder gehören für mich sehr eng zusammen.

Die reine Schönheit der Natur hat in dieser Welt nicht ihresgleichen. Der Duft von Kirschbäumen und Tannennadeln ist mir stets gegenwärtig. Die Freude, im Frühjahr das Rauschen der Flüsse im Ural zu hören. In der Stawropoler Region ist der Frühling sehr kurz; Flüsse gibt es dort nicht, die gibt es nur im Ural. Es ist eine wahre Wonne. Die reißenden Flüsse im Frühling und die tiefen Schneeverwehungen an einem eiskalten, klaren Tag. Und die Schönheit des smaragdgrünen Mooses und die bunten Muster darauf – Moltebeeren, Heidelbeeren und Akelei. Und all die verschiedenen Arten von Pilzen, die sich verstecken – Edelreizker und andere Milchlinge, Röhrlinge und Täublinge. Das alles gehört in die Vergangenheit, in meine Kindheit. Und aus der Kindheit, glaube ich, stammt auch meine Sehnsucht nach der Hängebirke oder nach einem von Kornblumen und Kamille gesäumten Roggen- oder Weizenfeld, eine Sehnsucht, die im Herzen eines jeden Russen lebt. In späterer Zeit entstand dann die Sehnsucht nach der scharlachroten Steppe von Stawropol, die im Frühling bis zum Horizont hin mit flammend roten Tulpen übersät ist. Und nach den Schattierungen von Karmesin und Violett und Grün und Gelb des Herbstes im Nordkaukasus.

Ich bin überzeugt, daß die Zerstörung der Natur und ihre Verarmung auch zur Verarmung der menschlichen Seele führt. Auch die zunehmende Gewalt in unserer Gesellschaft hängt damit zusammen. Die Natur zu retten heißt heute, die menschliche Seite der Menschheit zu retten.

Bei einem Interview wurde Michail Sergejewitsch einmal gefragt, was seine liebste Freizeitbeschäftigung sei, und er antwortete: im Wald spazierenzugehen. Ja, die Wege in der Umgebung von Moskau, in der Stawropoler Steppe, im Vorgebirge des Kaukasus – Hunderte von Kilometern ist er auf ihnen gewandert. Das hat ihm Ausgeglichenheit, Zuversicht und Kraft gegeben.

Zu den Lieblingsliedern von Michail Sergejewitsch gehören: »Wenn ich bei Moskau wandern gehe, wo das Gras nach Pfefferminze riecht, flüstert mir liebevoll die Natur ihre geheimen Worte zu...« Dann das Lied *Das russische Feld* – »Das Feld, das russische Feld, ob der Mond scheint oder der Schnee fällt, vereint sind wir in Freud und Leid, das werde ich niemals vergessen.« Er hat diese Lieder sehr gern und singt sie oft.

Wissen Sie *[mit diesen Worten beginnt sie häufig einen neuen Gedanken – so, als wolle sie eine kleine Brücke testen, bevor sie sie betritt]*, der Philosoph Georg Wilhelm Friedrich Hegel schrieb, Philosophie sei die in Gedanken erfaßte Epoche. Was für eine erstaunliche Definition! Aber was ist ein Lied? Es ist ebenfalls eine Zeit, das Schicksal einer Nation oder eines Menschen. Nur wird sie in Musik, in einer Melodie, in einem Wort, letztlich in einem Gefühl »erfaßt«. Die Lieder meiner Kindheit waren: »Kachowka, Kachowka, mein eigenes Gewehr...«, »Der Befehl ist erteilt – er nach Westen, sie nach Osten...«, »Apfel- und Birnbaum standen in Blüte, Nebel wallte über dem Fluß...«, »Dunkle Nacht, nur Kugeln pfeifen über die Steppe, nur der Wind summt in den Drähten, und trübe flimmern die Sterne...«, »Um uns die Steppe, vor uns eine lange Straße, in dieser einsamen Steppe ein Kutscher im Sterben lag...« Der Tod dieses unbekannten Kutschers, in dem sich das russische Wesen so bewegend ausdrückt, dauert inzwischen schon länger als jedes Menschenleben, länger als hundert Jahre. »Es steht ein Fels an der Wolga, moosbewachsen von oben bis unten...«, »Im Ofen brennt hell das Feuer, Saft tropft auf die Scheite wie Tränen, und im Unterstand singt mir die Mundharmonika von deinem Lächeln und deinen Augen...«, »Erhebe dich, riesiges Land! Auf in den Kampf um Leben und Tod! Drauf auf die wilde Faschistenmacht, auf die verfluchten Horden...«

Ein Lied, das später kam, aber trotzdem den Weg in unsere Herzen fand, war »Dieser Siegestag riecht noch nach Pulver, es ist ein Fest mit ergrauendem Haar, ein Glück mit Tränen in den Augen...« Ja, obwohl es viel später kam, war es schon bald aus dem Liederschatz meiner Generation nicht mehr wegzudenken.

Es heißt, das Herz sieht besser als alles andere. Sagen Sie mir, wessen Herz, das all das durchlebt und es in sich aufgenommen hat, wird nicht auf menschliches Leid und menschliche Güte reagieren?

Die Stimmen von Ruslanowa, Utjossow, Schulschenko, Bernes, Koslowski, Lemeschew – wie sehr haben wir ihre Schallplattenaufnahmen geliebt! Und wie viele Jahre lang habe ich, wie viele andere meiner Generation, diese Schallplatten sorgfältig aufbewahrt. So, wie ich die unsagbar traurigen, wenn auch nicht immer nüchternen Stimmen der Blinden und Invaliden der Kriegs- und Nachkriegsjahre – in den Basaren, in der Menge, auf den Bahnhöfen und in den Wagen auf den Haupt- und Nebenstrecken – in meinem Gedächtnis bewahre. Stimmen, die nicht unerschrocken, nein, eher traurig von Schlachten und Angriffen, von Liebe und Tod sangen. Der Krieg war vorbei, aber seine traurige, herzzerreißende Melodie schwebte noch lange in der Luft wie der Rauch eines vorüberfahrenden Zuges. Die Menschen sangen überall, in den Zügen, in den Parks, vor den Häusern, und wir, die Kinder, waren die andächtigsten Zuhörer.

Letztes Jahr begleitete ich Michail Sergejewitsch auf einer Reise und verbrachte einige Zeit im Gebiet von Swerdlowsk. Von dort kommen die Halbedelsteine aus dem Ural, Malachit und Bergkristall. Die Landschaft ist von überwältigender Strenge, aber gleichzeitig wunderschön. Das war die Heimat von Baschow, der bemerkenswerte Geschichten über den Ural geschrieben hat, und von Mamin-Sibirjak, dem Autor des Romans *Die Priwalowschen Millionen.* Dann »die heiligen Stätten des Ural« – die Stadt Werchoturje, die im sechzehnten Jahrhundert gegründet wurde und über die der Handel zwischen Europa und Sibirien auf dem Fluß Tura abgewickelt wurde. Die Stadt verfügt über einzigartige Zeugnisse der Vergangenheit – eine Festung, Kirchen und Klöster.

In den Kriegsjahren wurden im Ural viele Bahnlinien gebaut, und mein Vater gehörte zu denen, die daran mitarbeiteten. Unsere Familie zog mit dorthin, wo gerade eine der neuen Bahnstrecken angelegt wurde. Wir reisten so gut es eben ging: in Güterwaggons, in Gepäckwagen auf der Behelfsstrekke oder mit Schlitten durch die weglose Taiga. Daran erinnere ich mich besonders lebhaft. Die Taiga im Winter. Eisige Kälte. Kilometer von jeder Ortschaft entfernt. Wir Kinder saßen im Schlitten, waren in Mäntel aus Schaffell eingehüllt, die Pferde versanken bis zum Bauch im Schnee, Schneeflokken fielen von den zerzausten Ästen der Kiefern und Zedern. Und gelegentlich brach von oben ein blendender, gleißend heller Sonnenstrahl durch. Die Orte, in denen wir haltmachten, um zu übernachten oder uns auszuruhen, gottverlassene Dörfer oder Hütten am Wegesrand, waren von der Welt völlig abgeschnitten. Sie müssen bedenken, daß die Taiga in jenen Kriegsjahren eine gefährliche Gegend war, weil sie allen möglichen entsprungenen Häftlingen, Deserteuren und sogar flüchtigen Kriegsgefangenen als Zufluchtsstätte diente.

Damals wurden Fabriken, Produktionsanlagen und Werkstätten aus den Industriezentren im Westen der Sowjetunion in den Ural in Sicherheit gebracht. Und aus dem Ural wurden Waffen und Maschinen an die Front transportiert. Einen beträchtlichen Teil meiner Kindheit im Ural habe ich im Bezirk Swerdlowsk verbracht. Dort, in der alten Kirche, die man in einen Klub umfunktioniert hatte, sah ich unzählige Male den Film *Tschapajew.* Dort spielten wir unsere Jungmädchenspiele und neckten einander. Und dort, in der Stadt Alapajewsk, ging ich auch zum erstenmal in meinem Leben ins Theater. Ich sah Korneitschuks Stück *Der Chirurg* – auch daran erinnere ich mich noch.

Auch heute haben Sie noch mit der Welt der Kinder zu tun. Ich denke da an Ihr Engagement im Wohltätigkeitsbereich.

Ja, wir alle waren einmal Kinder. Leider vergessen wir das oft. Was ist kostbarer als die Gesundheit der Kinder – die körperliche, moralische und geistige? Ich denke an Armenien und die tragischen Tage nach dem Erdbeben. Ich werde nie den erschütternden Anblick vergessen: Ruinen, wo zuvor ein Wohnhaus gestanden hatte. Die Gesichter der Menschen, die Schreie und das Stöhnen... Den Schock, den die Menschen erlitten hatten. Und die Tränen. Die Gedanken, Träume und Hoffnungen von Tausenden von Menschen in einem einzigen Augenblick begraben. Dutzende, Hunderte von winzigen Särgen standen auf der Straße. Ich besuchte die Krankenhäuser, in denen die verletzten Kinder behandelt wurden. Wissen Sie, wie mich ein Junge begrüßte, dessen Beine zerschmettert worden waren – die Schule war mitten in einer Unterrichtsstunde eingestürzt?! »Tante Raja, Tante Raja! Ich kann nie mehr in die Schule gehen!« rief er von seinem Bett aus, kaum daß ich die Station betreten hatte.

Was sollte ich ihm sagen? Wie sollte ich ihn trösten? Was immer unseren Kindern zustößt – erst recht, wenn es ein Akt des blinden Schicksals ist –, wir Erwachsenen sehen den Kindern in solchen Augenblicken nicht nur mit Mitgefühl in die Augen, sondern auch mit einem Gefühl der Schuld.

Trotzdem – was haben Sie dem Jungen gesagt?

Ich bat ihn, stark zu sein. »Du bist ein Mann«, habe ich zu ihm gesagt. »Und deine Mutter wird dir beistehen.« Ich sagte ihm, wir würden neue Schulen in der Stadt bauen, schöne und stabile Schulen, in denen man sich nicht mehr zu fürchten brauche. Ich hielt seine Hand, und langsam beruhigte er sich.

Heutzutage staunt niemand mehr darüber, wenn jemand ein gutes Werk vollbringt. Ich möchte an dieser Stelle auch nicht meine »guten Taten« aufzählen, sondern nur sagen, daß die Sorge um die Kinder und die Wohltätigkeitsarbeit auf diesem Gebiet in unserer heutigen Gesellschaft keine vorübergehende Laune oder Modeerscheinung sind; sie sind eine unerläßliche Notwendigkeit. Als ich mich entscheiden mußte, wofür ich mich einsetzen wollte, habe ich nicht gezögert. Denn es fiel mir nicht schwer, mich für den Bereich der Kinderfürsorge zu entscheiden. Ich fördere die Zentrale Kinderklinik der Republik in Moskau, in der Kinder aus allen Teilen unseres Landes behandelt werden. Michail Sergejewitsch stiftet Honorare und andere Zuwendungen, die er bekommt, so auch das Geld für den Nobelpreis, größtenteils für medizinische Zwecke. Häufig betraut er mich damit, das Geld oder medizinische Geräte zu überreichen. Auf diesem Gebiet hat er sehr viel für die medizinischen Einrichtungen in verschiedenen Teilen des Landes getan – in Weißrußland, in der Ukraine, in Usbekistan, in Kasachstan – auch für das Krankenhaus im Distrikt Rote Garde in Stawropol, wo er geboren wurde.

Das Krankenhaus, das ich fördere, hat durch meinen Mann auch eine Reihe moderner Geräte aus dem Ausland und harte Devisen erhalten. Die Ärzte, überwiegend junge Leute, die sich hingebungsvoll für ihre Arbeit engagieren, haben die Möglichkeit erhalten, in den besten amerikanischen und deutschen Kliniken zu arbeiten. Die Sowjetunion erhält derzeit beträchtliche humanitäre Hilfe aus verschiedenen Ländern. Besonders den deutschen Lesern möchte ich dafür danken. Ein erheblicher Teil der Hilfe, die teilweise an mich adressiert ist, kommt aus Deutschland. Und die Bereitschaft des deutschen Volkes, auf unsere Bedürfnisse einzugehen, weckt ein warmes Gefühl der Dankbarkeit beim sowjetischen Volk und bei mir.

Zusammen mit meinem Mann habe ich Tschernobyl besucht. Ich bin vielen Kindern begegnet, deren Leben durch die Katastrophe erschüttert wurde. Ich habe führende Vertreter der Vereinigung »Hämatologen der Welt – für die Kinder« besucht, die sich zum Ziel gesetzt hat, an Leukämie erkrankte Kinder zu behandeln, und ich habe auch den Sitz der Stiftung »Hilfe für die Kinder von Tschernobyl« besucht, die der japanische Geschäftsmann Sasakawi ins Leben gerufen hat. Vor kurzem stattete ich der radiologischen Abteilung des Krankenhauses einen Besuch ab. Dabei kam ich mit Patienten zusammen, die unter ärztlicher Beobachtung stehen, und unterhielt mich auch mit ihren Familien.

Es gibt etwas, womit ich mich niemals abfinden kann, und das ist das Gefühl, daß Menschen dem Untergang geweiht sind. Ich habe Ihnen bereits von der Zentralen Kinderklinik der Republik erzählt. Dorthin werden schwerkranke Kinder aus Rußland und sogar aus der ganzen UdSSR geschickt. Leider sind darunter auch unheilbar kranke Kinder. Einmal bin ich mit einer Schar von Kindern mitgegangen, um mir ihr gemeinsames Spielzimmer anzusehen. Es war voller Kinder. Es herrschte eine Art unterdrückter, eher zaghafter Lärm. Sie wissen, wie Kinder spielen, wenn sie sehr krank sind. Und mitten unter diesen Kindern – es gab Kinder fast aller Nationalitäten in diesem Krankenhaus – saß eine junge Frau auf einem niedrigen Stühlchen, hielt einen dreijährigen Jungen fest an sich gedrückt und starrte regungslos vor sich hin. Als sie mich erblickte, sagte sie mit erstickter, müder Stimme und ohne jede Hysterie, an der äußersten Grenze menschlicher Kraft, die nur das Herz einer Frau, einer Mutter aufbringt: »Raissa Maximowna, helfen Sie uns! Tun Sie etwas! Wir sind siebenmal nach Moskau gekommen, und erst beim siebten Mal ist es uns gelungen, einen Platz in der hämatologischen Abteilung dieses Krankenhauses zu erhalten. Nach der Untersuchung haben sie einfach zu uns gesagt: ›Gehen Sie wieder nach Hause, für den Jungen gibt es keine Hoffnung.‹ Helfen Sie uns!«

Ich fühlte, daß ich weich in den Knien wurde. Ich nahm der Mutter den kleinen Jungen ab, streichelte ihm den Kopf und tauschte mit der Mutter einen Blick aus, der mehr sagte als alle Worte.

Später, im Büro des Chefarztes, versuchten mich die Ärzte davon zu überzeugen, daß es sinnvoller sei, den Jungen nach Hause zu schicken: Er sei praktisch zum Tode verurteilt. Auch im Falle einer Operation, die er wahrscheinlich nicht überlebt hätte, standen seine Chancen nur eins zu hundert. »Aber es gibt diese eine Chance, und wer weiß...« Ich bat sie, alles nur Mögliche zu tun, und mehr als das. »Ich bitte Sie«, sagte ich.

Der Junge hieß Dima. Gestern erfuhr ich, daß das Wunder ausgeblieben ist. Er ist gestorben.

Als ich an jenem Abend wegging, nahm ich in meiner Aktentasche ein Bündel Briefe mit. Zu Hause verbrachte ich viel Zeit damit, sie zu studieren. Die Briefe waren offensichtlich bereits sortiert worden: An den Ecken waren kleine Zettel befestigt, auf denen handschriftlich vermerkt war, von wem sie stammten und wann sie eingetroffen waren. Manche zeichneten sich dadurch aus, daß sie in Aktendeckeln aus Karton mit amtlichen Abkürzungen lagen. Ich betrachtete die Umschläge und begriff dann, nach welchem Kriterium sie sortiert worden waren: Die Briefe in den Aktendeckeln waren an »Frau Gorbatschowa, Kreml, Moskau« gerichtet. Briefe mit noch kürzerer Adresse – Gorbatschowa, R. M., Moskau – hatten keinen Aktendeckel, sondern nur einen Zettel, auf dem der Name des Absenders und das Eingangsdatum standen. Ein richtiges Büro zu Hause.

In Rußland ist es mehr als in anderen Ländern Sitte, Briefe an hochstehende Persönlichkeiten zu schreiben. Dieses briefliche Band zwischen dem Volk und dem Machtzentrum steht völlig im Einklang mit unserer nationalen Tradition. Dasselbe gilt übrigens auch für das sich hartnäckig haltende Gerücht, die Parteioberen wohnten ausschließlich im Kreml, obwohl es dort seit ewigen Zeiten keine einzige Wohnung mehr gibt, außer der Wohnung Lenins, und die wird nicht mehr bewohnt.

An die Frauen unserer führenden Politiker ist seit Jahrzehnten nicht mehr geschrieben worden, wenn ich mich nicht irre.

Und jetzt gehen so viele Briefe ein, daß Raissa Maximowna ein eigenes Büro benötigt, um sie zu bearbeiten. Aber offenbar hat sie noch keines: Die Zettel tragen die mir schon vertraute Handschrift. Es gab keinen Hinweis darauf, daß eine Assistentin die Briefe in der Hand gehabt hätte.

Worum geht es in diesen Briefen? Um die Erfüllung irgendwelcher Bitten. In Rußland müssen solche Briefe Bitten enthalten, Bitten und nochmals Bitten, und die meisten entspringen nicht etwa kurzlebigen Launen, sondern den Unvollkommenheiten unserer Gesellschaft; sie sind von den Hoffnungen diktiert, die man in die »Leute an der Spitze« setzt. Daß diese

Hoffnungen erfüllt werden, erwarten die Briefschreiber von den Leuten, denen sie schreiben.

Wie sich herausstellte, hatten alle Briefe in irgendeiner Weise mit Kindern zu tun. Die Jungen und Mädchen der Musikschule in Kemerowo bedanken sich dafür, daß sie auf ihrer Moskauer Konzertreise in der Hauptstadt empfangen wurden. Dank auch für zwei »Jasnaja-Poljana«-Akkordeons, die von »Melodija« in Tula eigens für das Programm »Neue Namen« des Sowjetischen Kulturfonds gebaut und der Schule als Geschenk überreicht worden waren. Ein langer, weitschweifiger Brief in gestelztem Stil von dem Schauspieler und Regisseur Rolan Bykow über die Nöte des Zentrums für Kinderfilm in Moskau. Ein kleiner, blauer, gemusterter und, wie mir schien, sogar parfümierter Umschlag glitt aus dem dicken Bündel heraus und erinnerte mich in seiner vornehmen, altmodischen Art an das Smolny-Institut. Natalia Saz: »Ich hoffe, Sie Mitte Mai zu sehen und Ihnen von meinem Vorhaben erzählen zu können, einen Verein mit dem Namen ›Kunst für Kinder‹ ins Leben zu rufen.« Auch das Papier, auf das der Brief geschrieben war, war exquisit, blau und steif wie gestärktes Leinen.

Einige Briefe waren mit sicherer, kraftvoller Hand auf dikkes Papier geschrieben, und oben auf dem Bogen stand in russischer und englischer Sprache gedruckt: »Bechterewa, Natalia Petrowna, Mitglied der Akademie der Wissenschaften der UdSSR, Direktorin des Instituts für Experimentelle Medizin, Leiterin der Abteilung für Human-Neurophysiologie usw.« Kurzum, eine der »titelreichsten« Frauen der Sowjetunion.

»Kürzlich, nachdem wir eine endlose Reihe von Hindernissen überwunden hatten, ist es endlich gelungen, mit einer schwedischen Firma einen Vertrag über die Lieferung eines Positronen-emittierenden Tomographen abzuschließen. Dieser Erfolg wird für mich immer mit Ihrer Person verbunden bleiben – vielen Dank für Ihre Hilfe. Wir tun alles, um die

Möglichkeiten, die sich daraus ergeben, auszuschöpfen und so rasch wie möglich ein eigenes Gerät dieser Art herzustellen...« Und weiter: »Nach dem, was ich über die Arbeitsweise des Gehirns weiß, glaube ich, daß unsere Gesellschaft gerade eine Phase durchläuft, die sie allein in die Lage versetzt, sozialpolitisch und wirtschaftlich eine neue Stufe zu erreichen...«

In jedem ihrer Briefe steht mindestens eine Zeile über den langersehnten Tomographen – wie er »abtastet« und zum Nutzen des sowjetischen Gesundheitswesens arbeitet. Dann, am Schluß: »Ich denke an Sie, aber aus irgendeinem Grund mache ich mir Ihretwegen Sorgen: Sie sehen auf dem Bildschirm so gut aus und werden überall so herzlich empfangen...« Die Sprache ist klar, und auch die Handschrift sieht aus wie gedruckt. Als meine Gastgeberin mir die Briefe für einige Zeit überreichte, sagte sie mit trauriger Stimme: »Natalia Petrowna hat eine Tragödie erlebt. Ihr Sohn und ihr Mann sind beinahe gleichzeitig gestorben.«

»Betrifft: Die Einlieferung des Knaben V. Uwarow in ein westdeutsches Krankenhaus. Da es innerhalb der UdSSR nicht möglich ist, die Blutkrankheit zu behandeln, an der der Junge leidet, schrieben seine Eltern einen Brief an Michail und Raissa Gorbatschow und baten darum, eine Behandlung in der Bundesrepublik Deutschland zu ermöglichen, wo die erforderlichen Behandlungsmethoden und Medikamente zur Verfügung stehen. Daraufhin wandte sich Michail Gorbatschow an Helmut Kohl mit der Bitte, dem Jungen zu helfen. Die Bitte wurde wohlwollend aufgenommen. Heute berichtete W. W. Tjutjunow, Botschaftsrat an der sowjetischen Botschaft in der Bundesrepublik Deutschland, daß Valeri Uwarow in die Kinderklinik der Medizinischen Hochschule Hannover aufgenommen wurde. Die Behandlung wird von Professor Hansjörg Riehm durchgeführt. Die Kosten für den Aufenthalt des Jungen und seiner Mutter werden von der Hilfsorganisation ›Care Deutschland‹ getragen.

W. Alexandrow, Assistent des Sekretärs des Zentralkomitees der Kommunistischen Partei der Sowjetunion.«

»Seit unserer letzten Begegnung in der Zentralen Kinderklinik haben sich viele Dinge zum Positiven gewendet. Professor J. B. Wladimirski und ich haben im Krankenhaus ein neues Institut ins Leben gerufen, dem auch zwei Abteilungen in der Stadt angeschlossen sind, in denen Moskauer behandelt werden sollen, die an Blutkrankheiten leiden. Wir führen Instandsetzungsarbeiten in zwei Abteilungen auf dem Stockwerk durch, in dem Sie seinerzeit die Blutbank besichtigt haben. Mit Hilfe deutscher Kollegen und der Firma Stig haben wir begonnen, in einer Abteilung die erste Kinderabteilung für Knochenmarktransplantationen einzurichten.

Ihr Professor A. G. Rumjanzew.«

Zwischen diesen beiden Briefen schien mir eine Verbindung zu bestehen.

Ein Knabe namens Iljuscha Malyschew bedankt sich für die Gitarre, die er geschenkt bekommen hat, und für die Hilfe bei der Beschaffung der langersehnten Wohnung für seine Mutter, seinen kleinen Bruder und sich selbst. »Raissa Maximowna! Im Sommer habe ich bezahlte Konzerte in Büros und Fabriken gegeben. Mit Ihrer wunderbaren Gitarre habe ich 340 Rubel eingenommen, die wir für das Hilfsprojekt Samantha gespendet haben... Man hört ›meinen‹ Liedern aus der Zeit des Krieges zu, und sie kommen so gut an, daß die Leute sogar weinen...«

Oh, ich kenne diesen Jungen. Den Jungen und seine Mutter. Ich war dabei, als R. M. Gorbatschowa sie im Kulturfonds traf. Wenn ich recht verstand, war der Brief vor langer Zeit geschrieben worden, denn der Junge studiert heute an der Musikschule, die dem Konservatorium angeschlossen ist. Bei dem Treffen gab er eine Art »Bericht« über seine kreative Arbeit in den letzten beiden Jahren. Aber mich rührte nicht nur dieser schmale, romantische Junge mit seinem eindrucksvollen Haarschopf und seinen zarten, nervösen Fingern, sondern ich war auch davon berührt, wie einfach und würdevoll sich die beiden Frauen benahmen – Raissa Gorbatschowa und Iljuschas Mutter, Nina Dawydowna. Da ließ nichts die »Wohltäterin« oder die »Bittstellerin« ahnen. Die beiden Frauen sprachen ruhig und vernünftig miteinander, und beileibe nicht nur über den begabten Jungen und seine unmittelbare Zukunft. Viel ausgiebiger unterhielten sie sich über das brodelnde Leben draußen auf dem Gogol-Boulevard, an dem das Gebäude des Sowjetischen Kulturfonds liegt.

»Liebe Raissa *[beginnt Signora Fanfani ihren Brief, der in italienischer Sprache geschrieben ist],*

Ich bedauere sehr, daß es mir nicht möglich war, Sie zu sehen, um Ihnen wenigstens die Hand zu drücken und ein gutes neues Jahr zu wünschen. Im Namen von Amintore übermittelte ich dem Präsidenten die besten und aufrichtigsten Wünsche für eine erfolgreiche Arbeit zum Wohl des russischen Volkes. Baron von Thyssen, den ich in Rom getroffen habe, läßt Ihnen Grüße und beste Wünsche bestellen.

Ich sende Ihnen eine Liste der Hilfsgüter, die wir Ihrem Krankenhaus von Oktober bis heute geschickt haben. Ich freue mich, daß es mir gelungen ist, diese Spendenaktion ohne Hilfe der Regierung oder der Ministerien durchzuführen und alles eigenhändig zu sammeln, vorzubereiten und zu verschicken. Wir alle haben es von Herzen gern getan, in der Hoffnung, daß die Sowjetunion schon bald keine Hilfe mehr braucht. Dann werden wir Moskau nur deshalb besuchen, um seine Kultur kennenzulernen. Auf alle Fälle sollen Sie wissen, daß Sie in Italien eine Freundin haben, eine wirkliche Freundin, die das russische Volk liebt und auch die Familie Gorbatschow.«

»Liebe Raissa Maximowna!

Von nun an habe ich das Recht, Sie in dieser Weise anzureden, denn es gibt nichts, das mir teurer ist, als Ihr Name. Ich werde immer, bis zum Ende meiner Tage, Ihnen und Michail Sergejewitsch dankbar sein. Obwohl Sie so beschäftigt sind, haben Sie Zeit gefunden, meinem Sohn zu helfen, eine sehr schwere Krankheit zu überwinden. Ich habe ihn bereits zweimal im Krankenhaus besucht (in der Burdenko-Klinik), und ich kann Ihnen mitteilen, daß er außer Lebensgefahr ist. Obwohl sein Zustand noch sehr ernst ist und eine lange, intensive Behandlung erfordert, haben wir das Schlimmste hinter uns. Nach Auskunft der Ärzte ist das bis heute das erste Mal auf der ganzen Welt, daß ein Mensch mit dieser Krankheit überlebt hat.

Wie dankbar bin ich Ihnen für Ihre Güte und Freundlichkeit!

Mein Sohn hat einen Abszeß im Gehirn, der Eiter in die Ventrikel des Gehirns ausscheidet. Die geschickten Hände der Ärzte und Ihre freundliche Antwort an mich in meinem Kummer haben ein Wunder bewirkt.

Vor vier Jahren ist meine Frau bei einer Operation gestorben. Sie war meine beste Freundin, meine Kameradin und ein Mensch, der mir sehr teuer war. Nun habe ich Kummer mit meinem Sohn. Mein großes Leid bewog mich, Sie in einem Brief um Hilfe zu bitten, und Sie und Ihr Mann haben mir geholfen. Ich habe nicht vor, an die Zeitungen zu schreiben oder große Reden zu halten. Ich möchte Ihnen nur eines sagen: Denken Sie daran, daß es in diesem Land einen Mann gibt, der bereit ist, alles für Sie hinzugeben, sogar sein Leben.

Früher war ich bei der Luftwaffe und bin jetzt Reserveoffizier. Ich habe zwei Söhne, die beide Offiziere sind, und einem von ihnen widerfuhr nun dieses große Unglück. Was Sie für mich und meinen Sohn getan haben, läßt sich in Worten nicht ausdrücken. Bis zum Ende meiner Tage werde ich mich an Ihre Güte und Freundlichkeit erinnern.

Vielleicht wird Ihnen mein Brief ziemlich wirr vorkommen. Aber glauben Sie mir, wenn ich sage, daß dieser Brief aus der tiefsten Tiefe eines Vaterherzens kommt. Wieder und wieder danke ich Ihnen und Ihrem Mann für Ihre Freundlichkeit und Ihr Mitgefühl. Nicht jeder Mensch wäre fähig, eine solche Last auf seinen Schultern zu tragen, wie Sie und Ihr Mann sie tragen, und trotzdem noch Zeit zu finden, an dem Unglück Anteil zu nehmen, das einen anderen Menschen heimgesucht hat. Genau das aber haben Sie getan.

Grüße und grenzenlosen Dank! Ich bin schon sechsundsechzig und viel herumgekommen, aber so große menschliche Anteilnahme ist mir noch nie begegnet. Ich wünsche Ihnen und Michail Sergejewitsch die allerbeste Gesundheit, Freude, Glück und alles Gute. Noch einmal – ein ganz großes väterliches und menschliches Dankeschön. Mit aufrichtigem Respekt und in Dankbarkeit,

Sudakow, Wladimir Dmitrijewitsch.«

Ich habe beschlossen, diesen Brief in voller Länge wiederzugeben. Es war Nacht, als ich ihn las, und in der Dunkelheit sah ich den Mann, den Vater, vor mir, der ihn geschrieben hatte. Es gibt viel Leid in unserem Land, aber wenige, zu wenige Beispiele dafür, daß es besiegt wird. In diesem Sinne sah ich in dem Brief ein seltenes menschliches Dokument. Schicken wir ihn in die Welt, als Hoffnungsschimmer für uns alle, die wir leiden – in Rußland, in Amerika oder wo auch immer.

Unter den Briefen war ein Blatt Papier mit der Übersetzung eines Schreibens von Yoko Ono, der Witwe John Lennons. Sie schilderte ihre positiven Eindrücke bei einem Treffen des Internationalen Forums in Moskau und schlug vor, sie sollten zusammen ein »Frauenbuch« schreiben.

Und dann fiel aus dem Stapel noch ein Umschlag heraus, an dem kein Zettel befestigt war. Er war ebenfalls geöffnet wor-

den, und automatisch nahm ich den Brief heraus... »Liebe Rajetschka, Grüße...«

Das war recht ungewöhnlich, noch ungewöhnlicher als Signora Fanfanis Brief. Ich las die erste Zeile noch einmal – nein, ich hatte keinen Fehler gemacht. »Liebe Rajetschka, Grüße...« Dann erkannte ich, daß der Brief an einem anderen geklebt haben mußte und aus Versehen in mein Bündel gelangt war. Ich faltete ihn zusammen und steckte ihn in den Umschlag zurück. Auf der Rückseite des Umschlags stand der Name: Alferowa, L. Ihre Schwester? Eine Verwandte? Eine Freundin?

Auf einem Klassenfoto aus den vierziger Jahren, das ich am selben Abend zu sehen bekam, sitzen sie da, die Kinder, um ihren Lehrer geschart. Mit einem Ausdruck von Neugier und noch etwas anderem drängen sie sich eng aneinander... Sie klammern sich aneinander, weil es so wärmer und sicherer ist in dieser unsicheren Welt.

Wahrscheinlich ist es in der Welt von heute genauso. Es ist ein schwieriges Geschäft – und war es zu allen Zeiten –, im Mittelpunkt zu stehen, im Brennpunkt der Hoffnungen anderer Menschen. Die letzte Zuflucht zu sein für das verzweifelte Flehen eines Menschen, für seine heiligen und vollauf berechtigten Forderungen. Niemand auf der Welt (vielleicht mit Ausnahme eines einzigen, der noch nicht im Kreml wohnt) ist alleine in der Lage, alles zu vollbringen, was man von ihm erwartet.

Auf dem Foto erkannte ich Raissa Gorbatschowa an einem einzigen Merkmal. Es war dasselbe, das sie in den vierziger Jahren im Turnunterricht auf die Spitze der waghalsigen Menschenpyramiden gebracht hatte.

Suchen Sie auf dem Foto das schmalste und kleinste Mädchen: Das ist Raissa.

Universitätsjahre

Ich befinde mich wieder auf dem Weg zur Präsidenten-Datscha außerhalb Moskaus. Offenbar ist der Winter doch noch einmal nach Moskau zurückgekehrt, nachdem ihn eine natürliche oder von Menschenhand geschaffene Katastrophe vertrieben hatte. Das ist ein gutes Zeichen. Die Wälder in der Umgebung sind schneebedeckt. Sogar entlang der Rubljow-Chaussee, von den Moskowitern immer noch als »Regierungschaussee« bezeichnet, türmen sich die Schneewehen bis in Höhe der Wagenfenster.

Die Chaussee ist noch ganz gut erhalten und wird regelmäßig ausgebessert. Aber offen gestanden erinnert sie von Jahr zu Jahr weniger an eine »Regierungschaussee«, da sie direkt vor unseren Augen demokratisiert wird. Im Jahre 1984 befuhr ich sie zum erstenmal. Damals umgab sie noch etwas Geheimnisvolles, Aristokratisches, das sie von den anderen gewöhnlichen Straßen und Fußwegen rund um Moskau unterschied. Wer unter dem gewölbten Dach der überhängenden Tannenzweige hindurchfuhr, war von Stolz erfüllt: Er fuhr auf der Straße des offiziellen Erfolgs.

Ich erinnere mich noch, wie ich als zufälliger Passant von der strikten Durchführung und der hierarchischen Perfektion der geltenden Vorschriften beeindruckt war: Unser Wolga wurde mehrmals nicht nur zum Ausweichen genötigt, sondern mußte seine Schnauze sogar direkt in den Schnee neben der Straße bohren, dort verharren und wie kleine Insekten bei Gefahr erstarren, um so die Straße für die grimmig aussehenden, kugelsicheren SILs freizumachen – die irdischen Transportmittel der sowjetischen Götter –, die uns überholten oder uns entgegenkamen. Die Datschas der sowjetischen Elite befanden sich schon Gott weiß wie lange an der Rubljow-Chaussee. Die Ordnung, die auf der Rubljow-Chaussee galt, war ein exaktes Abbild der Ordnung der damaligen Machthaber.

Im Jahre 1986 befuhr ich diese Straße mehr oder weniger regelmäßig. Ich möchte nicht behaupten, daß es plötzlich geschah, aber es war doch auffällig, daß die gut besetzten Kontrollposten der Verkehrspolizei praktisch vor meinen Augen verschwanden: Einige der kleinen Wachhäuschen standen jetzt einfach leer, und mir drängte sich dabei der Gedanke an die Entmilitarisierung des Systems auf. Bestimmte unantastbare Privilegien verschwanden – die Straße war wieder eine Straße und keine vornehme »Chaussee«. Der Durchschnittsbürger, der eine Datscha auf dem Land besitzt, belädt seinen Saporoschez mit dem lange ersehnten Baumaterial und huscht, wie ein Fisch in seichtem Wasser, die Straße entlang, die er früher nicht zu befahren gewagt hätte. Später tauchten Wagen mit ausländischen Kennzeichen auf der Straße auf – zu viele vielleicht –, angeblich weil alle möglichen ausländischen Unternehmen in dieser ausgesprochen russischen Gegend Grundstücke und Häuser aufkauften, um sich außerhalb der Stadt Büros einzurichten.

Und was noch wichtiger ist: Die Zahl der SIL-Limousinen ging, wie in ganz Moskau, stark zurück. In den Jahren der Perestroika wurde die sowjetische Bürokratie nicht nur zahlenmäßig reduziert, sie stieg auch von den riesigen Limousinen auf bescheidenere und wirtschaftlichere Fahrzeuge um, die im Verkehr der Hauptstadt weniger auffallen. Es spricht wohl für sich, daß selbst Mitglieder des Politbüros jetzt Wolgas benutzten. Das wäre 1984 noch unvorstellbar gewesen.

Autofahrer werden auch nicht mehr durch die allmächtigen Schlagstöcke der Polizei in den Graben gedrängt. (Es ist niemand zu sehen; nur aus dem Fenster des nachfolgenden Wagens ragt ein Schlagstock als Symbol der Macht.) Mehr-

mals sah ich den Wagen des Präsidenten auf dieser Straße. Ich konnte sogar sein Gesicht erkennen; er saß aus irgendeinem Grund auf dem Beifahrersitz und las Zeitung. Offenbar sind in der Zeit von Glasnost selbst die SILs transparenter geworden.

Ich weiß nicht, ob früher auf der Rubljowka mehr Ordnung herrschte, aber sicherlich werden die Menschen heute besser behandelt.

Die Rubljowka ist eine kurvenreiche Straße. Angeblich wurden die vielen Kurven in den dreißiger Jahren angelegt, um mögliche Attentäter am Zielen zu hindern. Nach den heftigen Schneefällen fuhr der Wagen ganz vorsichtig. Er glitt eher wie ein Schlitten dahin, nicht wie ein motorisiertes Gefährt. Trotzdem dauerte die Fahrt nur zehn oder fünfzehn Minuten länger als am Vortag.

Nichts eignet sich besser zum Nachdenken als eine Autofahrt. Zumal auf einer Straße, die einen an die Schlittenspuren früherer Tage erinnert, einer Straße, die durch die schneebedeckten Ebenen Zentralrußlands führt und dazu animiert, sich dem ruhigen Fluß der Gedanken zu überlassen.

Ich dachte daran, daß der Charakter, und nicht nur der, sondern auch das Auftreten einer Frau, deren Buch der westliche Leser jetzt in Händen hält, den Charakter eines Regimes verändert.

Warum? Ihr Erscheinen neben den Mächtigen von 1985 machte ebendiese Mächtigen attraktiver, zugänglicher und sogar fröhlicher. Und sie wirkten jünger, was ebenfalls nicht unwichtig ist, wenn man bedenkt, daß früher das schwache, realitätsferne Alter die Macht verkörperte.

Krasnojarsk, Norilsk, Donezk... Ein Kindergarten, eine Kindertagesstätte, ein Kinderheim... Das Gesicht einer Frau wirkt unter der üblichen Ansammlung männlicher Funktionärsgesichter deshalb so anziehend, weil es ausdrucksvoller und sympathischer ist: Freude und Trauer treten deutlicher zutage.

Das gute Gedächtnis und die wachsamen braunen Augen, Merkmale, die sich wahrscheinlich in ihrer Kindheit herausgebildet haben, als sie ein Nomadenleben führte, das wie ein Kaleidoskop von Gesichtern, Orten, Bahnhöfen und Landaufenthalten an ihr vorüberzog und sie von klein auf zwang, sich alles genau einzuprägen.

Dieses Mal hatte ich ein neues Spielzeug dabei – ein Tonbandgerät von Grundig. Das Mal zuvor hatte ich ebenfalls ein Tonbandgerät dabei gehabt, ein kleines japanisches, das nur halb so groß war wie meine Hand. Beim Gespräch mit Raissa Maximowna hatte es sich als praktisch erwiesen, aber Ira, die für mich die Gespräche abtippte, fand es unpraktisch. Deshalb nahm ich dieses Mal das Grundig-Gerät mit. Das war gute deutsche Wertarbeit, kein japanisches Spielzeug, und, was am erstaunlichsten war, es brauchte keine Batterien. Es wurde einfach ans Stromnetz angeschlossen.

So sehr ich mich auch bemühte – ich zog sogar meine Jacke aus –, der Stecker des Tonbandgeräts wollte einfach nicht in die Steckdose über dem Sofa passen. Da entdeckte ich eine freie Steckdose neben dem Schreibtisch des Präsidenten; eine Seite des Schreibtischs war förmlich mit Kabeln bedeckt. Aber die Lücke zwischen Schreibtisch und Fenster war so schmal, daß mir Zweifel kamen, ob ich da hineinpaßte. Fünfundachtzig Kilo Lebendgewicht… Und es wäre ungehörig gewesen, den Schreibtisch einfach wegzurücken: Immerhin war es der Schreibtisch des Präsidenten.

Raissa Maximowna bemerkte meinen zweifelnden Blick.

Schaffen Sie es nicht? Lassen Sie es mich mal probieren, ich komme durch. Diät.

Mir scheint, Sie sind von Natur aus schlank.

O nein *[sagte sie lächelnd]*, ich achte streng auf meine Linie.

Aber Gott sei Dank schaffte ich es alleine. Die Spule des Tonbands drehte sich lautlos.

Georgi Wladimirowitsch, soviel ich weiß, wollten wir heute über meine Jugendjahre sprechen. Doch was auch diesen Lebensabschnitt angeht, wird es mir schwerfallen, immer nur von »mir« zu reden. Wahrscheinlich werde ich öfter von »uns« sprechen – von Michail Sergejewitsch und mir. Trotzdem will ich zunächst über »mich« sprechen, über meine Kindheit und Jugend und meine angenehmsten Erinnerungen an diese Zeit. Im Grunde ist die Jugend nur ein flüchtiger Augenblick, aber sie ist auch der Augenblick, der Funke, den man immer im Herzen trägt.

Jugend, das waren für mich vor allem die Jahre an der Universität. Ohne sie hätte es überhaupt keine Jugend gegeben. Das ist jedenfalls meine Meinung. Und ich glaube, ohne diese Jahre wären wir nie das geworden, was wir heute sind.

Doch. Wir wären nur anders.

Da haben Sie recht. In meinen Augen ist die Jugend eine Zeit der Romantik, der Selbstfindung, der Suche nach Wahrheit und nach Antworten auf uralte menschliche Fragen. Aber was war für meine Jugend charakteristisch? Was war das überhaupt für eine Zeit, damals?

Die erste Hälfte der fünfziger Jahre. Die Nachkriegsjahre. Ein besonderer Abschnitt in der Geschichte unseres Landes. Diese Jahre beinhalteten so viel: Tragik und Heldentum. Ich kann mir bis heute nicht erklären, wie die Menschen in jenen unvergeßlichen Jahren zu solchen Leistungen fähig waren. Woher nahmen sie nur die Kraft? Fabriken, Elektrizitätswerke, Städte und Dörfer wurden wieder aufgebaut, und das durch den Krieg verwüstete Land wurde zu neuem Leben erweckt.

Meine Güte! Wie freuten wir uns über alles, und wie stolz

waren wir. Obgleich unser Leben unglaublich schwierig blieb. Auf den Kolchosen verdiente man so wenig, daß es gewöhnlich hieß: »Wir arbeiten für nichts.« In den Geschäften fehlte es am Nötigsten für das tägliche Leben. Dazu die schreckliche Wohnungsnot...

Ja, in jenen Jahren passierte eine Menge. Die Atombombentests, und später die Wasserstoffbombe. Das Ende des Kernwaffenmonopols der Vereinigten Staaten. Der Warschauer Pakt. Neuerliche Furcht um den Frieden, den wir so teuer bezahlt hatten. Das waren keine abstrakten Dinge. Das alles ist außerordentlich wichtig, wenn man uns und unsere Jugend verstehen will.

Aber das ist noch nicht alles. Denken Sie nur an die »Leningrader Affäre«, in die hohe Parteifunktionäre verwickelt waren, oder an die »Moskauer Ärzteverschwörung«. Dieses letzte Aufbäumen des Stalinismus war für ein Volk, das siegreich geblieben war und die Katastrophe unter unermeßlichen Opfern und Leiden überwunden hatte, besonders demütigend; gerade auch im Hinblick auf die moralischen und sozialen Erfahrungen, die es während des Krieges gemacht hatte.

Am 5. März 1953 starb Stalin. Wir waren zu jener Zeit gerade in Moskau.

Wie ich heute darüber denke? Das Leben eines Menschen besteht einerseits aus gewissen äußeren Umständen und Ereignissen und andererseits aus seinem Handeln und Verhalten. Auch das Innenleben gehört dazu. Natürlich ist es einfacher, die äußere Seite wiederzugeben als das Innenleben. Aber Sie werden mir zustimmen, daß der eigentliche Sinn des Lebens in ihrer Einheit und gegenseitigen Abhängigkeit besteht. Die Gemütsverfassung eines Menschen, seine innere Ruhe, die vielfältigen Gefühle, die sein Seelenleben beherrschen, genau diese Faktoren sind oft entscheidend bei bestimmten Entscheidungen oder Handlungsweisen. Aber sie zu erkennen, ist viel komplizierter.

Wir schreiben das Jahr 1949. Ich bin auf dem Weg nach Moskau, um dort mein Studium aufzunehmen.

Mit dem Zug?

Natürlich. Und mit was für einem! Die Wagen waren überfüllt, alle Sitzplätze belegt, egal, was für eine Fahrkarte man hatte. Sogar die Gepäcknetze waren besetzt. Heute verstaut man dort oben sein Gepäck, aber damals nahmen die Leute auch die Gepäcknetze in Beschlag. Von wegen Sitzplätze! Die Leute mußten stehen, auf den Gängen und auf der Plattform. Die Züge fuhren im Schneckentempo und hielten oft und lange. Nicht nur unsere; es war mit allen Zügen im Land dasselbe. Es gab keine Laken für die Betten in den Schlafwagen, und niemand kam auf die Idee, danach zu fragen. Auch ein Speisewagen fehlte. Dafür gab es an jedem Bahnhof einen Kessel mit kochendem Wasser und einen Laden, in den während des Aufenthalts alle Fahrgäste strömten.

Und keiner hatte Angst, den Zug zu verpassen?

Meiner Ansicht nach war es damals unmöglich, einen Zug zu verpassen. Und selbst wenn man ihn verpaßte, konnte man ihn noch einholen. Die Bauern brachten Sachen an den Zug, um sie zu verkaufen: gekochte Kartoffeln, Milch, Eier, Brot, selbstgebrannten Schnaps, Wodka, Äpfel und Wasser aus dem Brunnen – fünf Kopeken der Krug –, Essiggurken und Beeren. Alles war ziemlich teuer. Auf der Reise mußte man sich hauptsächlich mit dem begnügen, was einem die Mutter mitgegeben hatte.

Ich war traurig, weil ich zum erstenmal eine so lange Reise alleine unternehmen mußte. Ich war traurig über die Trennung von meiner Familie und meinen Schulfreunden, die alle von mir am Bahnhof Abschied genommen hatten. Abschied von der Welt, in der ich zu Hause war und in der ich mich verstanden fühlte. Traurigkeit und Angst. Vor mir lag das Unbekannte, mein eigener persönlicher Lebensweg. Doch manchmal wurde das Gefühl der Unsicherheit und Trauer ganz plötzlich von einem Gefühl des Glücks, der Freude und des Stolzes abgelöst, von dem Bewußtsein, daß ich bald in Moskau studieren würde! Moskau, der Rote Platz, die Denkmäler, Museen, Theater und Bibliotheken, all das würde mir gehören. Ich sollte an der Staatlichen Moskauer Universität studieren, an der schon viele hervorragende Wissenschaftler und Kulturschaffende unseres Landes studiert hatten. Ich fuhr zwar mit dem Zug, aber manchmal kam es mir so vor, als schwebte ich auf Flügeln.

Die Universität – meine Alma mater. Meine und Michail Sergejewitschs Alma mater. Wissen Sie, was das wörtlich übersetzt heißt? »Gütige Mutter«. Ja, an Nahrung für den Körper mangelte es stets an den Universitäten, aber was die geistige Nahrung betraf... In dieser Hinsicht war die Universität wirklich eine »gütige Mutter« für uns. Sie bestimmte in erheblichem Maße die Entwicklung unserer Persönlichkeit und unseren künftigen Werdegang.

Wir gehörten zur zweiten Nachkriegsgeneration von Studenten. Meine Generation, die der Siebzehnjährigen, kam direkt von der Schule an die Universität. Unter den Studenten des ersten Jahrgangs waren viele ältere, Dreißig- und sogar Fünfunddreißigjährige; die »alten Herren«, wie wir sie nannten. Sie hatten in den Kriegsjahren aus unterschiedlichen Gründen ihre Ausbildung unterbrechen müssen: Die einen hatten in besetzten Gebieten gelebt oder irgendwo gearbeitet, andere hatten bei den Partisanen gekämpft, waren evakuiert worden oder hatten früher einfach keine Möglichkeit gehabt, eine Ausbildung zu erhalten. Doch die Mehrzahl der »alten Herren« hatte an der Front gekämpft und war anschließend aus der Armee entlassen worden; auch als Studenten trennten sie sich nicht von ihren Militärmänteln und Uniformen. Sie

Ganz oben links:
Meine Mutter
Alexandra Petrowna

Ganz oben rechts:
Mein Vater Maxim
Andrejewitsch.
Er starb im Jahr 1986

Unten:
Die Klasse meiner
ersten Schule

Mein Bruder Jewgeni, 1953

Meine jüngere Schwester »Ljudotschka«

Ein Foto aus dem Jahr 1949, als ich
die Schule beendete

Im letzten Studienjahr
an der Moskauer Universität

Oben: Mit Hochschulangehörigen und deren Kindern in der Stromynka, Anfang der fünfziger Jahre. In der Mitte meine beste Freundin Nina Ljakischewa. Wie jung wir waren! Unten: Am philosophischen Lehrstuhl des Landwirtschaftlichen Instituts in Stawropol, wo ich unterrichtete

Oben links:
Michail Sergejewitsch Gorbatschow als Student in Moskau, 1953

Oben rechts:
Michail Sergejewitschs Vater, Sergei Andrejewitsch

Unten: Mit Michail Sergejewitschs Mutter, Maria Pantelejewna, in seinem Geburtsort Priwolnoje

Folgende Seite oben links: Lydia und ich unter einem Sonnenschirm, 1982

Folgende Seite oben rechts: Zdeněk Mlynář, ein tschechischer Kommunist, der in den fünfziger Jahren in Moskau studierte und ein enger Freund Michail Gorbatschows war. Er gehörte zu den geistigen Vätern des Prager Frühlings von 1968

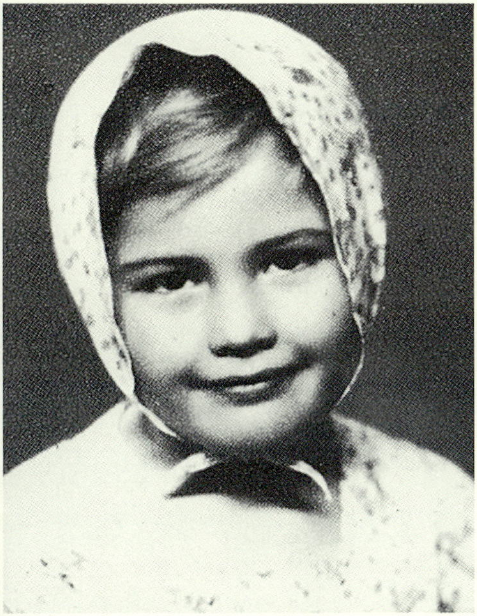

Oben: Meine Tochter Irina im Alter von drei Jahren, 1960

Rechts: Irina kurz vor der Schulentlassung

Oben links: Mein Schwiegersohn Anatoli mit Xenia, der ersten Enkelin

Oben: Mit Irina und den Enkeltöchtern Xenia und Anastasia

Links: Mit meinen Enkelinnen Xenia und Anastasia

Unten: Beim Klassentreffen, 1990

Oben: Besuch in der Kunststoffabrik Prikumsk in der Region Stawropol. Michail Gorbatschow wurde 1970 Parteisekretär dieser Region

Unten: Die Landschaft der Region Stawropol bietet unvergeßlich schöne Ausblicke

Oben: Ferien mit Juri Wladimirowitsch Andropow, 1976. Andropow war bis 1982 KGB-Chef und wurde dann, bereits ein kranker Mann, Generalsekretär der KPdSU. Er starb 1984

Rechts: Wanderung durch den Wald

Oben: Juri Andropow macht ein Foto von uns

wechselten einfach nicht die Kleidung. Zum einen besaßen sie nichts anderes, und zum anderen hatten sie es nicht eilig, ihre Jugend und die Kameradschaft an der Front zu vergessen. In einigen Romanen und Erzählungen aus jener Zeit wird das überaus anschaulich geschildert, zum Beispiel in Juri Bondarews *Vergiß, wer du bist* und in Juri Trifonows *Studenten*. Wenn Leute meiner Altersgruppe heute an die »alten Herren« zurückdenken, fällt ihnen als erstes ein, daß die Frontkämpfer Wodka tranken. Natürlich tranken sie. Aber diese Leute vermittelten uns noch etwas anderes: Sie widmeten sich ihrer Arbeit mit besonderem Eifer und mit Hingabe, sie hatten Verantwortungsgefühl und realistische Ansichten über das Leben und menschliche Beziehungen. Sie bildeten eine Art Universität innerhalb der Universität.

An der Universität waren Studenten aus den verschiedensten Landesteilen versammelt: Russen, Usbeken, Ukrainer, Weißrussen, Kasachen, Aserbaidschaner, Juden, Armenier, Letten, Kirgisen, Georgier, Turkmenen und andere. Ein Querschnitt durch das Land.

Wir hatten auch ausländische Kommilitonen. Albaner, Bulgaren, Jugoslawen, Tschechen... Sie teilten mit uns die Zimmer. Deutsche, Spanier, Koreaner, Chinesen, Vietnamesen...

Wir lebten sehr einträchtig miteinander, lernten gemeinsam in denselben Bibliotheken und Hörsälen, legten unsere Prüfungen ab, schrieben unsere wissenschaftlichen Arbeiten und aßen in denselben Mensen. Wir schlossen Freundschaften und heirateten. Ein jugendlicher, kameradschaftlicher Geist prägte die Atmosphäre an der Universität. Hinzu kam unser Optimismus, der uns in jenen Jahren zusätzlich verband. Jugend, das Gefühl und das Bewußtsein unserer Jugend, unserer Kameradschaft und unseres Optimismus. Gott weiß, woher wir ihn nahmen, aber es war so. Der Optimismus vereinte uns. Vielleicht lag es einfach daran, daß ich das Leben so sah. Nein, selbst wenn es so gewesen wäre, es war trotzdem echter Optimismus.

Wie viele Jahre sind mittlerweile vergangen! Und ich bin stolz, wenn ich sehe, spüre oder von irgendeiner Seite höre, daß die Jahre, die wie im Flug vergangen sind, diesem jugendlichen Gefühl für Kameradschaft und Menschlichkeit nichts anhaben konnten, daß es in unseren Freunden von damals noch lebendig ist. Die Jahre haben es nicht zerstört.

Sie hält inne und fährt dann fort:

Die meisten haben sich dieses Gefühl bewahrt. Jedenfalls diejenigen, zu denen ich noch Kontakt habe. Zum Beispiel Merab Mamardaschwili, der kürzlich gestorben ist. Er war im selben Kurs wie ich. Ein Georgier, der ein bedeutender Philosoph wurde. Er heiratete ein Mädchen aus meinem Zimmer, mit dem ich ein paar Jahre zusammengewohnt hatte. Deshalb hatten wir ein besonders enges Verhältnis. Merab gehörte zu den regelmäßigen Besuchern unserer Mädchenetage. Und er war nicht der einzige. Wir gewöhnten uns an die regelmäßigen Besucher in unserem Zimmer. Merab heiratete eine meiner Freundinnen, der Soziologe Juri Lewada eine andere.

Schon damals schätzten wir Merab wegen seines Intellekts. Ich weiß noch, wie er uns Mädchen immer half, *Das Kapital* zu verstehen. Ich kannte Merab sehr gut. Allerdings trennten sich später unsere Wege. Er hatte einen komplizierten Werdegang. Wissen Sie, daß er bis zuletzt versuchte, die nationalistischen Gefühle, die zwischen den Völkern aufflammten, zu beschwichtigen? Er hatte den Mut, dem extremen Nationalismus entgegenzutreten. Ich bin stolz auf Merab.

Vielleicht zeichnet sich der wahre Philosoph gerade durch seinen beherzten Widerstand gegen jede Form von Extremismus aus, gleich welcher Herkunft?

Vielleicht. Aber ich wollte damit eigentlich sagen, daß das unsere Studentenjahre ausmachte. Das war es, was uns verband. Und das war es auch, was blieb, trotz aller Unterschiede.

Zdeněk Mlynář besuchte denselben Kurs wie Michail Sergejewitsch. Außerdem war er unser Freund. Wie Sie wissen, ist er Tscheche. Als er 1955 seine Prüfung machte, schenkte er meinem Mann ein Foto von sich und eine Kopie seiner wissenschaftlichen Arbeit mit dem Titel »Die allgemeine Überwachung als Teil der Tätigkeit eines Staatsanwalts und wie man sie in die Praxis umsetzt«. Die Widmung lautet: »Für Mischka, einen guten Freund, zur Erinnerung daran, daß wir Juristen mit einem weiten Horizont sind.«

Und ob er einen weiten Horizont hatte! Er war der künftige Ideologe des »Sozialismus mit menschlichem Antlitz« und, im übertragenen Sinn, zugleich sein praktischer Verfechter.

Im Jahre 1967 sahen wir Zdeněk wieder. Er kam nach Stawropol.

Mlynář war 1967 in Stawropol?

Ja, er besuchte uns.

1967?

Ja. Unmittelbar vor all den Ereignissen. Wir hatten eine Unterredung mit ihm. 1990 sahen wir Zdeněk und seine Frau dann wieder.

Und in der Zwischenzeit haben Sie sich nicht gesehen?

Michail Sergejewitsch traf ihn in letzter Zeit ein paarmal, aber das waren offizielle Gespräche. Zu privaten Begegnungen kam es nicht. Erst 1990 trafen wir uns. Und neulich schickte Zdeněk im Zusammenhang mit der Verleihung des Friedensnobelpreises einen Brief an Michail Sergejewitsch. Ich lese ihn Ihnen vor: »Lieber Mischa! Wir werden uns bei dieser Gelegenheit wahrscheinlich nicht sehen können. Deshalb habe ich beschlossen, Dir ein paar Zeilen zu schicken. Wie Du weißt, hasse ich Förmlichkeiten. Dennoch möchte ich Dir in meinem und Irinas Namen zur Verleihung des Friedensnobelpreises die aufrichtigsten Glückwünsche übermitteln. Du hast ihn verdient, und Du hast damit mehr für unsere gemeinsame Sache getan, als man von einem einzelnen Menschen erwarten kann. Mit freundlichen Grüßen – Zdeněk. PS Wenn Du etwas brauchst, ich stehe immer zu Deinen Diensten... Im Moment stimmen mich viele Dinge besorgt, aber ich weiß, daß es nicht anders geht, und ich bin auf Deiner Seite.«

Unsere Studentenzeit ist uns geblieben. Natürlich lebten wir bescheiden. Sehr bescheiden. In Armut, mag heute mancher denken. Die alten Gebäude der Moskauer Universität, in deren Hörsäle mein Mann und ich studierten, befinden sich, wie Sie ja wissen, im Stadtzentrum, Ecke Herzen-Straße und Machowaja. Das Studentenwohnheim lag damals im Stadtteil Sokolniki, in der Stromynka-Straße an der Jausa. Es war ein großes, vierstöckiges Gebäude, ziemlich düster und rechteckig, mit einem großen Innenhof. In den drei oberen Stockwerken wohnten Studenten und Doktoranden, die nach Fakultäten aufgeteilt waren – Philologen, Historiker, Philosophen, Physiker, Juristen, Biologen usw. Im Erdgeschoß befanden sich die Bibliothek, der Lesesaal, der Studentenklub, eine Krankenstation, eine Schneiderei, die Mensa sowie ein Stehimbiß. Im Eckhaus gegenüber war ein Lebensmittelgeschäft; es existiert noch heute. Am anderen Ufer der Jausa, im Preobraschenski-Bezirk, oder in der »Preobraschenka«, wie wir die Gegend damals nannten, gab es einen Markt.

Konnten Sie sich die Überfahrt denn leisten?

Überfahrt? Wir gingen einfach über die Brücke *[sie lächelte]*. Auf dem Markt gab es nur Lebensmittel zu kaufen, keine Kleider.

Die Stromynka, der Preobraschenski-Platz und der Preobraschenski-Kai gehörten traditionsgemäß zur Preobraschenskaja *sloboda*, jenem Viertel, das in die Geschichte Moskaus einging. Es wurde von Zar Peter I. erbaut. Es hieß, unser Studentenwohnheim habe früher dem Petrowski-Preobraschenski-Regiment als Kaserne gedient; nach der Revolution wurde es um zwei Etagen aufgestockt. Die nächste U-Bahn-Station ist Sokolniki, die nur drei Straßenbahnhaltestellen entfernt ist. Ja, wenn ich mich recht erinnere, waren es drei. Und das nächste Kino ist der Russakow-Klub. Vielleicht haben Sie bemerkt, daß das Gebäude eine ziemlich ungewöhnliche Form hat. Es wurde im konstruktivistischen Stil erbaut.

In den ersten Jahren wohnten in jedem Zimmer des Studentenwohnheims acht bis vierzehn Personen. Nur Studenten höherer Semester und Doktoranden teilten sich zu viert oder zu sechst ein Zimmer. Die Einrichtung war spartanisch, beinahe wie im Kloster: Betten, ein Tisch, Stühle, Nachttischchen, Bücherregale und ein Schrank. Jedes Stockwerk hatte eine Gemeinschaftsküche und eine Gemeinschaftstoilette mit Waschbecken.

Unsere Garderobe war damals auch äußerst bescheiden, sofern man die Kleider, die wir jahraus, jahrein trugen, überhaupt als »Garderobe« bezeichnen kann. Ich könnte eine Menge darüber erzählen.

Von mir aus gerne, es ist interessant.

Na gut, wenigstens eine Geschichte. Bei dreißig Grad unter Null in Moskau – die Winter waren damals strenger, und ich entsinne mich, daß einmal sogar minus vierzig Grad gemessen wurden – hatten wir, mit wenigen Ausnahmen, keine warmen Stiefel, keine warme Unterwäsche, keine warmen Strümpfe oder Mützen. Viele von uns besaßen nicht einmal einen Wintermantel.

Wir sparten, wo es nur ging. Auch beim Essen. Ich weiß noch, wie die Tante meiner Freundin Nina Ljakischewa sich in geradezu rührender Weise bemühte, uns aufzupäppeln, wie eine richtige Mutter. (Nina war Kriegswaise und wuchs in einem Kinderheim in Taschkent auf.) Nina und ich besuchten die Tante in Balaschicha, einer Stadt im Gebiet Moskau. Die Tante hatte wahrscheinlich allen Grund zu der Annahme, wir besuchten sie hauptsächlich nur deshalb, um uns die Bäuche vollzuschlagen.

Wir sparten auch bei den Verkehrsmitteln. Wie? Wir fuhren in der Straßenbahn und in der U-Bahn einfach schwarz.

Auch in der U-Bahn?

Ja, wir kannten eine Menge Tricks. Aber darüber möchte ich jetzt nicht sprechen. Das bleibt mein Geheimnis! Wir konnten uns aber noch so sehr einschränken, zehn Tage, bevor wir unser monatliches Stipendium erhielten, war das Geld alle. Wie der Dichter Nikolai Rubzow sagt: »Ich klopfe gegen meine Tasche, aber es ist nichts zu hören; ich versuche es mit der anderen – auch nichts drin. Wenn ich eines Tages berühmt bin, mache ich Ferien in Jalta.« Wie viele unglaubliche Abenteuer wir deshalb erlebten! Aber wir fanden immer einen Ausweg. Neulich sagte ich zu Michail Sergejewitsch, egal, welches Gesetz sie auch verabschieden, irgend jemand wird immer eine Möglichkeit finden, es zu umgehen. Wir selbst fuhren ja auch umsonst mit der Straßenbahn und der U-Bahn.

Michail Sergejewitsch auch?

Georgi Wladimirowitsch, Sie stellen provozierende Fragen. Was die U-Bahn betrifft, so will ich Ihnen nur soviel verraten: Damals gab es noch keine Automaten. Es gab Fahrkarten. Die Straßenbahnschaffner von Sokolniki gaben widerwillig unseren stummen Bitten nach. Und wenn sich morgens Tausende von Studenten (ich weiß es nicht mehr genau, aber in der Stromynka lebten fünf- oder sechstausend Studenten) in die Straßenbahn drängten, fragte sowieso keiner nach der Fahrkarte. Nur ein paar gewissenhafte Schaffner knurrten uns an, aber die anderen, die Mehrheit, beachteten uns nicht. Sie hatten sich mit der Situation abgefunden.

Wir besorgten uns die preiswertesten Theaterkarten. Sie trugen den Stempel: »Oberster Rang, unbequem.« Die Galerie, ach ja, die Galerie! Immer, wenn ich ein Theater betrete, schaue ich hinauf zur Galerie, weil ich von dort aus zum erstenmal in meinem Leben eine Oper gehört habe. Das war im Bolschoi-Theater – Bizets *Carmen*. Dort hörte ich auch zum erstenmal eine Aufführung von Tschaikowskis Erster und Sechster Sinfonie. Mein erstes Ballett war ein Geschenk der Götter – Minkus' *Don Quichote*. Und im Moskauer Künstlertheater sah ich die *Drei Schwestern* von Tschechow.

Und haben Sie je zur Regierungsloge, der »Zarenloge«, hinaufgesehen?

Ich glaube nicht. Die interessierte mich nicht. Was die Regierungsloge betrifft, so kann ich Ihnen aber eine andere Episode erzählen. Entsinnen Sie sich, daß der wundervolle Tenor Luciano Pavarotti kürzlich in Moskau gastierte?

Ja.

Michail Sergejewitsch und ich hörten ihn im Bolschoi-Theater. Er sang eine Arie nach der anderen. Stürmischer Applaus.

Ich beugte mich zu Michail Sergejewitsch hinüber und sagte: »Er wird doch das *Ave Maria* nicht auslassen?« – »Warte nur ab«, antwortete er, »nur Geduld, er singt es bestimmt.« Aber er sang weiter andere Stücke, kein *Ave Maria*... Wieder beugte ich mich zu Michail Sergejewitsch hinüber: »Bestimmt?...« – »Hör zu«, meinte er lächelnd, »wenn er es aus irgendeinem Grund nicht singt, werde ich hier und jetzt das *Ave Maria* für dich singen.« Und er fügte hinzu: »Ich fürchte, das wird mein letzter öffentlicher Auftritt sein...« Können Sie sich das vorstellen: Das *Ave Maria,* gesungen in der Regierungsloge...?

Ich kann es mir nicht vorstellen... Hat er es denn gesungen?

Wer?

Wenn der Präsident gesungen hätte, hätte das nicht nur ganz Moskau erfahren, sondern die ganze Welt.

Ich habe Schuberts *Ave Maria,* gesungen von Pavarotti, auf Platte – »Pavarotti's Greatest Hits«.

Ich weiß nicht, wie gut der Präsident singen kann, aber ich habe schon vor längerer Zeit bemerkt – und nicht nur ich –, daß er einen ausgeprägten Sinn für Humor hat.

Zum Singen hat er im Moment keine Zeit. Aber was seinen Humor angeht, da haben Sie recht, das ist ein charakteristischer Zug an ihm. Eine glückliche Gabe. Oft kann Humor in einem bestimmten Augenblick, plötzlich und unerwartet, die innere Spannung lösen, die Müdigkeit vertreiben oder eine peinliche Situation retten. Dazu fallen mir zwei Begebenheiten ein. Es war während unseres offiziellen Besuchs in Westdeutschland im November vergangenen Jahres. Wir waren abends mit einem Hubschrauber unterwegs zum Frankfurter

Flughafen. Wir waren erschöpft von den Anstrengungen des Tages und schwiegen. Der Hubschrauber setzte zur Landung an. Die Leute, die uns auf dem Rollfeld erwarteten, versuchten, sich vor den Windböen zu schützen, die ein Hubschrauber beim Start und bei der Landung verursacht. Daraufhin sagte Michail Sergejewitsch: »Also, die Haare des Begrüßungskomitees wären gekämmt. Jetzt können wir ihm auch die Hände schütteln.« Diese witzige Bemerkung machte alles leichter, so, als habe sie die Müdigkeit und die Last des Tages einfach von uns genommen.

Erinnern Sie sich an Barcelona und das Picasso-Museum? Es beherbergt eine Sammlung von Frühwerken dieses großen Künstlers, seine Keramiken, seine Variationen über *Las Meninas* von Velázquez, die Michail Sergejewitsch und mich tief beeindruckten. Außerdem gibt es eine ganze Reihe von Räumen, die »Pablo und Jacqueline« gewidmet sind. Dort hängen ausschließlich Portraits, Gemälde und Skizzen seiner schönen Frau Jacqueline. Hundert Jacquelines blicken von den Wänden herab. Manchmal war es dem jungen spanischen Thronfolger Felipe, der uns begleitete, sichtlich peinlich, wenn unsere Gruppe vor einem der Bilder stehenblieb. Bei einer solchen Gelegenheit sagte Michail Sergejewitsch: »Wenn ich Raissa Maximowna so malen würde, könnte sie nicht mehr ruhig schlafen.« Alle lachten.

Aber lassen Sie uns zu den Studentenjahren zurückkehren. Wir waren Werkstudenten und nahmen alle möglichen Gelegenheitsarbeiten an. Unsere Jungs luden am Nordhafen in Chimki und auf den Moskauer Bahnhöfen Gemüse und Kohlen von Lastwagen. Natürlich hatten wir auch Kommilitonen, deren Eltern Stalin-Preisträger waren, Leute, die sich verdient gemacht hatten, und andere, denen es ganz einfach gut ging. In keiner anderen Stadt des Landes gibt es so viele Gesellschaftsschichten wie in Moskau. Diese jungen Leute lebten nicht im Wohnheim. Sie hatten ganz andere Lebensbedingungen, gingen anderen Freizeitbeschäftigungen nach, und kleideten sich anders. Doch ich kann mich nicht erinnern, daß ich mich deshalb zurückgesetzt oder benachteiligt gefühlt hätte; auch sonst niemand aus meinem Freundeskreis. Nein, im Gegenteil, wir waren glücklich. Glücklich, weil wir jung waren und voller Hoffung in die Zukunft blickten. Einfach glücklich, weil wir lebten, weil wir an der Universität studieren konnten. Wir wußten das zu schätzen.

Unsere Professoren und Lehrer waren führende Gelehrte. Das hatte Tradition. Ich weiß nicht, wie es heute ist, aber ich hoffe, diese Tradition wurde beibehalten. Die hervorragendsten Wissenschaftler des Landes wurden eingeladen und hielten Vorlesungen. Zum Beispiel die Autoren bekannter Lehrbücher. Unsere Logik-Vorlesungen wurden von Asmus gehalten, der Lehrbücher über Logik und Philosophiegeschichte veröffentlicht hatte. Rubinstein, Leontjew und Lurje hielten Vorlesungen in Psychologie, Oiserman, Narski und andere in Philosophie. Wir waren vollkommen eingebunden in den Prozeß der Wissensaneignung und wurden förmlich von ihm mitgerissen.

Sie erwarben Ihr Wissen quasi aus erster Hand.

Ja, die Namen unserer Universitätslehrer waren der ganze Stolz russischer Gelehrsamkeit. Und auch in unserer Altersgruppe gab es viele brillante und hochbegabte junge Leute. Mitunter hatten zwei Drittel der Studenten und Studentinnen die Schule mit einer Gold- oder Silbermedaille abgeschlossen. In der Nachkriegszeit wollte unser Land unbedingt vorwärtskommen, und obwohl es durch den Krieg ausgeblutet schien, brachte es erstaunlich viele Talente hervor. Für mich ist es beileibe kein Zufall, daß viele Akademiker, Wissenschaftler, Professoren und heute bekannte Staatsmänner, Politiker, Journalisten, Schriftsteller, Ökonomen und Philologen gerade in jenen Jahren ihr Studium absolvierten.

An den Fakultäten gab es wissenschaftliche Studentenklubs, die das geistige Klima an der Universität nachhaltig belebten. Alle von uns gehörten wissenschaftlichen Klubs an.

Unser Studienplan umfaßte eine Vielzahl von Fachgebieten sowie spezielle und klassische Literatur. Täglich brachten wir Stunden in der Bibliothek und im Lesesaal zu. Morgens mußten wir uns zuallererst einen Platz im Lesesaal sichern, und danach erledigten wir die tägliche Hausarbeit. Wir nahmen einen Platz »in Beschlag«, machten unsere Besorgungen und gingen dann wieder in die Bibliothek, um den ganzen Tag zu lernen. Es war unmöglich, im Wohnheim zu lernen oder zu arbeiten: Wir waren einfach zu viele. Wir lernten in den Lesesälen und in der Universitätsbibliothek, und später, im letzten Studienjahr, in der Lenin-Bibliothek. Aber die meiste Zeit verbrachten wir in der Bibliothek in der Stromynka.

Die »Suche nach der Wahrheit« setzte sich in den Seminaren, in Vorlesungen und sogar bei Versammlungen fort. Ich weiß noch, unter welchem Jubel wir bei einer Veranstaltung der Komsomol-Organisation der Fakultät das Gesetz der Negation der Negation »entdeckten« – Hegels Gesetz der Dialektik, das in Stalins Werk »nicht berücksichtigt« wird. Die Studentenversammlungen jener Zeit waren die ersten Vorboten des »Tauwetters«. Die Schale aus Trägheit, Schweigen und totaler Furcht bekam erste Risse; jedenfalls auf den Studentenversammlungen. René Descartes' Aphorismus – »Ich denke, also bin ich« – war unser Wahlspruch.

Wir diskutierten damals zwar nicht über studentische Selbstverwaltung, doch dafür wurden Fragen, bei denen es um die Verteilung von Wohnheimplätzen, die Wahrung der Ordnung und die Organisation unserer Freizeit ging, unter reger Beteiligung der Studenten entschieden. Ich weiß noch, wie energisch wir die Rechte der Studentenfamilien verteidigten. Auf einer Versammlung der Komsomol-Organisation tauchte eine satirische Zeitung mit einer Zeichnung auf, die den Rektor zeigte, wie er mit den Füßen auf einer Heiratsurkunde herumtrampelte – nicht mehr und nicht weniger! Für Jungvermählte gab es keinen Raum, in den sie sich zurückziehen konnten, und dabei hatten manche verheiratete Studenten oder Doktoranden schon Kinder. Sie brauchten ein Plätzchen ganz für sich allein. Das war ein uraltes Problem, und es existiert noch heute. Aber damals war es besonders akut.

Jahre später, als ich mich der wissenschaftlichen Arbeit widmete und Vorlesungen in Philosophie, Ethik und über die Geschichte der Religion und des Atheismus hielt, erkannte ich, daß das System und die Methoden, die der Ausbildung an Schulen und Hochschulen zugrunde lagen, zu vielen Dogmen und Zwängen unterworfen waren. Insbesondere aus diesem Grund wurde mir an der Universität viel Wissenswertes über die Kulturgeschichte Rußlands und der Welt vorenthalten. Zum Beispiel mußten wir Stalins Rede auf dem XIX. Parteitag auswendig lernen, aber mit der Geschichte des russischen humanitären Denkens befaßten wir uns kaum. Solowjow, Karamsin, Berdjajew und Florenski – erst heute haben wir wirklich Zugang zu diesen Philosophen, Historikern und Schriftstellern. Zu vieles war zu schematisch und langweilig, und deshalb wurde uns natürlich eine Menge Wissen vorenthalten. Wir hatten auch nicht die Möglichkeit, uns eingehend mit einer Fremdsprache zu beschäftigen. An der Universität lernten wir zwar Deutsch und Latein, aber später hatten wir keine Gelegenheit, Fremdsprachen zu sprechen. Ich glaube, das war für meine Generation ein großer Verlust.

Ich erinnere mich an die vielen erstaunten Reaktionen, als man auf Gorbatschows erster Auslandsreise als Mitglied des Politbüros und Sekretär des Zentralkomitees der KPdSU feststellte, daß man sich mit seiner Frau auf englisch unterhalten kann. Das war ungewöhnlich. Ehefrauen hochrangiger Sowjets konnten in der Regel weder Englisch noch Deutsch noch irgendeine andere Fremdsprache und waren sogar noch schweigsamer als ihre Ehemänner.

Ich habe erlebt, wie Raissa Gorbatschowa im Ausland mit jemandem auf englisch eine Unterhaltung anfing. Das geschah sehr häufig, wobei sie allerdings nicht mit Offiziellen oder deren »besseren Hälften« sprach, sondern mit dem »einfachen Mann auf der Straße«; mit Kindern, mit Hausfrauen oder ganz einfach mit Fußgängern, die sie erkannten und überall sofort umringten – auf der Straße, auf Plätzen und in Museen. In einer solchen Umgebung ist es ihr nicht peinlich, englisch zu sprechen, so wie sich auch die Leute um sie herum nicht scheuen, russisch zu sprechen. »Raissa, Raissa!« tönt es von allen Seiten. Tragen die Leute Plakate oder Transparente, liest sie laut vor, was darauf steht. Den Leuten gefällt das, und ich glaube, ihr auch.

Ich war noch nie in meinem Leben neidisch, weil jemand ein Kleid oder ein Schmuckstück trug, das schöner war als meines. Aber ich beneide Menschen, die Fremdsprachen fließend beherrschen. Ich habe erst sehr spät Englisch gelernt... Ich habe versucht, Versäumtes nachzuholen.

Wir sprachen über die damalige Atmosphäre an der Moskauer Universität.

Ja, trotz aller Hindernisse gab es an der MGU sowohl einen gewissen Radikalismus als auch kreative Lehrmethoden, die zusammen eine einmalige Atmosphäre erzeugten. Anders ausgedrückt: Trotz aller Unzulänglichkeiten unseres Bildungssystems waren der Unterricht und die sozialen Aktivitäten an der MGU im Gegensatz zu anderen Hochschulen radikaler, aufregender und kreativer. So wurden wir in mancher Hinsicht für die Schwächen des Unterrichtssystems entschädigt.

Dank der Universität und der dort herrschenden Atmosphäre fand ich Gefallen an Hörsälen und am Umgang mit jungen Leuten, und das ist bis heute so geblieben. Dort habe ich ein ganz eigenes Gefühl, und ich muß gestehen, ich vermisse es. Die Atmosphäre in einem Hörsaal voll junger Leute, die Stimmung, wenn Sie so wollen, die jederzeit in Heiterkeit umschlagen kann, das besondere Kolorit...

Jedesmal, wenn ich zur U-Bahn-Station gehe, umgibt mich sofort der Geruch meiner Jugend. Manche sagen, es rieche nach warmem Gummi und Staub, aber für mich ist es der Geruch der sechziger Jahre. Der Geruch der U-Bahn hängt mit dem Geruch meiner Studentenzeit zusammen; nie bin ich so oft mit der U-Bahn gefahren wie damals.

Möglicherweise rührt diese Einstellung gegenüber dem Universitätsleben daher, daß ich selbst viele Jahre Dozentin war. Ich weiß es nicht genau. Vielleicht rührt sie aber auch aus meiner Studentenzeit. Jugend ist eine nie versiegende Quelle des Lebens, seiner Sorgen, seiner Fülle und seiner Vielfalt. Überall, wo ich arbeitete, studierte und wo ich hinkam – auch bei offiziellen Reisen des sowjetischen Präsidenten –, herrschte unter den jungen Leuten eine ähnliche Grundstimmung. Unter jungen Leuten fühlt man sich jünger. Diese Erfahrung machte ich in den Hörsälen in Stawropol, an der Moskauer Universität, an der Karls-Universität in Prag, an der Humboldt-Universität in Berlin und in Stanford.

Dasselbe Gefühl hatte ich am Wellesley College in Boston. Während des Besuchs des Präsidenten in den Vereinigten Staaten im Juni 1990 reisten Mrs. Barbara Bush und ich nach Boston und besuchten das renommierte Mädchen-College Wellesley. Wir nahmen an der Abschlußfeier teil, auf der ein junges Mädchen namens Christine Bicknell im Namen aller Absolventinnen sprach. Ich lese Ihnen einen kurzen Auszug aus ihrer vorzüglichen Rede vor; sie wurde in einer Zeitschrift zusammen mit den Reden von Barbara Bush und mir veröffentlicht.

»Wollen wir hoffen«, sagte Christine, »daß wir in der Zeit nach Wellesley den Mut haben, so zu bleiben, wie wir sind, und die Schwierigkeiten zu meistern, die auf uns zukommen. Ich glaube, wir sind starke Frauen, gebildete Frauen, Frauen, die die Verpflichtung haben, die Welt, in der wir leben, zu verbessern. Und ich glaube, wir werden den Anforderungen gerecht werden, die das Leben an uns stellt.«

Sie sehen, wie unsere Ansichten übereinstimmen! Das ist offenbar der Geist der Jugend.

Ich hatte den Eindruck, daß Sie und Mrs. Barbara Bush die Studentinnen vor eine schwierige Wahl stellten.

Inwiefern?

Sie verkörperten zwei entgegengesetzte Frauentypen. Die eine kümmert sich fast ausschließlich und aufopferungsvoll um die Familie, die andere ist im Beruf erfolgreich und versorgt nebenher noch eine Familie. Meiner Ansicht nach waren die überaus ehrgeizigen jungen Absolventinnen tief beeindruckt, als der Leiter des College Ihre Doktorarbeit erwähnte.

Aber ich erinnere mich noch an etwas anderes, und zwar an den begeisterten Applaus, als Barbara erklärte, sie sei überzeugt, irgendwo im Auditorium, vielleicht in der letzten Reihe, sitze die zukünftige Ehefrau eines künftigen Präsidenten der Vereinigten Staaten – oder sogar die künftige Präsidentin.

Sie ergänzten sich beide wirklich hervorragend, nicht nur auf der Rednertribüne, auch sonst.

Ich empfinde Zuneigung und Hochachtung für Mrs. Barbara

Bush. Und ich bin beeindruckt von ihrer natürlichen und direkten Art im Umgang mit Menschen.

Seit jeher gehen junge Menschen mit der Zuversicht an das Leben heran, sie könnten etwas auf die Beine stellen, etwas erreichen und die Dinge verändern. Deshalb liebe ich diese ewig jungen Studenten mit ihrem unerschrockenen Selbstvertrauen.

An der Universität lernte ich auch Michail Sergejewitsch kennen. Dort gründeten wir unsere Familie.

Ich werde oft danach gefragt, wie wir uns kennenlernten und wie Michail Sergejewitsch mir den Hof machte. Vermutlich ist das in der Erinnerung jeder Familie ein wichtiger Punkt. Aber etwas ist für mich noch viel wichtiger und wertvoller: Wir waren uns von Anfang an über unsere Beziehung und unsere Gefühle im klaren... Wissen Sie *[sie legt das Blatt Papier beiseite]*, ich habe lange darüber nachgedacht, wie ich es präziser ausdrücken könnte. Auf jeden Fall ist für mich eines wichtiger als alles andere: daß wir unsere Beziehung und unsere Gefühle von Anfang an als natürlichen, untrennbaren Bestandteil unseres Schicksals verstanden. Wir erkannten, daß ein Leben ohne den anderen undenkbar war. Unsere Gefühle waren unser Leben.

Erinnern Sie sich an die Dichterin Natalia Krandijeskaja? An die Frau von Alexei Nikolajewitsch Tolstoi? Sie schrieb folgende Zeilen:

»Sie nennen den Himmel blau,
Sie nennen die Sonne golden,
Sie sagen, Zeit sei unwiderruflich,
Sie sagen, das Meer sei grenzenlos,
Sie sagen, eine Frau werde geliebt,
Sie sagen, der Tod sei unausweichlich,
Sie sagen, die Wahrheit sei heilig,
Sie sagen, Leidenschaft sei tödlich.

Wie soll ich dann meine Liebe nennen,
Ohne alles andere zu wiederholen?«

Wir trafen uns das erste Mal auf einer Tanzveranstaltung im Studentenklub in der Stromynka. Michail Sergejewitsch kam in Begleitung seiner Freunde Wolodja Liberman und Juri Topilin.

Damals, Georgi Wladimirowitsch, lasen wir nicht unser Horoskop. Und, um ehrlich zu sein, wir wußten überhaupt nicht, daß es Horoskope gab. Heute sind sie groß in Mode. Aber wir hatten keine Ahnung von der Bedeutung des Tierkreiszeichens Steinbock, unter dem ich geboren bin, oder des Tierkreiszeichens Fische, unter dem Michail Sergejewitsch geboren wurde. Wir wußten nicht, ob unsere Beziehung, nach den Sternzeichen zu urteilen, halten würde oder nicht. Oder ob wir eine harmonische Ehe führen würden. Darüber machten wir uns keinerlei Gedanken. Es war uns egal. Finanzielle Überlegungen spielten auch keine Rolle: Erbschaften, familiäre Beziehungen, soziale Stellung, Protektionismus. Nein. Es gab keine Erbschaften und keine einflußreichen Verwandten. Wir hatten nur uns. Alles, was wir besaßen, trugen wir bei uns. *Omnia mea mecum porto* – »Alle meine Habe trage ich bei mir.«

Ich dachte, das sei ein englisches Sprichwort.

Nein, ein lateinisches. Wie diese Maxime: *Dum spiro, spero* – »Solange ich atme, hoffe ich.«

In ihre Rede schleicht sich zuweilen ein lateinischer Ausspruch ein. Das zeigt vielleicht, was sie einst daran reizte, an der Universität zu studieren.

Wir waren lange Zeit befreundet, ehe wir heirateten.

Ich werde nie unsere langen Spaziergänge durch Moskau vergessen – von der Universität und der Machowaja-Straße nach Sokolniki und zur Stromynka. Stellen Sie sich einmal diese Fußmärsche vor! Ein Bummel durch die Gorki-Straße, die Petrowka-Straße und die Neglinnaja-Straße. Dabei erwähne ich nur die Wege, die wir besonders liebten. Von der Lenin-Bibliothek zum Arbat, zur Kropotkinskaja-Straße und zur Volchonka-Straße. Vom Preobraschenski-Platz (der auf unserer Lieblingsroute nach Sokolniki lag) zum alten Gebäude des Mossowjet-Theaters. Das war unsere romantische Lektion in russischer Geographie.

Nicht zu vergessen unsere gemeinsamen Ausstellungs-, Kino- und Theaterbesuche. Es gab Konzerte von Lemeschew, Koslowski, Alexandrowitsch, Swesdina und Ogniwzew. Theaterstücke mit den Schauspielern Mordwinow und Marezkaja. Und Auftritte von Nabatow.

Und schließlich nicht zu vergessen unser geliebter Sokolniki-Park mit seinen Hirschteichen (ich weiß nicht, ob es sie heute noch gibt) und seiner Eisbahn. Waren Sie je auf einer Moskauer Eisbahn? Auf welcher?

Vor zehn Jahren war ich mit den Kindern in Sokolniki.

Wissen Sie, zu unserer Zeit spielten sie auf der Eisbahn immer ein und dieselbe Platte. Ich versuche mich zu erinnern, was es war. Aus irgendeinem Grund habe ich es woanders nie gehört. »Weiße Schneeflocken fallen herab: Fang mich, fang mich.« Ja, es wurde nur auf der Eisbahn gespielt.

Auch ich erinnere mich an dieses ständige »Fang mich«.

Ich habe die Melodie seitdem nie wieder gehört und kann mich nicht mehr an sie erinnern. Aber sie wurde bestimmt auf der Eisbahn von Sokolniki gespielt.

Ich werde auch nie vergessen, wie wir 1954 in der Säulenhalle das neue Jahr begrüßten. Der Tannenbaum und die Musik. Überall junge Gesichter, und wir mitten unter ihnen. Ich erinnere mich, daß die Leute auf uns aufmerksam wurden.

Sie waren zweifellos ein gutaussehendes Paar.

Sie fühlten sich irgendwie zu uns hingezogen. Und es entstand ein gegenseitiges Gefühl von Wärme und Zuneigung. Vielleicht war die Neujahrsfeier 1954 in der Säulenhalle ein Fest der Jugend, der jugendlichen Freude? Vielleicht hing es aber auch damit zusammen, daß wir das Jahr 1954 schrieben und daß das alte Leben von 1953 irgendwo hinter uns lag.

Wir heirateten im Herbst 1953. Getraut wurden wir auf dem Standesamt von Sokolniki, am anderen Ufer der Jausa. Als wir später nach Moskau zurückkehrten, fanden wir das Standesamt nicht mehr vor; man hatte es in den Hochzeitspalast verlegt. Heute ist dort irgendeine städtische Behörde. Früher lag das Standesamt direkt gegenüber unserem Wohnheim.

Alles ganz logisch – das Studentenwohnheim und gegenüber das Standesamt.

Das Gebäude steht noch, es ist ein großes Gebäude. Auf der anderen Seite des Flusses, in der Preobraschenka, stehen überhaupt sehr große Häuser. Das Standesamt befand sich im Erdgeschoß.

Unsere Hochzeit feierten wir in der Stromynka. Es war eine ausgelassene Studentenfeier, es wurde gesungen, getanzt und getrunken. Michail Sergejewitsch hatte das Geld verdient, das wir für die Hochzeit, einen neuen Anzug und ein »Brautkleid« brauchten. (Es war kein Brautkleid im eigentlichen Sinn – deshalb setzen wir das Wort in Anführungszeichen –, da es damals weder Brautkleider noch Eheringe gab. Aber das

Kleid war neu.) Um ehrlich zu sein, unsere Eltern wußten nichts von unseren Plänen. Wir sagten es ihnen erst im letzten Moment. Daran sieht man, wie wenig sich junge Leute um die Meinung ihrer Eltern kümmern – damals wie heute. Hört zu: Wir wollen heiraten, Geld brauchen wir nicht, wir haben selber welches. Ende der Durchsage. Nun, unsere Eltern hatten auch nicht viel Geld, aber wir fühlten uns ihnen ständig verpflichtet. Zum Beispiel bemühte ich mich mein Leben lang, meinen Eltern nicht zur Last zu fallen, sie nicht um mehr zu bitten, als sie geben konnten, und nicht viel von ihnen zu nehmen. Schließlich war ich die Älteste. Außer mir hatten sie noch zwei Kinder, und ihr Leben war nicht einfach.

Michail Sergejewitsch verdiente sich im Sommer Geld als Mähdrescherfahrer bei der Weizenernte. Wir hatten nicht einmal genug Geld, um für mich ein Paar Schuhe zu kaufen. Ich mußte mir von einer Freundin Schuhe leihen. Aber da war noch das Kleid – unsere erste gemeinsame Anschaffung. Das Kleid wurde in einer Moskauer Schneiderei in der Nähe der U-Bahn-Station Kirowskaja angefertigt. Ich erinnere mich noch gut daran.

Vor unserer Hochzeit, im Sommer 1953, waren Michail Sergejewitsch und ich drei Monate lang getrennt, da sein juristisches Praktikum genau in die Ferienzeit fiel. Er absolvierte es in seinem Heimatbezirk Rote Garde, der damals Molotow-Bezirk hieß. In diesen Monaten warteten wir ständig auf Briefe vom anderen.

Ich hatte längst bemerkt, daß Raissa Maximowna Briefe bei sich hatte. Gleich nachdem wir das Tonbandgerät aufgestellt und unsere Plätze eingenommen hatten – sie am Tisch und ich in einem Sessel gegenüber. Schon geraume Zeit hatte ich auf diese linierten Blätter aus einem Schreibheft gestarrt und erkannt, daß es sich dabei um Briefe handelte. Egal, worauf Briefe geschrieben sind, sie haben etwas an sich, woran man sofort erkennt, daß es sich um Briefe handelt. Wenn alles, was ein Mensch eine Zeitlang in Händen gehalten hat, in gewisser Weise den Stempel des Menschlichen trägt, dann trifft das auf einen Brief doppelt zu. Vor allem auf einen alten, der so dünn ist, daß man hindurchsehen kann. Ich selbst habe auch noch einige vergilbte Briefe. Aber keine von meiner Mutter, da ich nie welche von ihr erhielt: Sie war bis zu ihrem Tod Analphabetin.

Natürlich hatte ich schon geahnt, von wem die Briefe dort auf dem Tisch stammten. Ich hatte sie insgeheim zwar schon beäugt, aber nicht ausgehändigt bekommen. Obschon meine Gesprächspartnerin meine Neugier bemerkt hatte, hatte sie mir nicht angeboten, sie anzusehen oder in die Hand zu nehmen, geschweige denn, sie zu lesen. Im Gegenteil, während des ganzen Gesprächs ruhte ihre Hand, bewußt oder unbewußt, auf dem kleinen Bündel von Briefen, deren Ränder mit der Zeit ganz schmutzig geworden waren.

Wie sang Wyssozki doch so treffend? Ich mag es nicht, wenn mir andere Leute über die Schulter sehen und meine Briefe lesen.

In diesem Punkt war dieser Mann von Charakter derselben Ansicht wie diese Frau von Charakter.

Wenn ich heute diese Briefe von Michail Sergejewitsch wieder lese, diese auf vergilbtem Papier geschriebenen Zeilen – wie viele Jahre sind seither vergangen! –, mal mit Tinte, mal mit Bleistift geschrieben, mal in der Steppe auf einer Mähmaschine, mal im Büro des Bezirksstaatsanwalts, in der Mittagspause oder spät nachts nach der Arbeit, dann muß ich nicht nur an die Gefühle denken, die uns in unserer Jugend zusammenbrachten. Ich denke dann auch, daß die Wahl, die wir fürs Leben getroffen haben, und daß unser gemeinsamer Weg, der in jenen Jahren begann, kein Zufall waren.

Ich möchte Ihnen gerne einige Passagen aus zwei oder drei

Briefen Michail Sergejewitschs vorlesen. Nicht die ganzen Briefe, denn sie enthalten Abschnitte, die nur für mich bestimmt sind; ich werde sie mit ins Grab nehmen. Ja, es gibt Dinge, die einzig und allein für mich bestimmt sind, ganz gleich, wie viele Jahre auch vergehen mögen. Aber ich werde Ihnen etwas daraus vorlesen. Sehen Sie, auf dem hier steht noch »Büro des Staatsanwalts, Molotow-Bezirk«.

Und ich dachte, Sie hätten diesen Vermerk draufgeschrieben.

Wo denken Sie hin. Keiner hat die Briefe angerührt. Ich wollte sie nur noch einmal lesen. Sehen Sie: »Büro des Staatsanwalts, Molotow-Bezirk«. Sogar das Datum steht drauf: 20. Juni 1953. Michail Sergejewitsch arbeitete im Büro des Staatsanwalts und schrieb auf das erstbeste Blatt Papier, das er in die Finger bekam, einen Brief.

»...Ich bin so deprimiert wegen der Situation hier. Jedesmal, wenn ich einen Brief von Dir bekomme, wird mir das besonders bewußt. Jeder Brief enthält so viel Gutes, Liebes, Nähe und Verständnis. Und ich spüre um so deutlicher, wie scheußlich meine Umgebung hier ist, insbesondere die Lebensweise der hiesigen Bonzen. Die Einhaltung von Konventionen, die Unterordnung unter alles, was einmal festgelegt wurde, die Unverschämtheit der Funktionäre und ihre Arroganz. Am bemerkenswertesten an diesen Bonzen sind ihre Bäuche. Aber welche Gelassenheit, welche Selbstsicherheit, und dazu dieser herablassende, gönnerhafte Ton! Die Verachtung der Wissenschaft. Daher rührt auch die geringschätzige Haltung gegenüber jungen Spezialisten. Neulich las ich in einer Zeitung den Artikel eines Experten für Viehhaltung namens Mowsisjan, Absolvent des landwirtschaftlichen Instituts von Stawropol. Es ist wirklich eine Schande. Was ihm widerfahren ist, kann auch jedem anderen passieren. Der Mann kam mit großen Plänen hierher und ging mit großer Begeisterung an die Arbeit, aber schon bald merkte er, daß sich niemand auch nur im geringsten dafür interessierte. Alle lachten ihn aus und verspotteten ihn.

Diese Starrheit und dieser Konservatismus…«

Sie hört auf zu lesen und sagt:

Siebenunddreißig Jahre sind seitdem vergangen. Ich hätte mir nie träumen lassen, daß ich das eines Tages vorlesen würde. Und noch dazu laut…

Sie sagt das in einem Ton, daß ich befürchte, sie könnte mit dem Vorlesen aufhören. Aber nach einer Minute nimmt sie einen anderen Brief zur Hand und liest daraus vor:

»Ich habe mich mit vielen jungen Spezialisten unterhalten. Sie sind alle sehr unzufrieden. Wie üblich habe ich eine Menge zu tun. Normalerweise sitze ich bis spät in die Nacht am Schreibtisch. Nachts schreibe ich auch in mein ›Tagebuch‹ kurze Kommentare, die später vom Staatsanwalt unterschrieben werden. Ich bin hier noch nirgends gewesen. Um die Wahrheit zu sagen, man kann hier auch nirgends hingehen: Alles ist so langweilig. Wenn die Arbeit nicht wäre…«

Während Sie das vorlesen, sehe ich einen jungen Mann vor mir, der nach Abschluß der Universität mit all seinen radikalen Ideen und seinem Enthusiasmus, wie Sie es nennen, von Moskau aus in die tiefste Provinz geschickt wird, in ein Schlummerland.

Ein Schlummerland? Da bin ich nicht sicher… Wo waren wir stehengeblieben? Ach ja: »Bitte schreib mir. Ich sehne mich immer so nach Deinen Briefen. Es ist, als kämst Du selbst zu mir. Ich brauche Dich hier wirklich. Viele Grüße, Dein Michail.«

Und das *[sie nimmt ein paar andere Blätter vom Tisch]* ist ein Brief von der Feldarbeit. Michail Sergejewitsch fuhr zu der Zeit einen Mähdrescher und mußte das Schreiben des Briefes offenbar zwei- oder dreimal unterbrechen. »Rajeschka! Wir haben gerade angefangen, die Ernte einzufahren. Unter diesen Bedingungen ist es sehr schwer...«

Schrieb er deshalb mit Bleistift, weil er auf dem Feld arbeitete?

Wahrscheinlich. *[Sie liest aus einem anderen Brief vor.]* »Die Weizenernte ist reichlich und gut, aber es ist viel Unkraut dazwischen. Das hat die Arbeit mit dem Mähdrescher erschwert. Meine tägliche Arbeit sieht folgendermaßen aus: Wir stehen lange vor Sonnenaufgang auf, machen den Mähdrescher fertig und überprüfen alles. Das dauert drei bis vier Stunden. Anschließend beginnen wir, das Getreide zu mähen... Wir arbeiten so lange wie möglich, das heißt, so lange der Weizen trokken ist. Wenn wir nachts ernten, benutzen wir Scheinwerfer... Jeden Tag sind wir zwanzig Stunden auf den Beinen. Und wir arbeiten in einem schrecklichen Staub und auf glühendheißem Metall. Die Sonne brennt unerträglich nieder. Wir hatten schon viele heiße Tage – mit bis zu fünfunddreißig oder sechsunddreißig Grad. Am liebsten möchte man sich alle Kleider vom Leib reißen. Man kann kaum atmen. Ich mache jetzt Schluß...
Ich weiß nicht, wie ich Dir diesen Brief schicken soll. Ich habe ihn am siebzehnten geschrieben und weiß nicht genau, wann ich ihn abschicken werde...« Nun, ich brauche wohl nicht weiterzulesen.

Existieren eigentlich Ihre Briefe an Michail Sergejewitsch noch?

Glauben Sie wirklich, Männer machen es wie Frauen und heben Briefe auf? Ich habe alle aufgehoben, jeden einzelnen... Ich möchte Ihnen noch eine Passage aus einem anderen Brief vorlesen. Dasselbe Heft, derselbe Stift. Offenbar schrieb er ihn ein paar Tage später: »Du hast mich nach dem Haus gefragt... Haus ist wohl etwas übertrieben... Es ist eine ganz gewöhnliche Bauernhütte. Mittlerweile ist das Dach mit Ziegeln gedeckt, und die Fenster sind eingesetzt. Im großen und ganzen läßt es sich ganz gut darin wohnen. Das Problem ist nur, daß ich immer noch kein Holz für den Fußboden habe...«

Sehr aktuell!

Ja, leider. Unser ganzes Leben lang müssen wir Mangel leiden. Übrigens, ein Freund meines Vaters, der beim Dorfsowjet arbeitete, half ihm beim Kauf meines ersten Mantels. Aber das nur nebenbei.

[Sie liest weiter aus Gorbatschows Brief vor].

»Wir sind sogar in Stalingrad gewesen, aber ohne Erfolg. Die Wände sind verputzt, und später werden sie noch getüncht. Vorläufig leben wir alle noch in der Wohnung, und es ist in vielerlei Hinsicht recht unbequem. Vor allem Mama hat es langsam satt.

Ich weiß, Rajeschka, ich habe Dir nicht geschrieben. Unsere Arbeitskolonne besteht fast nur aus Gorbatschows. Papa bedient den Mähdrescher, ich lenke ihn, und Semjon Grigorjewitsch Gorbatschow fährt den Traktor. Das Bündeln des Strohs wird von einem Mädchen namens Anna Michailowna Gorbatschowa überwacht, und Wassili Alexejewitsch Gorbatschow fährt das Korn mit einem Lastwagen weg. Unsere Kolonne wird ›die Gorbatschows‹ genannt. Papa, Semjon und Wassili sind Cousins... Ich muß jetzt Schluß machen... Die herzlichsten Grüße aus der Sphäre der Arbeit an die Sphäre des Geistes.«

Hat er den Brief zu Ihnen nach Hause geschickt? Waren Sie in den Ferien?

Nein, ich war an der Universität. Er machte sein Praktikum, und ich hatte noch Prüfungen.

Im selben Jahr, 1953, zogen wir in ein Studentenwohnheim auf den Lenin-Hügeln. Es handelte sich um einen neuen Gebäudekomplex der Universität, der Anfang der fünfziger Jahre und später erbaut wurde. Er umfaßte Hörsäle, Verwaltungsgebäude und Gemeinschaftsräume, Bibliotheken, Klubs, Kantinen, eine Poliklinik und ein modernes, für unsere Begriffe erstaunlich komfortables Wohnheim für Studenten und Doktoranden. Alles war sehr schön. Jeder hatte sein eigenes, wenn auch winziges, möbliertes Zimmer. Zwei Leute teilten sich eine Dusche und eine Toilette.

Unser Umzug in das neue Universitätsgebäude fiel etwa in die Zeit unserer Abschlußprüfungen an der MGU. Damit begann ein ganz neuer Abschnitt in unserem Studentenleben. Michail Sergejewitsch und ich waren jetzt immer zusammen. Wir schrieben unsere wissenschaftlichen Arbeiten und bereiteten uns auf die Prüfungen vor. Wir lasen eine Menge, lernten Deutsch und übersetzten sogar gemeinsam einige Texte, die wir benutzten. Dabei konnte ich aus nächster Nähe beobachten, mit welcher Begeisterung sich Gorbatschow, Student der juristischen Fakultät an der MGU, seinem Studium widmete und wie er immer versuchte, einer Sache auf den Grund zu gehen.

Wir machten uns ernste Gedanken über unsere Zukunft. In meinen letzten Studienjahren war ich oft krank: eine verschleppte Erkältung, die durch Rheuma noch erschwert wurde. Die Ärzte bestanden auf einem Klimawechsel. Nach der Abschlußprüfung wurde ich für ein Promotionsstipendium vorgeschlagen. Ich bestand die Prüfung und begann mit der Doktorarbeit. Michail Sergejewitsch wurde vor die Wahl gestellt, entweder in Moskau eine Stellung anzunehmen oder ebenfalls zu promovieren. Aber wir beschlossen, alles hinter uns zu lassen und in Stawropol, seinem Geburtsort, zu arbeiten.

Raissa Maximowna verstummte und gab sich ihren Gedanken hin.

Natürlich gibt es eine Art Geheimnis. Das Geheimnis von Gefühlen und Gesetzen, die zwei Menschen verbinden. Insbesondere bei Menschen, die einander unentbehrlich geworden sind. Und es liegt nicht in der Macht der Menschen oder der Wissenschaft, dieses Geheimnis zu ergründen. Es ist gut, daß es auf der Welt Geheimnisse gibt.

Wenn ich an jene Jahre zurückdenke, frage ich mich wieder: Wie war Michail Sergejewitsch damals, in seiner Jugend, als er in mein Leben trat? Was war er für ein Mensch? Ein intelligenter, zuverlässiger Freund? Ja. Ein Mann, der eine eigene Meinung hatte und sie auch leidenschaftlich verteidigte? Ja. In meiner Jugend mußte ich feststellen, und das war eine äußerst schmerzliche Erfahrung, daß manche Menschen nicht imstande sind, zu ihrer Meinung zu stehen, ja, daß sie nicht einmal eine eigene Meinung haben. Aber er hatte eine eigene Meinung, verteidigte sie und trat mit Würde für sie ein. Aber das ist noch nicht alles.

Heute, Georgi Wladimirowitsch, denke ich an etwas anderes: Angesichts des heftigen Kampfes, der zwischen Gut und Böse, Loyalität und Verrat, Hoffnung und Ernüchterung, Selbstlosigkeit, Korruptheit und Rachsucht entbrannt ist, denke ich an seine Liebe zu seinen Landsleuten, an seine Achtung vor den Menschen. Das ist wirklich angeboren, und ich bin fest davon überzeugt, daß man das einem Menschen nicht anerziehen kann. Es läßt sich auch nicht durch irgendeinen akademischen Grad erwerben. Achtung vor den Menschen und vor ihrer Würde... Ich denke an Michail Sergejewitschs Unvermögen (mein Gott, wie oft habe ich schon daran gedacht!), sich auf Kosten anderer, ihrer Würde und Rechte, durchzusetzen. Nein, er ist nicht imstande, sich durchzusetzen und einen anderen dabei zu vernichten. Den Menschen neben ihm.

Ich kann sein Gesicht und seine Augen sehen. Wir sind seit siebenunddreißig Jahren zusammen. Alles im Leben ändert sich, aber eine stete Hoffnung lebt in meinem Herzen: daß er, mein Mann, so bleibt, wie er war, als ich ihn in meiner Jugend kennenlernte. Männlich und standhaft, liebenswürdig und stark. Und daß er am Ende wieder seine Lieblingslieder singen kann, denn, lassen Sie es mich noch einmal sagen, er *kann* singen und singt gern. Und daß er seine Lieblingsgedichte lesen und offen und aufrichtig lachen kann, wie er es immer getan hat.

Die Unterhaltung war zu Ende. Ich steckte die Tonbänder in Kuverts und beschriftete sie. Raissa Maximowna saß noch eine Weile schweigend da. Sie hatte die vielen Zettel mit ihren Notizen und Kritzeleien beiseite geschoben. Nachdenklich starrte sie vor sich hin und faßte sich mit der Hand an die Schläfe. Ihr Gesicht war ganz blaß geworden. Ihre letzten Worte klangen beinahe wie ein Gebet...

Auf jenem denkwürdigen Kongreß der Volksdeputierten im Dezember hatte ich bemerkt, daß die Abgesandten sich in den Pausen mehr als einmal an sie wandten:

»Raissa Maximowna, warum bleiben Sie hier und hören sich die Debatten an? Warum tun Sie sich das an? Sie könnten sie doch ebensogut zu Hause am Fernsehen verfolgen.«

Sie ging nicht, und mehr als einmal wurde behauptet, daß sie immer anwesend ist, wenn ihr Mann in der Öffentlichkeit spricht, sei es in der Sowjetunion oder im Ausland. Bei Pressekonferenzen im Ausland sitzt sie irgendwo in der ersten Reihe. In der Sowjetunion sitzt sie nicht in der ersten Reihe, um nicht ins Blickfeld der Fernsehkameras zu geraten. Aber ganz gleich, wo er spricht, er findet keinen aufmerksameren Zuhörer als seine Frau. Doch Raissa Maximowna hört nicht nur, was er sagt, sondern sie hört auch, was hinter ihrem Rücken getuschelt wird. Es ist kein leichtes Los – vor allem nicht in Rußland –, alle Augen auf sich gerichtet zu sehen und mitanhören zu müssen, wie über einen selbst gesprochen wird.

Ich glaube, Michail Sergejewitsch spürt ihre Gegenwart sogar bei einer hitzigen Debatte, und ich denke, daß es auf der politischen Bühne Rußlands seit Lenin keinen solch temperamentvollen Redner mehr gegeben hat – auch wenn es den Anschein hat, als sehe er nichts außer seinem unmittelbaren Gegner.

»Ein Geheimnis, das nicht dem Urteil anderer unterliegt...« Wie bei jedem Ehepaar. Aber das Schicksal wollte es, daß diese beiden ein viel größeres Publikum haben. Und das heißt auch, daß das Urteil strenger ausfällt.

Als amerikanische Journalisten Gorbatschow einmal fragten, über welche ernsten Fragen er mit seiner Frau spreche, überlegte er einen Augenblick und sagte dann: »Über alle.«

Nicht jeder an seiner Stelle hätte sich diese Offenheit erlaubt. Um aber ganz ehrlich zu sein, gibt es denn irgendwelche schwerwiegenden Fragen, die wir nicht mit unseren Frauen besprechen? Natürlich nicht. Aber nur wenige geben das zu, und die anderen unterlassen es lieber, weil sie meinen, auf diese Weise in den Augen der anderen männlicher und unabhängiger zu wirken.

Gorbatschow ist zu seiner Frau äußerst galant. Ich bin allerdings nicht so dumm zu behaupten, das sei eine Folge der Perestroika. Ich will hier keinen Zusammenhang konstruieren, sondern sehe darin einfach ein Symbol. Ein Zeichen. Obwohl in Rußland die sich ändernde Haltung gegenüber den Frauen, insbesondere gegenüber der eigenen Ehefrau, auch ein Aspekt der Perestroika sein mag und dem Mann sogar ein gewisses Maß an Courage abverlangt. Zumindest in dem Rußland, das ich kenne, weil ich dort geboren wurde und aufgewachsen bin. Denn in meinem Rußland ist die althergebrachte Einstellung gegenüber Frauen immer noch sehr lebendig.

Raissa Maximowna drückt ihre Individualität in erster Linie dadurch aus, daß sie sich ihres eigenen Wertes bewußt ist. Michail Sergejewitsch betrachtet dies mit unveränderlichem, stillem Respekt. Offenbar gehört dieser Respekt zu einer Art Ehrenkodex, an den er sich mit beneidenswerter Selbstbeherrschung hält – sogar in Situationen, in denen ein anderer längst hysterisch geworden wäre. Wenn ich mehr Kühnheit besäße, würde ich sagen, daß die Beziehung zwischen diesen zwei Menschen, die beide aus dem »einfachen Volk« stammen, von einer gewissen aristokratischen Haltung geprägt wird, die mir schon häufig in alten Bauernfamilien begegnet ist.

In einem Brief an Raissa Gorbatschowa las ich: »Danke! Dank Ihnen und Ihrem Mann verändert sich das Bild der sowjetischen Frau in Rußland und in der Welt. Sie gewinnt ihre Würde zurück...«

Gorbatschow muß die Schulden begleichen, die andere gemacht haben, und das ist wohl sein schwierigstes Problem. Er begleicht auch eine Schuld, die »Menschenwürde« heißt.

Als ich ging, sagte ich noch ein paar nette Dinge über ihre Tochter, die ich kürzlich getroffen hatte. Vielleicht tat ich es deshalb, weil ich dazu neige, Menschen nach einem einzigen Kriterium zu beurteilen, nämlich danach, wie sie sich gegenüber meinen Kindern verhalten.

Danke. Soll ich Ihnen noch eine amüsante Geschichte erzählen? Als unsere erste Enkelin geboren wurde, besuchten mein Mann und ich unsere Tochter Irina im Entbindungsheim. Als wir die Vorhalle betraten, sagte ich zu der Schwester: »Machen Sie die Tür weit auf, Großmutter ist da!« Die Schwester öffnete die Tür, schaute hinter mich und meinte: »Aber wo ist denn die Großmutter?« *[Ihre braunen Augen funkelten vor Vergnügen.]*

Sehen Sie? Und Sie behaupteten, das komme von der Diät.

Das ist ja auch schon lange her. *[Sie lächelte und erhob sich.]*

Der Kongreß, von dem wir sprachen, nahm für den Präsidenten einen erfreulichen Ausgang. Nach dem ersten Tag spitzte sich die Debatte zu, und Raissa Gorbatschowa blieb. Sie erlebte nicht nur einige der schwierigsten und dramatischsten Minuten des Präsidenten, sondern auch die Überwindung der Krise. Die Verkettung von Ursache und Wirkung ist hier unglaublich kompliziert, aber ich finde, daß menschliche Courage, Loyalität und Geduld es auch verdienen, belohnt zu werden.

»Ein Prophet gilt nichts im eigenen Land.« Um das Thema dieses Kapitels abzuschließen, möchte ich noch aus einem Brief zitieren: »Erlauben Sie mir, Herr Generalsekretär, Ihnen für die Gastfreundschaft zu danken, die Sie uns entgegengebracht haben, und Ihnen und Frau Gorbatschowa alles Gute zu wünschen. Die Anwesenheit Ihrer Gattin verschaffte uns einen neuen Eindruck von Ihrem Land – den Eindruck von Charme und Kultur. Für mich und meine Frau war es eine besondere Freude, Sie hier zu sehen…

François Mitterrand.«

Schule des Lebens

Raissa Maximowna, unsere letzte Unterhaltung endete damit, daß Sie sich entschlossen hatten, nach Ihrem Universitätsabschluß nicht zu promovieren, sondern nach Stawropol zu ziehen.

Ja, ich gab die Idee auf zu promovieren, obwohl ich die erforderliche Prüfung bestanden und den Kurs bereits belegt hatte. Michail Sergejewitsch kehrte Moskau ebenfalls den Rücken. Wir entschieden uns für Stawropol, seinen Geburtsort.

Es heißt, jeder Mensch trage ein Fleckchen Erde im Herzen, die Heimat, wo er geboren wurde und aufgewachsen ist. Wenn das stimmt, können Sie sich das »Fleckchen Erde« vorstellen, das ich im Herzen trage? Die ganze Sowjetunion – bei den vielen Umzügen, die ich in meiner Kindheit mitgemacht habe. Aber Michail Sergejewitschs Heimat ist natürlich die Region Stawropol.

Was soll ich Ihnen von Stawropol erzählen? Es ist eine wunderschöne, eine sonnenüberflutete Gegend mit unzähligen Weizenfeldern und Gärten! Und Sonnenblumen, die ihre Köpfe immer nach dem warmen Licht der Sonne drehen. Eine Region mit herrlichen Bergen und Steppen. Die Steppe ist voller Düfte. Wonach duftet die Steppe der Region Stawropol? Georgi Wladimirowitsch, Sie werden sich doch bestimmt daran erinnern.

In meiner Heimat duftet die Steppe im Sommer nach den Gräsern.

Richtig, und nach Thymian. Außerdem gibt es dort Kurorte mit Heil- und Mineralquellen. Das Wasser, das der Wüstensand und die Gletscher hervorbringen, hat eine ganz einzigartige Zusammensetzung. Falls Sie einmal in Kislowodsk gewesen sind, haben Sie sicherlich die Worte Lermontows gelesen, die dort in den Felsen gemeißelt sind: »Ich liebe den Kaukasus wie die süße Melodie meiner Heimat.«

Nach Abschluß unseres Studiums zogen Michail Sergejewitsch und ich nach Stawropol, in die Hauptstadt der Region. Wir waren junge Spezialisten, voller Pläne und Hoffnungen. Es war der Beginn unseres Arbeitslebens, der Start in ein vollkommen neues Leben in einer neuen Umgebung.

Georgi Wladimirowitsch, Sie fragten mich, was ich, nachdem wir Moskau verlassen hatten, von Stawropol hielt. Moskau ist eine Stadt, und Stawropol ist ebenfalls eine Stadt. Aber sie sind ganz verschieden! Man sagt, der erste Eindruck, den man von einem Menschen gewinnt, sei der nachhaltigste. Ob das für Menschen gilt, weiß ich nicht, aber für Städte gilt es allemal, davon bin ich überzeugt. Mein erster Eindruck von Stawropol wird mir unvergeßlich bleiben.

Stawropol bezauberte mich durch seine Gärten und Grünanlagen. Die Stadt war ein einziges wogendes Grün, und es schien, als habe sie sich mit prächtigen grünen Kleidern herausgeputzt. Schwarzpappeln und Kastanien, wohin man blickte. Außerdem Weiden, Eichen und Ulmen. Und Flieder. Dazu überall Blumen. Im Herbst bietet das Pflanzenkleid der Stadt einen rotgoldenen, betörend sanften Anblick. Zu dieser Zeit erscheint die Stadt als der Inbegriff des Herbstes. Nirgendwo sonst habe ich einen schöneren Herbst erlebt. Ich glaube, der Herbst ist mit Abstand die schönste Jahreszeit in der Region Stawropol.

In meiner Kindheit liebte ich den Frühling im Ural mit seinen plätschernden Bächen und murmelnden Schmelzwassern. Aber in der Region Stawropol lernte ich den Herbst lieben. Der Frühling geht hier rasch vorüber; doch der Herbst ist lang, farbenprächtig und warm.

Die Stadt beeindruckte mich durch ihre Ruhe und eine gewisse Strenge. Der Marktplatz, die Straßen und Häuser schienen den Geist unserer Vorfahren zu atmen – Russen und Kosaken, die vor zweihundert Jahren hierhergekommen waren.

Als ich übrigens von den städtischen Grünanlagen sprach, vergaß ich eine Kleinigkeit. In den ersten Tagen war ich von ihrer Schönheit und Fülle geradezu bezaubert. Erst später erfuhr ich, daß es ein Steckenpferd der Einwohner ist, die Schönheit der Stadt zu erhalten, eine gute Tradition, die seit vielen Jahren gepflegt wird. Später genoß ich es, selbst dabei zu helfen, das Grün der Stadt zu erhalten.

In der Region Stawropol wird jede kleinere Stadt wie ein Garten gepflegt.

Ich erinnere mich, daß sogar einmal ein Film über Stawropol gedreht wurde: *Die grünste Stadt Rußlands.* Das zweite, was mir auffiel, waren der gemächliche Gang des Lebens und die ehrwürdige Ruhe an einem Ort, der immerhin die Hauptstadt einer der größten Regionen des Landes ist. Die Menschen gingen überallhin zu Fuß; das prägte den Lebensrhythmus. Damals gab es in Stawropol noch keine Transportprobleme und keine Verkehrsstoßzeiten. Ganz gleich, wohin man wollte, ob zur Arbeit, zum Einkaufen, ins Bad, zum Friseur, in die Poliklinik oder auf den Markt, alles war zu Fuß erreichbar. Nur der Platz im Zentrum und einige wenige Straßen waren gepflastert. Lediglich ein paar Verwaltungsgebäude und Wohnhäuser hatten Zentralheizung. Das Trinkwasser mußte an Brunnen geholt werden. Und mitten in der Stadt, gegenüber der pädagogischen Hochschule, war eine riesige Schlammlache, die das ganze Jahr über nicht austrocknete. Da gab es kein Durchkommen, weder zu Fuß noch auf Rädern. Es war wie in Gogols »Mirgorod«. Natürlich hat sich Stawropol inzwischen völlig verändert.

Mehr als drei Jahrzehnte sind inzwischen vergangen. Moderne Industrien haben sich angesiedelt, neue wissenschaftliche, pädagogische und kulturelle Zentren sind entstanden, die Einwohnerzahl hat sich verdoppelt. Das allein schon hat den Charakter, den Lebensrhythmus und das Aussehen der Stadt verändert. Doch für die Hauptstadt einer großen russischen Region, die damals immerhin zwei autonome Gebiete umfaßte, war Stawropol schon sehr provinziell.

Das Kino hieß natürlich wie in jeder kleinen Stadt »Gigant«. Den Spielplan des Lermontow-Theaters konnten wir nach zwei oder drei Monaten rückwärts hersagen. Alles, was dort aufgeführt wurde, kannte ich auswendig. Außerdem gab es noch eine Regionalbücherei, ein Orchester, ein Heimatmuseum, zwei weitere Kinos – das »Oktober« und das »Heimat« – sowie ein paar Klubs und Filmvorführungsräume. Das war alles, was es an kulturellen Einrichtungen gab.

Sie kamen als Universitätsabsolventin aus der Hauptstadt nach Stawropol. Das war damals ein Ausnahmefall. Was dachten Ihre Arbeitskollegen von Ihnen? Welche Kontakte hatten Sie am Arbeitsplatz?

Gar keine.

Ich verstehe nicht, Raissa Maximowna.

Da gibt es nichts zu verstehen. Ich hatte große Schwierigkeiten, überhaupt eine Anstellung zu bekommen, und in den ersten Monaten fand ich einfach keine Arbeit. Dann bekam ich für anderthalb Jahre eine Stelle, für die ich nicht ausgebildet war. Danach arbeitete ich zwei Jahre lang auf meinem Fachgebiet, aber ohne irgendwelche Rechte. Ich wurde stundenweise bezahlt oder bekam nur den halben Lohn. Und wurde die Belegschaft verkleinert, war ich zeitweise sogar arbeitslos. Soviel zu der »Universitätsabsolventin aus der Hauptstadt« und dem »Ausnahmefall«. Ja, ich hatte vier Jahre lang keine feste Stelle.

Woran lag das?

Dafür gab es vor allem zwei Gründe. Ich glaube, seinerzeit gab es überall im Land Probleme, für Spezialisten mit geisteswissenschaftlicher Ausbildung eine Beschäftigung zu finden. Beispielsweise war mir bekannt, daß damals in Stawropol über siebzig Prozent der Lehrer nur eine halbe Stelle innehatten. Der zweite Grund ist meiner Ansicht nach mindestens genauso wichtig.

Ja, es stimmt, in Stawropol gab es damals praktisch keine Spezialisten mit Universitätsabschluß, schon gar nicht aus Moskau. Genau weiß ich es nicht, deshalb sage ich »praktisch«. Vielleicht gab es ja zwei oder drei. An den Fakultäten der Hochschulen, die für jemanden mit meiner Ausbildung Verwendung gehabt hätten, wurden die entsprechenden Fächer von Leuten unterrichtet, die ihre Lehrbefugnis häufig im Fernstudium erworben hatten. In der Regel waren es Absolventen der Pädagogischen Hochschule in Stawropol. Nicht, daß ich ihre berufliche Qualifikation in Zweifel ziehen möchte. Später, als wir Kollegen waren, lernte ich überaus tüchtige Leute kennen, die wichtige Forschungsarbeit leisteten. Sie hielten ausgezeichnete Vorlesungen, genossen die verdiente Zuneigung ihrer Studenten und gingen ganz in ihrem Beruf auf.

Aber viele von ihnen waren einfach nicht fähig und nicht willens, sich in irgendeiner Art in der Forschung zu engagieren. Sie wollten es nicht, und sie konnten es nicht. Sie hielten Vorlesungen, die ein anderer irgendwann einmal für sie vorbereitet hatte, griffen auf das Material von Kollegen zurück und hatten große Schwierigkeiten, philosophische Kategorien und Theorien darzustellen. Erhebliche Schwierigkeiten! Aber für das Institut waren es eben »eigene« Leute, die man kannte, die mit den Gepflogenheiten vertraut und leicht zu lenken waren. Finanziell fuhr das Institut damit besser. Denn in unserem Land bleibt das Gehalt gleich, da es nach Rang und Titel bemessen wird – und nicht nach der Quantität oder nach der Qualität der geleisteten Arbeit.

Ich traf sogar Leute, die völlig unfähig waren, Vorlesungen zu halten, und dennoch ein Dozentengehalt bezogen. Sie bezogen das Gehalt, und andere hielten für sie die Vorlesungen. Die Ausschreibung offener Lehrkörperstellen war eine reine Formalität. Die Hochschule tat alles, um sie mit eigenen Leuten zu besetzen. Außerdem hätten Bewerber von auswärts eine Unterkunft gebraucht. Wo hätte man die hernehmen sollen? In jedem Kollektiv gab es genügend Leute, die auf eine Wohnung warteten. Selbst wenn die Studenten mit der Qualität der Vorlesungen und Seminare nicht zufrieden waren, wurde das nicht als dramatisch angesehen. Sie waren so oder so verpflichtet, die Kurse zu belegen, egal, ob ihnen das Programm nun zusagte oder nicht.

Die Qualität der Lehre, das ihr zugrundeliegende System und ihre äußere Organisation prägten die Ausbildung der Spezialisten im ganzen Land und nicht nur in Stawropol. An den Hochschulen ging alles streng nach Vorschrift. Für alles gab es Genehmigungen oder Verbote – für das Verhältnis zwischen Studenten und Lehrenden, für die Zusammensetzung des Lehrkörpers, für das Lehrdeputat oder die Stundenzahl pro Fach. Die Zahl der Wissenschaftler und Dozenten, die von der Hochschule angestellt wurden, richtete sich nach der Zahl der eingeschriebenen Studenten. Also lag es im Interesse der Hochschule, mindestens ebenso viele Schulabgänger aufzunehmen wie Studienabsolventen die Universität verließen.

Andernfalls wurde der Lehrkörper verkleinert. Das allein erklärt so manche Episode aus meiner Praxis als Dozentin. Eine davon möchte ich Ihnen nun erzählen.

Ein Fernstudent stand vor dem dritten Anlauf zum Examen. Ich führte ein Prüfungsgespräch mit ihm und versuchte dabei, ihm wenigstens die einfachsten und elementarsten Antworten auf meine Fragen zu entlocken. So sollte er mir sagen, was Philosophie ist. Aber leider waren all meine Versuche vergebens. Als ich schon ganz erschöpft war, sagte er plötzlich voller Mitgefühl: »Raissa Maximowna, es tut mir so leid für Sie.« – »Ich tue Ihnen leid?« fragte ich erstaunt. »Warum nehmen Sie es so schwer? Sie vergeuden bloß Ihre Zeit. Sie versuchen es jetzt schon zum drittenmal. Ich mache es bei jedem so. In allen Fächern. Ehrenwort, alle geben mir eine ›Drei‹, und ich bin durch. Und jeder ist zufrieden. Was ist schon dabei?« fragte er mich.

Und welche Note haben Sie ihm gegeben?

Auch eine »Drei«. Ich habe gegen mein Gewissen gehandelt, nicht zum ersten- und letztenmal.

Ich bin froh, daß wir uns heute ernste Gedanken über die Probleme machen, die sich in Rußland in allen Bildungsbereichen angesammelt haben – in der schulischen, beruflichen wie universitären Bildung. Wir suchen nach Wegen, sie demokratischer zu gestalten, sie auf allen Ebenen zu verbessern, die Qualität der Lehre zu steigern und den Status höherer Bildung in unserem Land aufzuwerten. Vieles ist in reinem Formalismus erstarrt. Wir haben Spezialisten ausgebildet, ohne zu wissen wofür. Welche Unmenge an akademischen Graden haben wir geschaffen! Wie oft habe ich an der Hochschule gefragt: Warum verleihen wir jemandem einen akademischen Grad, der weder über berufsbezogene noch über allgemeine Kenntnisse verfügt? Wenn so jemand, versehen mit einem Titel, ins Berufsleben tritt, wird er die gleichen Rechte fordern wie jemand mit einer ordentlichen Ausbildung, wie ein wirklich gefragter Spezialist. Wie Sie sehen, bewegen wir uns in einem Teufelskreis: Wir produzieren etwas, für das keine Nachfrage besteht.

In diesem Bereich muß sich grundlegend etwas ändern, und es ist gut, daß man bereits damit begonnen hat. Nehmen Sie nur die letzten Beschlüsse des Präsidenten, den höheren Lehranstalten mehr Autonomie einzuräumen. Das sind vorsichtige Versuche, ein bislang stagnierendes System zu verbessern. Natürlich wurden auch in der Vergangenheit Erfahrungen gesammelt, Traditionen gefestigt und Fortschritte erzielt, doch es gab auch viel Stagnation.

Raissa Maximowna, kehren wir nach Stawropol zurück.

Entschuldigen Sie, ich bin vom Thema abgekommen. Das Thema höhere Bildung ist eine berufliche Marotte von mir... Stawropol. Michail Sergejewitsch ging noch im gleichen Jahr nach Stawropol, nachdem er in Moskau sein Studium beendet hatte. Er traf etwas früher dort ein als ich. Als ausgebildeter Jurist wurde er der regionalen Staatsanwaltschaft zugewiesen. Dort arbeitete er jedoch nur zehn Tage. Er schrieb mir: »Nein, die Arbeit bei der Staatsanwaltschaft ist nichts für mich... Ich habe ein paar Genossen getroffen, mit denen ich im Komsomol zusammengearbeitet habe.« Und in einem anderen Brief heißt es: »Aufgrund der Erfahrungen, die ich bei der Arbeit im Komsomol, sowohl in der Schule als auch an der Universität, gesammelt habe, hat man mir einen Posten in der regionalen Organisation des Komsomol angeboten.« Und weiter: »Ich hatte eine lange und unerfreuliche Unterredung mit dem Regionsstaatsanwalt.« Und in einem anderen Brief: »Nach weiteren Gesprächen und Zurechtweisungen willigten sie schließlich ein, daß ich den Dienst quittiere und im regionalen Komsomol-Komitee arbeite.« Der nächste Satz lautete:

»Meine Ernennung zum stellvertretenden Leiter der Abteilung Agitation und Propaganda ist bestätigt worden.«

Übrigens hieß der damalige Regionsstaatsanwalt B. N. Petuchow. Mit ihm hatte Michail Sergejewitsch die »lange und unerfreuliche Unterredung«. Petuchow ist ein außergewöhnlicher Mann. Er war fast fünfzig Jahre lang als Staatsanwalt und Untersuchungsrichter tätig und hat eine Reihe interessanter Bücher über seine Arbeit geschrieben. Zwei seiner Bücher hat er Michail Sergejewitsch mit Widmung geschenkt. Sie sind 1970 und 1981 erschienen. Und er hat ihm einen Brief geschrieben, aus dem ich ebenfalls zitieren möchte: »Ich denke heute mit großer Genugtuung daran, daß es damals richtig von mir war, Ihnen keine Steine in den Weg zu legen.«

Ein Mann mit Weitblick!

Michail Sergejewitschs Gehalt betrug monatlich tausend Rubel in »altem« Geld, wie wir sagen.

Das sind hundert Rubel in »neuem« Geld.

Nach Abzug diverser Steuern und Mitgliedsbeiträge für alle möglichen Organisationen blieben uns achthundertvierzig Rubel. Daran erinnere ich mich noch gut. Denn wegen meiner langen »Arbeitslosigkeit« war dieses Geld lange Zeit unser einziges Einkommen – abgesehen von den Lebensmittelpaketen, die uns Michail Sergejewitschs Eltern hin und wieder vom Land schickten. Mehr konnten sie für uns nicht tun.

Als Michail Sergejewitsch im Komsomol arbeitete, mußte er regelmäßig die Region bereisen. Von einer dieser »Dienstreisen« schrieb er mir...

Er schrieb Ihnen von solchen Reisen?

Ja. Ist das so erstaunlich?

Meines Wissens schreiben Männer ihren Frauen heutzutage nicht einmal, wenn sie auf Auslandsreise sind. Und so weit weg war er ja nicht; er bereiste nur die Region.

Das kommt eben auf den Ehemann an. In einem seiner Briefe schrieb er also folgendes: »...Ich weiß nicht, wie oft ich bei meinen Besuchen in Priwolnoje gehört habe, daß sie sich wegen zwanzig Rubeln den Kopf zerbrachen. Wo sollten sie eine solche Summe auftreiben? Und dabei arbeitet mein Vater Tag und Nacht, das ganze Jahr hindurch. Ich bin von Scham überwältigt. Ehrlich, ich kann dann meine Tränen nicht zurückhalten. Gleichzeitig schießt es einem durch den Kopf, daß es ihnen doch gar nicht so schlecht geht. Aber was ist mit den anderen? Es gibt noch viel zu tun. Unsere Eltern und Tausende anderer Menschen verdienen wirklich ein besseres Leben...«

Diese Sätze könnten aus Owetschkins Alltag im Kreis *stammen.*

Michail Sergejewitsch studierte das Leben in seiner Umgebung sehr eifrig, so, als wolle er die Zeit, die er in Moskau zum Studieren gebraucht hatte, wieder wettmachen. Seine Sorgen ließen ihm keine Ruhe, ständig hatte er das Bedürfnis, sich auszusprechen. Vielleicht war das einer der Gründe, warum er mir von seinen Reisen so viele Briefe schrieb. Sie lasen sich wirklich wie Studien über den *Alltag im Kreis.*

Das Leben war damals gar nicht so billig. Von unseren achthundertvierzig Rubel zahlten wir zweihundert für die Wohnung, ein kleines Zimmer, das wir in einem Privathaus gemietet hatten.

Wo war das ungefähr?

Ich werde Ihnen ein Foto von dem Haus zeigen, wie es heute aussieht. Da Sie sich selbst als Stawropoler bezeichnen, dürfen Sie raten, wo es steht.

Raissa Gorbatschowa suchte aus einem Stapel von Aufnahmen, den sie bereitgelegt hatte, ein kleines Foto heraus. Es war ziemlich verblaßt. Im Vordergrund standen drei Bäume – wo man in Stawropol auch Fotos macht, im Vordergrund werden immer Bäume stehen –, die den Blick freigaben auf ein typisches Stawropoler »Privathaus«, das aus dem üblichen Kalkstein gebaut war. Ich hatte einmal ein Zimmer in einem solchen Haus gemietet. Selbst zu meiner Zeit, gegen Ende der sechziger Jahre, bestand Stawropol noch zu drei Vierteln aus solchen Häusern, die alle mit Hopfen und wildem Wein überwachsen waren. Und nun sollte ich also herausfinden, wo das eine steht – an der Ossetinka, der Taschla oder in der Nähe des Unteren Marktes.

Ich muß wohl ein schlechter Stawropoler sein, Raissa Maximowna, oder es ist schon zu lange her, daß ich Stawropol verlassen habe – im Jahr 1973. Jedenfalls erkenne ich die Straße nicht wieder. Sagen Sie mir doch, welche es ist.

Soll ich wirklich? Das Haus steht noch dort. Aber ich frage mich, ob wir die Aufmerksamkeit darauf lenken sollen. Wir würden nur die Ruhe seiner Bewohner stören. Es sind Verwandte unseres früheren Vermieters. Nein, ich erzähle Ihnen lieber etwas über das kleine Zimmer, in dem wir uns eingemietet hatten. Ich sehe es noch klar und deutlich vor mir.

Gut, wenn Sie meinen…

Es war nicht einfach, unsere damaligen Habseligkeiten darin unterzubringen. Ein Bett, ein Tisch, zwei Stühle und zwei große Kisten voll Bücher. In der Mitte des Zimmers stand ein großer Ofen. Kohle und Holz mußten wir selbst kaufen. Ich kochte gewöhnlich auf einem Paraffinbrenner in der schmalen Diele.

Unsere »Wohnung« hatte aber auch ihre Vorzüge. Das kleine Zimmer war sehr hell, da die drei Fenster alle auf den Garten hinausgingen. Es war ein großer und schöner Garten. Die Hausbesitzer waren gute und freundliche Menschen, und auch das zähle ich zu den Vorzügen der Wohnung. Sie waren pensionierte Lehrer, die nun von ihrer Rente lebten. Der alte Herr war sehr streng und nicht sehr gesprächig, ganz im Gegensatz zu seiner Frau und seiner Tochter. Nur wenn er etwas zu tief ins Glas geschaut hatte und nicht mehr ganz nüchtern war, pflegte er mir den Ratschlag zu geben, »das Leben nüchtern zu betrachten«.

In diesem Zimmer wurde am 6. Januar 1957, am Vorabend des Weihnachtsfests der orthodoxen Kirche, unsere Tochter Irina geboren. Im Kinderpaß des Entbindungsheims steht folgende Eintragung: »Gewicht bei der Geburt: 3300 Gramm. Größe: 50 Zentimeter. Gewicht bei der Entlassung: 3100 Gramm. Ein gesundes Kind.« Ich kenne diese Eintragung auswendig: In jenen glücklichen Tagen waren diese Worte Musik in meinen Ohren.

Im selben Jahr bekamen wir dank der Fürsprache von Michail Sergejewitschs Kollegen eine »staatliche Wohnung« in einem Haus, in dem die beiden oberen Stockwerke als Wohnungen hergerichtet waren. Im Erdgeschoß befanden sich Büros. Wegen der Wohnungsnot wurde aber auch das untere Stockwerk nach und nach als Wohnraum genutzt. Unsere »Zweizimmerwohnung«, die zuvor als Büro und Empfangszimmer gedient hatte, fiel als letzte Bastion. Genauer gesagt, für irgendeine Person oder Behörde war es eine Niederlage, für unsere Familie aber ein Sieg. In der Folgezeit verwandelte sich das gesamte Erdgeschoß in eine große Wohneinheit, bestehend aus acht Einzelwohnungen mit einer Gemeinschaftsküche am Ende des Flurs und einer Gemeinschaftstoilette.

Dann lebten Sie also in einer Gemeinschaftswohnung?

Ja, unsere Nachbarn waren ein aus der Armee entlassener Oberstleutnant, ein Mechaniker aus einer Textilfabrik, ein Schweißer und ein Krankenhausangestellter... Sie alle hatten Familie. Außerdem waren da noch vier alleinstehende Frauen, zwei wohnten zusammen, zwei in Einzelzimmern. Und wir – Michail Sergejewitsch und ich – hatten zum erstenmal in unserem Leben eine eigene Wohnung.

Es war ein kleiner souveräner Staat mit einer Vielfalt souveräner Staatsbürger, um moderne Begriffe zu verwenden. Ein Staat mit ungeschriebenen, aber allseits anerkannten Gesetzen. In ihm arbeiteten, liebten und trennten sich Menschen, tranken wie Russen, stritten sich wie Russen und vertrugen sich wieder wie Russen. Abends spielten sie Domino. Geburtstage wurden gemeinsam gefeiert. Geringschätzige Äußerungen über andere oder hochnäsiges Betragen kamen nicht in Frage. In dieser Welt ging es ehrlich, ungezwungen und menschlich zu.

Michail Sergejewitsch machte sich bisweilen über mich lustig. Interessanterweise verwendete er schon damals jenen parlamentarischen Jargon, der heute üblich geworden ist. In einem Brief – er schrieb deshalb so häufig, weil wir kein Telefon besaßen, wie überhaupt nur wenige Leute damals Telefon hatten – mahnte er: »Es ist Deine Aufgabe, die diplomatischen Beziehungen zu den anderen souveränen Staaten aufrechtzuerhalten. Ich hoffe, es wird Dich mit Stolz erfüllen, unsere Außenpolitik zu lenken. Doch vergiß nicht das Prinzip des Interessenausgleichs.«

In der Tat, eine ziemlich moderne Formulierung!

In diesem Haus lernte ich Menschen kennen, zu denen ich in all den Jahren in Stawropol ein gutes Verhältnis hatte. Einer dieser Menschen war Soja Wassiljewna Karetnikowa, die Frau des Oberstleutnants. Sie hatte kein einfaches Leben gehabt, war aber sehr begabt. Die beiden waren von Lwow nach Stawropol gezogen, weil ihr Mann, Pjotr Fjodorowitsch, bei schlechter Gesundheit war. Er lebt nicht mehr – möge er in Frieden ruhen.

Soja Wassiljewna, die aus Moskau stammte, hatte ihr Geologiestudium nicht abschließen können, weil ihr Mann Soldat war. Sie hatte geschickte Hände und einen angeborenen künstlerischen Geschmack. Ich muß Ihnen sagen, daß es in Stawropol weder Schneider noch Bekleidungsgeschäfte gab, und zwanzig Jahre lang schneiderte Soja Wassiljewna für uns und flickte alles, was meine Familie und ich auf dem Leib trugen. Ich war ihr zwanzig Jahre lang freundschaftlich verbunden und eine treue Stammkundin.

Soweit ich weiß, ließen Sie sich auch noch Sachen von ihr schneidern, als Sie bereits die Frau des »ersten Mannes« am Ort waren.

Ja.

Stawropol ist eine relativ kleine Stadt, und ich habe gehört, daß die Frau des Ersten Sekretärs schon immer gut angezogen war.

Das bestätigt nur, daß Soja Wassiljewna tatsächlich geschickte Hände hatte.

Und daß sie Ihre persönliche Schneiderin war?

So könnte man sagen. In Stawropol lernte ich auch Xenia Michailowna Jefremowa kennen, Angestellte in einer Textilfabrik. Ihr Verlobter war im Finnisch-Russischen Krieg gefallen; seitdem war sie ganz auf sich allein gestellt. Natürlich weiß ich nicht, ob meine früheren Nachbarn und freundlichen Helfer dieses Buch jemals lesen werden. Trotzdem möchte ich jedem einzelnen meinen Dank aussprechen. Mein besonderer Dank gilt Xenia Michailowna, die mir in einer sehr schwierigen Zeit meines Lebens eine große Hilfe war. Ich war damals berufstätig, schrieb an meiner Dissertation, unternahm ausgedehnte Reisen, und meine Tochter war häufig schwer krank.

Wir kommen alle aus dem Volk. Anfang der siebziger Jahre hörte ich eine überraschende Fortsetzung dieses Ausspruchs: Und wie kehren wir wieder zu ihm zurück? Das Verhältnis zwischen den »Aufsteigern« und dem Milieu, aus dem sie stammen, dem »Volk«, kann äußerst kompliziert sein. Allzuoft wird fast vollständige gegenseitige Entfremdung zum beherrschenden Faktor. Manche Funktionäre oder ihre Ehefrauen möchten nicht an ihre Herkunft erinnert werden. Und die anderen haben ein sicheres Gespür dafür. Aus bestimmten Gründen sind es oft nicht die Funktionäre selbst, sondern ihre Ehefrauen, die nicht daran erinnert werden wollen.

In unserem Fall liegen die Verhältnisse freilich ganz anders. Ich hatte längst bemerkt, daß Raissa Maximowna, ohne sich besondere Mühe zu geben und ohne sich einschmeicheln zu wollen, die Welt der kleinen Leute, in die sie hineingeboren wurde, akzeptieren und verstehen konnte. Eine natürliche Verbundenheit mit dieser Welt und eine gewisse Dankbarkeit ihr gegenüber sind seit langem charakteristische Merkmale der russischen Intelligenzija. Ich erwarte vom Leser nicht, daß er darüber gerührt ist, sondern bitte ihn nur, die »Mieter der Gemeinschaftswohnung« aus dem Jahre 1957 in Erinnerung zu behalten. Denn wie oft legen wir auf unserem Weg nach »oben« unsere alten Freundschaften wie alte Kleider ab.

Arbeit war für mich nicht bloß ein Mittel zum Geldverdienen. Ohne sie hätte ich mein Leben als gescheitert betrachtet. Vorlesungen, Seminare, wissenschaftliche Konferenzen, Tagungen und Debatten – können Sie sich vorstellen, wieviel Kraft, Zeit und geistige Anspannung das erfordert, von den schlaflosen Nächten ganz zu schweigen? Die Arbeit gab mir aber auch viel, so das unvergleichliche Gefühl moralischer Befriedigung.

Auch in unserer Freizeit führten wir Diskussionen und Streitgespräche – im Studentenwohnheim, auf der Kolchose, zu der wir, Studenten wie Lehrer, geschickt wurden, um Getreide, Weintrauben oder Kartoffeln zu ernten. Wir diskutierten in meiner Wohnung weiter, in der mich auch meine Studenten besuchten. Wir diskutierten über alles, über neue Theaterstükke, neue Filme, Ereignisse an der Hochschule, in der Region und im ganzen Land. Und wir stritten bis zur Heiserkeit über den Sinn des Lebens. Es gab keine studentische Diskussion ohne diese »Grundfrage«. Kurzum, wir diskutierten über alles, angefangen bei den ewig menschlichen Fragen.

Die Blumen und Briefe, die Studenten mir schickten, die mittlerweile schon längst auf eigenen Beinen stehen, Familie haben und auch nicht mehr jung sind, sind die kostbarsten Geschenke, die ich jemals erhalten habe. In gleicher Weise schätze ich ihre strengen, aber gerechten Urteile über mich und meine Arbeit.

Ich erinnere mich noch ganz genau an den ersten Vortrag, den ich vor einer größeren Zuhörerschaft hielt. Damals studierte ich noch in Moskau. Die Gesellschaft »Wissen« hatte mich eingeladen, in einem Betriebsklub einen Vortrag zu halten. Nach dem Vortrag sollte getanzt werden; so war es Tradition. Eine Menge Leute kam, vor allem junge, die, wie ich vermutete, mit den Gedanken schon beim Tanzen waren. Mit dem Redemanuskript in der Hand trat ich ans Mikrofon auf dem Podium.

Hatten Sie es auf Zettel geschrieben wie die Notizen, die jetzt vor Ihnen liegen?

Natürlich nicht. Alles war sehr sauber und sorgfältig ausgearbeitet. Ich schaute ins Publikum und erblickte in der ersten Reihe einen alten Mann mit einem langen grauen Bart. Ich sehe ihn noch jetzt vor mir sitzen. Da bekam ich es mit der Angst zu tun. Das Thema meines Vortrags lautete: »Schlaf und Traum in der Lehre I. P. Pawlows«. Ich hatte mich gewissenhaft auf das Thema vorbereitet und in der Lenin-Bibliothek gründlich recherchiert. Doch mir war auch bewußt, daß meine Kenntnisse des Gegenstands lückenhaft waren und mein theoretischer Ansatz Schwächen aufwies. Ich fühlte mich noch angreifbarer, wenn ich an den Altersunterschied zwischen mir und dem gelehrten alten Herrn dachte, der, wie ich vermutete, sicher selbst in der Lage gewesen wäre, einen Vortrag über dieses Thema zu halten. Ohne aufzusehen las ich meinen Text vom Blatt ab und wartete beklommen auf die Reaktion. Nicht aus dem Publikum, sondern von dem alten Herrn, dem »Magier«. Aber, wie Sie sich denken können, es herrschte absolute Stille – kein Laut, kein einziger Kommentar. Und es wurde auch keine einzige Frage gestellt, weder während des Vortrags noch danach. Auch der alte Herr blieb stumm. Offensichtlich hatten er und alle anderen Anwesenden alles verstanden. Oder wartete auch er nur ungeduldig auf das Tanzvergnügen? Wahrscheinlich *[sie lächelt]* spürte das Publikum, was die junge Rednerin durchmachte, und hatte Mitleid mit ihr.

Meinen ausländischen Lesern möchte ich gerne erklären, was es mit der Gesellschaft »Wissen« auf sich hat. Sie hat sich zum Ziel gesetzt, Erkenntnisse aus Wissenschaft und Politik einem breiten Publikum näherzubringen. Obwohl ich bei meinem ersten Vortrag für die Gesellschaft nicht gerade geglänzt hatte, waren meine langjährigen Kontakte zu ihr nutzbringend und überaus anregend.

Warum sagen Sie, nicht gut gewesen zu sein? Wenn keine Fragen gestellt wurden, heißt das doch, daß Sie alles verständlich erklärt hatten…

Wie gesagt, ich glaube, daß eher die Tanzveranstaltung der Grund war. Wie auch immer. Später gehörte ich in Stawropol nicht nur dem Dozentengremium der Gesellschaft an, sondern auch dem Präsidium der regionalen Organisation. Das eröffnete mir die Möglichkeit, in Stawropol die unterschiedlichsten Vertreter aus den Bereichen Kunst und Wissenschaft kennenzulernen – Wissenschaftler und Dichter, Schriftsteller, Schauspieler, Ärzte, Komponisten, bildende Künstler und Lehrer. Viele kannte ich sehr gut und traf sie regelmäßig.

Ich erinnere mich auch an meine erste Vorlesung an der Hochschule, die ich am Medizinischen Institut in Stawropol hielt und in der ich über Philosophiegeschichte sprach. Wie es der Zufall wollte, erschien ausgerechnet an diesem Tag unangemeldet eine wichtige Kommission an der Hochschule, um, wie es hieß, »mit Lehrern der Sozialwissenschaften Erfahrungen auszutauschen«. Tatsächlich aber sollte der Lehrstuhl inspiziert werden, weil es dort zu kleinlichen Querelen gekommen war. Der Kommission gehörten sämtliche Lehrstuhlinhaber und die renommiertesten Gesellschaftswissenschaftler von Stawropol an.

Und sie kamen ausgerechnet während Ihrer ersten Vorlesung?

Ja. Eigentlich waren sie nicht gekommen, um mich zu sehen, sondern um das Institut und den Lehrstuhl zu inspizieren. Der Lehrstuhl war recht bedeutsam. Doch aus irgendeinem Grund hielt es der Lehrstuhlinhaber für das beste, die Kommission geschlossen in meine Vorlesung zu schicken. Ich hatte schreckliches Lampenfieber!

Normalerweise habe ich ein gutes Gedächtnis und lese so gut wie nie vom Manuskript ab. Nur ab und zu schaue ich bei der Erörterung des Themas in meine Notizen, um mich bestimmter Zitate, Fakten und Zahlenangaben zu vergewissern. Bekanntlich besteht die Arbeit eines Dozenten aus zwei Schritten: zunächst aus der Arbeit am Schreibtisch, der Vorbereitung der Vorlesung, die mir persönlich immer ein Gefühl der Sicherheit gab, wenn ich in der zweiten Phase vor das Auditorium trat. Dort konnte ich in die Gesichter meiner Studenten blicken, sie hören, ihre Reaktion beobachten und nötigenfalls mehr ins Detail gehen, etwas hinzufügen oder wiederholen oder meinen Gedankengang neu gliedern.

Doch damals, bei meiner ersten Vorlesung vor Studenten, hatte ich keinerlei Erfahrung. Ich hatte keine Ahnung, wieviel Zeit man benötigt, um eine bestimmte Stoffmenge vorzutragen, oder wieviel Stoff man für zwei oder drei Vorlesungsstunden braucht. Außerdem hatte ich noch nicht das richtige Sprechtempo. Und ich hatte keine Themen »in Reserve«, die ich dem Auditorium vortragen konnte, falls ich mit der Vorlesung vorzeitig fertig werden sollte. Das alles kam erst mit der Zeit. Ach ja, ich muß noch erwähnen, daß ich großen Zulauf hatte – etwa zweihundert Zuhörer. Doch ich war mit meiner ersten Vorlesung dreißig Minuten vor dem Klingeln fertig und wußte einfach nicht, was ich mit der halben Stunde oder mit mir anfangen sollte, wie ich mich vor den Studenten und der Kommission davonstehlen konnte!

Hinterher wurde über die Vorlesung diskutiert. Die Kommission ging nach den üblichen Kriterien vor: War das Unterrichtsziel erreicht, waren die zentralen Punkte richtig herausgearbeitet worden, hatte die Vorlesung den Zusammenhang zwischen Philosophie und Naturwissenschaft deutlich gemacht und so weiter.

Plötzlich fragte ein Lehrstuhlinhaber vom Landwirtschaftsinstitut: »Entschuldigen Sie, aber wie lange halten Sie schon

Vorlesungen?« Mehr tot als lebendig antwortete ich: »Das war meine erste Vorlesung.«

Damit Sie sich ein besseres Bild von der Situation machen können, muß ich Ihnen beschreiben, wer da vor den ehrwürdigen Professoren und der furchteinflößenden Kommission stand. Ich wog gerade einmal fünfzig Kilo und trug ein grünes Kostüm und einen kurzen Schal. In meinen ersten Berufsjahren zog ich immer mehrere Sachen übereinander, um reifer und stattlicher auszusehen. Schon als Kind bekam ich deswegen häufig Ärger mit meiner Mutter. Ich zog mir alle Kleidungsstücke über, die ich besaß, und Mama schimpfte mich aus: »Was in aller Welt soll das nun schon wieder? Los, runter mit den Sachen!« An der Hochschule machte ich es genauso, trug Jacken und Pullover, um, wie ich meinte, nach mehr auszusehen. Unter Mädchen war es damals Mode, so auszusehen wie die Frauen auf den Gemälden von Deineka.

»Sie sagen, das sei Ihre erste Vorlesung gewesen?« Der Lehrstuhlinhaber erhob sich. »Schämt euch, Kollegen«, sagte er und ging.

Im Jahr darauf nahm er mich in den Lehrkörper seines Instituts auf. Er selbst arbeitete von da an nur noch halbtags, und auf seinen Vorschlag hin folgte ein zweiter Dozent seinem Beispiel. Die Stelle, die er auf diese Weise geschaffen hatte, gab er mir. Er wiederholte oft ein Chruschtschow-Zitat, das damals sehr im Schwange war: »Wir kommen vom Jahrmarkt zurück, Genossen.« Und dann fügte er hinzu: »Wir müssen den jungen Spezialisten helfen.« Wobei er scherzend auf mich zeigte. So wurde ich am Lehrstuhl zu einer Art Symbolfigur – die junge Spezialistin –, und ich gab mir natürlich Mühe, den Professor nicht zu enttäuschen. Doch er starb bald darauf ganz unerwartet.

Erinnern Sie sich an seinen Namen?

Aber natürlich – Nikolai Iwanowitsch Chworostuchin. Er starb an Krebs. Wenig später wurde der Lehrkörper verkleinert, und ich verlor meine Stelle.

Das was ein regelrechter Umsturz.

Und leider auch eine sehr typische Situation. Wie oft hängt etwas Gutes von einem einzelnen guten Menschen ab!

Offen gestanden habe ich mich in meiner langen beruflichen Laufbahn nie daran gewöhnt, Vorlesungen zu halten, gewöhnt in dem Sinne, daß es für mich zu einer täglichen Routine geworden wäre. Jede Vorlesung war für mich eine Prüfung. Ich war immer nervös, wenn ich zu sprechen begann, besonders vor neuen Zuhörern. Ruhe und Selbstvertrauen stellten sich erst ein, wenn ich spürte, daß der Funke übergesprungen war, daß ich das Interesse der Zuhörer geweckt und ihre Aufmerksamkeit gefesselt hatte.

Die Besonderheiten meines Fachs – der Philosophie – und meiner Forschungsarbeit, die ins Feld der Soziologie schlug, brachten es mit sich, daß die Themen meiner Vorlesungen breit gefächert waren.

Ich will mich nicht brüsten, aber gelegentlich kommt es doch vor, daß sich Frauen, mit denen ich ins Gespräch komme, überrascht zeigen, wie gut ich mich in einer Vielfalt von Fächern auskenne, in Wissensgebieten, die oft sehr weit auseinanderliegen. Das hat seinen Grund darin, daß mein Beruf ein sehr weites Feld umspannt. Dialektik setzt zum Beispiel voraus, daß man mit den Naturwissenschaften vertraut ist, mit Physik, Chemie und ihren allgemeinen Entwicklungsgesetzen. Und was den historischen Materialismus angeht, so war meine praktische soziologische Arbeit für mich von großem Nutzen. Hinzu kam, daß ich nicht mehr nur Studenten unterrichtete, sondern auch Vorlesungen vor Doktoranden hielt und Abendunterricht für fortgeschrittene Studenten gab, die über Lebenserfahrung und eine hohe Qualifikation verfügten und sich nicht mit Gemeinplätzen abspeisen ließen.

Wie ich schon sagte, die Themen meiner Vorlesungen waren breit gefächert: Sie reichten von Philosophiegeschichte über Hegels *Wissenschaft der Logik*, Kants Darlegung der Antinomie der reinen Vernunft, Lenins Widerspiegelungstheorie und die Methoden und Formen wissenschaftlicher Erkenntnis, die Probleme des Bewußtseins bis hin zur Rolle des Individuums in der Geschichte, zu den Strukturen und Formen sozialen Bewußtseins, zeitgenössischen soziologischen Theorien, philosophischen Strömungen im Ausland und so weiter.

Natürlich hatten auch wir unter den Verhältnissen in der Provinz zu leiden, unter dem Mangel an Spezialisten an den Hochschulen. Alle Bemühungen um eine größere Spezialisierung im Philosophieunterricht und im Vorlesungsangebot scheiterten, hauptsächlich deshalb, weil es an Spezialisten fehlte. Man mußte ein Hansdampf in allen Gassen sein. Ein Wissenschaftler, der in einem der großen Zentren wie Moskau oder Leningrad arbeitet, hält gewöhnlich nur Vorlesungen über wenige Spezialgebiete – Spezialgebiete, in denen er selbst forscht. An einer Hochschule in der Provinz aber wird man ständig aufgefordert, Vorlesungen über die unterschiedlichsten Themen zu halten, besonders wenn man noch jung ist. Ältere Dozenten sind oft nur schwer dazu zu bewegen; also nutzt man die jungen aus. Auch ich wurde auf diese Weise ausgenutzt: Neben meinen eigentlichen Fächern lehrte ich Ethik und die Geschichte der Religion und des Atheismus. Zwar nicht lange, aber immerhin. Es hatte auch sein Gutes… In den sechziger Jahren hielten die Bibel, die Evangelien und der Koran Einzug in meine Bibliothek, genauer gesagt, in mein Leben… Es war überaus schwierig, sie zu beschaffen! Nur auf verschlungenen Wegen! Aber schließlich habe ich sie doch bekommen und gelesen. Damals begann ich zum erstenmal, ernsthaft über Religion, Toleranz, Gläubige und die Kirche nachzudenken.

Mein Interesse für die Soziologie spielte in meiner beruflichen Laufbahn eine ungemein wichtige Rolle. In unserem Land hatte die Soziologie irgendwann in den dreißiger Jahren aufgehört, als Wissenschaft zu existieren. In einer Situation, in der sich ein bürokratisches Kommandosystem herausbildete, galt sie – und hier möchte ich genau sein, denn das ist wichtig – als »unerwünscht« und sogar als »gefährlich«. Die Soziologie verkörpert das, was wir »Feedback« nennen, und allein schon deshalb ist sie ein Fremdkörper in einem Kommandosystem. Sie ist dem System einfach fremd.

Der Wiederaufschwung der Soziologie begann Ende der fünfziger und vor allem zu Beginn der sechziger Jahre. Er vollzog sich zunächst langsam und war von Schwierigkeiten und Widersprüchen begleitet. Die Soziologie als Wissenschaft von der Natur der Gesellschaft, den verschiedenen Formen, in denen diese auftritt, deren Gemeinsamkeiten und Interaktionen, setzte sich in den sechziger und siebziger Jahren nur mühsam gegen einige sehr reale Widerstände und den blinden Dogmatismus im theoretischen gesellschaftlichen Denken durch. Und doch gab es viele Menschen, mich inbegriffen, die in der Soziologie einen unerläßlichen Bestandteil des gesellschaftlichen Denkens sahen, ein Mittel zur Überwindung der Kluft zwischen Theorie und Praxis.

Die Arbeit in diesem Bereich eröffnete mir eine ganze Welt neuer Ideen in bezug auf die Gesellschaft und machte mich mit den Namen vieler begabter Wissenschaftler, Philosophen, Ökonomen und Soziologen, im In- und Ausland bekannt. Ich nahm Kontakt auf zu einigen bemerkenswerten Leuten, den führenden Soziologen des Landes, die begeistert für ihre Sache eintraten und an sie glaubten. Sie hatten es seinerzeit nicht leicht. In der Zeit der Stagnation, wie man die siebziger und frühen achtziger Jahre später nannte, gehörten schon Mut und Kraft dazu, dem Widerstand gegen alles Neue, ja seiner völligen Unterdrückung entgegenzuwirken.

Nur allzuoft sagt uns die Soziologie unangenehme Dinge, die von der reinen Lehre abweichen.

Ja *[sagte sie nachdenklich]*, ich glaube, es war sehr wichtig, daß ich die Landbevölkerung und vor allem die Kleinbauern zum Gegenstand meiner soziologischen Forschungen machte. Wir alle haben unsere Wurzeln im russischen Dorf; dort liegt die Quelle all unserer Kraft, und vielleicht auch die Ursache unserer Schwächen. Es war wichtig für meine Entwicklung als junge Wissenschaftlerin, für meine Persönlichkeit und letztendlich für meine Einstellung zum Leben. Nicht minder wichtig war die Tatsache, daß sich meine Studie über die Kleinbauern und ihre tatsächliche Rolle auf Material stützte, das ich in Stawropol zusammengetragen hatte, in jener Region also, die seit jeher als eine der Kornkammern Rußlands gilt.

Damals nutzten wir jedes nur verfügbare Mittel, um das Leben in den Dörfern zu studieren – Statistiken, alle nur erdenklichen Dokumente, Archivalien, Fragebögen und Interviews. Ich selbst sammelte in jenen Jahren rund dreitausend Fragebögen. Mehr noch, ich spürte, daß ich in gewisser Hinsicht selber in die Vorgänge und Ereignisse einbezogen wurde, die damals auf dem Land stattfanden, und fühlte mich nicht als Außenstehende. Ich besuchte die Häuser der Landarbeiter auf den Kolchosen, die Arbeitsbrigaden, die Betriebe, Schulen, Büchereien, Läden, Gesundheitsämter, Vorschulkindergärten und Altenheime. Damals entstanden die ersten Altersheime in unserer Region. Zum Beispiel in Grigoripoliskoje.

Ich erinnere mich an Grigoripoliskoje. Dort gab es ein Kinderheim, in dem mein jüngster Bruder eine Zeitlang unterge-

bracht war. Ich besuchte ihn regelmäßig. Das war ebenfalls in den sechziger Jahren.

Da sehen Sie, wie klein die Welt doch ist. Ich besuchte auch die Altenheime und konnte mir so ein genaues Bild von den Zuständen dort machen. Aber ich besuchte sie nicht nur, sondern bemühte mich auch zu helfen, wo ich nur konnte. So hielt ich Vorträge und veranstaltete Diskussionsabende. Und ich traf mich oft mit der Intelligenzija des Dorfes. In der Regel sind das selbstlose Menschen. Man muß sich nur mal vor Augen halten, unter welchen Bedingungen sie leben und wie begrenzt ihre Mittel sind.

Ich sprach auch auf regionalen Versammlungen, wissenschaftlichen Konferenzen und Seminaren, analysierte die Situation, gab Anregungen und machte Vorschläge für Reformen oder für Verbesserungen einiger Aspekte des Landlebens.

Der eigentliche Gegenstand meiner Forschungen, der das Material lieferte, auf das sich später meine Dissertation stützte, war die bäuerliche Familie, ihre materiellen Verhältnisse, ihr Alltag, ihre kulturellen Bedürfnisse und die Besonderheiten der innerfamiliären Beziehungen. Gemeinsam mit Wissenschaftlern aus Stawropol und Moskau führte ich allerdings auch umfassende Erhebungen in den Kolchosen der Region durch. Dabei ging es um Rentabilität, Arbeitskräftepotential, Lohnsystem, Lebensbedingungen, Freizeiteinrichtungen sowie Aufbau und Funktionsweise der Verwaltung.

Natürlich lief nicht alles so, wie wir wollten. Dennoch darf ich ohne Übertreibung sagen, daß unsere Arbeit für andere Wissenschaftler aus der Region ein Ansporn war, aber auch für Agrarfachleute und Leiter von Sowchosen und Kolchosen. Das Institut wurde von verschiedenen Betrieben gebeten, Pläne für die soziale Entwicklung der Arbeitskollektive zu entwickeln. Unser Lehrstuhl hat auf diesem Gebiet viel geleistet, und ich weiß, daß diese Arbeit auch nach meinem Fortgang nach Moskau weitergeführt wurde.

Durch die langjährigen soziologischen Forschungen kam ich sehr eng mit den Menschen und ihrem Leben in Berührung. Das war für mich so aufschlußreich, daß ich es nie vergessen werde. Ich habe Hunderte von Menschen zu einer ganzen Fülle von Themen befragt. Ihre Erinnerungen, Geschichten und Ansichten über aktuelle Ereignisse bleiben mir in Erinnerung und sind ein Teil meines Lebens geworden. Ich kenne ihren Alltag und weiß, welche Probleme sie haben. Ich habe Hunderte von Kilometern auf Landstraßen zurückgelegt – im Auto, das zufällig vorbeikam und mich mitnahm, auf dem Motorrad oder Pferdewagen, und manchmal auch zu Fuß in Gummistiefeln.

Ein mir bekannter Kolchosleiter sagte einmal, ein guter Agronom mache seine Flurbegehungen immer zu Fuß. Nicht unbedingt barfuß, denn schließlich hätten sich die Zeiten geändert. Aber zu Fuß sollte er schon gehen. Das gleiche gilt wahrscheinlich auch für Soziologen. Die Tatsache, daß meine Gastgeberin bei ihrer Feldforschung zu Fuß unterwegs war, ist wohl der Grund, daß sich ihre Dissertation trotz ihres eher optimistischen Titels – Die Entwicklung neuer Merkmale in der Lebensweise der Kolchosbauern – *nicht zu weit von der Wirklichkeit entfernt.*

Wie jemand gesagt hat, geht in Rußland die Wahrheit nach wie vor zu Fuß. Gott sei Dank aber nicht mehr barfuß.

Meine »empirische Soziologie« ist eine Soziologie mit menschlichem Antlitz, mit den Gesichtern und Lebensläufen, die zu einem Teil meines Lebens wurden. Sie hat meine Auffassung vom »wirklichen Leben« und mein Verständnis für das Leben und die Menschen ganz entscheidend verändert. Nicht aus Büchern oder Zeitungen, aus Filmen oder Theaterstücken, sondern durch solche Begegnungen mit wirklichen Menschen habe ich gelernt, viele Mißstände bei uns zu begreifen und die Fragwürdigkeit vieler unwidersprochener Behauptungen und landläufiger Vorstellungen zu erkennen.

Hier, in der ländlichen Provinz, erlebte ich abermals das fortdauernde Leid des Krieges, der das Leben unserer Nation immer noch mit einem Trauerflor umhüllte, obwohl seit Kriegsende schon zwanzig Jahre vergangen waren. Bei meinen Untersuchungen des Familienlebens entdeckte ich, daß jedes vierte oder fünfte Gehöft in den Dörfern der Region Stawropol von einer alleinstehenden Frau bewirtschaftet wurde. Können Sie sich das vorstellen? Frauen, die alles verloren haben, deren Leben der Krieg buchstäblich zerstört hat. Natürlich hatte ich das empirische Material schon vorher in Vorlesungen und Artikeln verwendet, aber ich hatte wohl nicht mit dem nötigen Ernst darüber nachgedacht. Genauer gesagt, die Situation hatte mir nicht so deutlich, plastisch und schmerzlich vor Augen gestanden. Erst als ich in den Dörfern Erhebungen durchführte und dabei feststellte, daß in jedem vierten oder fünften Haus eine alleinstehende Frau wohnte, sah ich die Häuser und die Frauen mit eigenen Augen. Frauen, die nie das Glück der Liebe oder die Freuden der Mutterschaft erfahren hatten. Frauen, die in baufälligen Häusern, deren Tage ebenfalls gezählt waren, ein einsames Leben fristeten. Sie müssen bedenken, wir reden von Menschen, deren natürliche Bestimmung es ist, Leben zu spenden und in seinem Mittelpunkt zu stehen. Um so verblüffter war ich, als ich feststellte, daß die meisten dieser Frauen keineswegs verbittert waren, daß sie der Welt nicht voller Haß den Rücken gekehrt hatten, sondern sich ihre Selbstlosigkeit und ihre Anteilnahme am Unglück und an den Sorgen anderer bewahrt hatten, Gefühle, die seit jeher das Herz der russischen Frau bewegt haben. Es ist wirklich verblüffend!

Glauben Sie, daß das Schicksal Sie dazu erkoren hat, etwas für diese Frauen zu tun?

Ich weiß es nicht, antwortete sie und warf mir einen kurzen Blick zu. Aber ihr Blick und ihre Antwort sagten mir, daß sie dieses Thema nicht vertiefen wollte.

Aber jetzt, da ich allein bin und meine Notizen über unsere Unterhaltung ordne, komme ich wieder auf die Frage zurück. Ich sehe das Gesicht meiner Mutter vor meinen Augen, auch sie eine alleinstehende Mutter, die der Krieg zurückließ. Wie viele solcher Frauen mag es wohl geben, die im Weltkrieg und in jenem anderen Krieg, den ein Dichter den »Krieg gegen das eigene Volk« genannt hat, ihren Zukünftigen verloren haben? Sie hatten keine andere Wahl, als Kinder von »ihnen nicht bestimmten« Ehemännern zu bekommen, um so ihre wichtigste Bestimmung im leidgeprüften Rußland zu erfüllen. Illegitime Ehemänner zeugen illegitime Kinder. Auf meiner Geburtsurkunde ist dort, wo nach dem Namen des Vaters gefragt wird, ein bedeutsames weißes Feld; bei einem Freund steht an gleicher Stelle ein trauriges und vielsagendes Wort: »unehelich«.

Gerne will ich glauben, daß die Frau, mit der ich diese Gespräche führe, nicht nur um das Schicksal solcher Menschen wie meiner Mutter weiß, sondern auch mit wachen Augen in die Welt blickt, die sich vor ihr auftut.

Ich bin kein bißchen neidisch auf sie, da ich inzwischen etwas besser als andere weiß, wie sie sich fühlt in so gefährlicher Höhe, auf dem Gipfel der Macht. Macht und Höhe sind eins, und in unmittelbarer Nähe der Macht zu stehen ist sogar noch gefährlicher, denn neben der Macht öffnet sich stets der Abgrund. Vielleicht liegt es auch daran, daß ich ein Mann bin und Frauen möglicherweise eher dazu neigen, neidisch auf sie zu sein; ich vermute, daß die meisten und gründlichsten Leser dieses Buches Frauen sein werden. Oder liegt es ganz einfach daran, daß ich glaube, das Schicksal hat sie im Namen all jener unbekannten Frauen auserkoren, die auf tragische Weise so viel Gutes und Freudvolles im Leben versäumt haben?

Da ist noch etwas. Ich nehme an, daß ein Mensch, der mehr gelitten hat, auch mehr Mitleid für andere empfindet. Ich erinnere mich an eine Frau, in deren Haus ich noch spät am Abend mit meinem Fragebogen kam. Nachdem wir uns unterhalten und sie auf meine bohrenden persönlichen Fragen geantwortet hatte, seufzte sie und fragte mich:

»Wie kommt es eigentlich, Töchterchen, daß du so furchtbar mager bist?« – »Oh, das ist mein normales Gewicht.« Aber sie ließ nicht locker: »Du hast wohl keinen Mann?« – »Doch.« Abermals seufzte sie: »Aber er trinkt?« – »Nein.« – »Verprügelt er dich?« – »Ganz bestimmt nicht.« Darauf sie: »Komm schon, Töchterchen, warum willst du mir etwas vormachen? Ich lebe schon lange und weiß: Menschen gehen nicht von Tür zu Tür, es sei denn, sie werden dazu gezwungen.«

Zweimal bemerkte ich im Verlauf dieses Abends ein Beben in Raissa Gorbatschowas Stimme: Einmal, als sie sich an die Bäuerin erinnerte, die, nachdem sie die gescheiten Fragen der jungen Soziologin beantwortet hatte, ihrerseits Fragen stellte – Fragen, die sehr präzise und dem Leben näher waren als in jedem Fragebogen; und ein zweitesmal, als sie über ihre Tochter sprach. Ich begriff, daß ihr diese Bauersfrau um den ganzen Globus folgt. Sie ist nicht im Nebel der Vergangenheit verschwunden.

Wenn ich über meine Vergangenheit nachdenke, denke ich oft auch an diese Frau. Sie verkörpert eine ganze Menge für mich: das Schicksal unseres Landes, das Los unserer schwerarbeitenden Landbevölkerung – und so etwas wie die nationale Anerkennung unserer Arbeit als Soziologen, die damals durchaus uneigennützig war. »Menschen gehen nicht von Tür zu

Tür…«, sagte sie damals, wie zur Bestätigung meiner Beobachtungen. Ja, alles in allem war es eine selbstlose Arbeit und, trotz aller Mängel und Probleme, der Versuch, Erkenntnisse zu sammeln und die Wahrheit über das Leben herauszufinden, auch wenn sie unerfreulich war. Meine Dissertation basiert zum Teil auf diesen Tausenden von Fragebögen.

Wenn ich heute, in der Zeit von Perestroika, Demokratisierung und Glasnost, die Entwicklung der Soziologie und die Arbeit soziologischer Institute betrachte, frage ich mich, ob die Soziologie wirklich alle Möglichkeiten nutzt, die sich ihr heutzutage bieten. Hilft sie, wissenschaftliche Prognosen zu stellen und soziale Prozesse zu steuern? Oder ist sie erneut unter die Kontrolle eines ihr fremden Willens geraten (und dabei macht es keinen Unterschied, ob es der Wille der Regierung, der Partei oder irgendeiner Interessengruppe ist) und noch stärkerer Politisierung ausgesetzt? Dann würde sie sich von der Objektivität und dem Ziel aller wissenschaftlichen Erkenntnis entfernen, nämlich den Menschen zu helfen und den Weg in die Zukunft nicht zu vernebeln, sondern zu erhellen.

Sie meinen, die Soziologie dient wieder nur bestimmten Leuten und nicht der ganzen Gesellschaft?

Ja, das ist wichtig. Auch hier besteht Aufklärungsbedarf. Ich habe die Arbeit des Soziologenkongresses verfolgt: Die Tagungsberichte sind sehr schwer zu verstehen.

Doch wenden wir uns wieder unserem damaligen Alltag zu. Unsere Tochter wuchs heran. Sie ging zuerst in den städtischen Kinderhort und besuchte anschließend die staatliche allgemeinbildende Schule, die normale Schule in unserem Bezirk. Sie musizierte und verbrachte die Ferien bei ihren Großeltern auf dem Land. Wir lebten immer für uns, ohne die ältere Generation. Unsere Tochter teilte mit uns die Freuden und Sorgen jener Jahre. Sie half beim Saubermachen, beim

Kochen, beim Einkaufen und lernte, unsere Hausbibliothek zu katalogisieren und sogar meine zahlreichen Fragebögen und andere Unterlagen zu ordnen. Ich darf sagen, daß meine Tochter schon in jungen Jahren gelernt hat, einen Katalog zu erstellen. Und das will etwas heißen, denn wir hatten schon immer eine Menge Bücher in unserer Familie.

Aber Irina war noch ein Kind, und ich hatte ständig das Gefühl, und habe es noch heute, daß ich mich zu bestimmten Zeiten in ihrer Kindheit nicht genügend um sie gekümmert habe. Ich gab ihr nicht soviel, wie ich konnte, genauer gesagt, nicht soviel, wie sie brauchte. Als sie zur Welt kam, gab es nur zwei Monate gesetzlichen Mutterschaftsurlaub. Unsere materielle Lage und unsere unsicheren Arbeitsverhältnisse ließen es nicht zu, daß ich auch nur für kurze Zeit vom Gehalt meines Mannes lebte. Ich werde nie vergessen, wie ich frühmorgens die halbwache Irina in aller Eile anzog und beinahe im Laufschritt in den Kinderhort brachte. Sie sagte dann immer: »Wie weit weg wir wohnen! Wie weit weg wir wohnen!« Und ich werde nie ihre kleinen verweinten, traurigen Augen und ihre gegen die Glastür gedrückte Nase vergessen, wenn ich, spät von der Arbeit kommend, wieder in den Hort eilte, um sie abzuholen. Sie weinte und fragte ständig: »Hast du mich nicht vergessen? Läßt du mich nicht allein?« So war das damals.

Hier bebte ihre Stimme zum zweitenmal.

Irina war oft krank, sogar schwer krank. Wir gingen mit ihr zu einer Reihe von Ärzten und Spezialisten und erhielten zahlreiche Diagnosen und Empfehlungen, die einander oft widersprachen. Das alles läßt das Herz einer Mutter nicht unbewegt. Ich wollte mir nicht zu oft ein ärztliches Attest geben lassen, denn bei der Arbeit konnte mich niemand vertreten. Als Irina älter wurde, blieb sie allein zu Hause. Aber als sie noch klein war, nahm ich sie, wie ich gestehen muß, oft mit ins Institut. Sie spielte dort geduldig im Dozentenzimmer und wartete auf das Ende des Arbeitstages. Leute, die sie im Vorbeigehen bemerkten, stellten ihr Fragen, und Irina überraschte sie mit ihren Antworten. »Na, Kleine, wem siehst du denn ähnlich?« – »Meinem Papa – die Innenseiten unserer Hände sehen genau gleich aus.« – »Und wie heißt du?« – »Sacharjonysch.« – »Wirklich? Und deine Mutter?« – »Sacharik.«

Eine seltsame Antwort.

Als ich neunzehn war und studierte, gab es ein Foto von mir, das Michail Sergejewitsch an eine Gestalt namens Sacharka auf einem Gemälde von Wenezianow, einem russischen Künstler des 19. Jahrhunderts, erinnerte. Zum Spaß begann er, mich so zu nennen, und so kam es, daß sich der Name in unserer Familie einbürgerte. Mittlerweile benutzt ihn schon die zweite Generation. Als Michail Sergejewitsch kürzlich unser jüngstes, vierjähriges Enkelkind Nastenka fragte, wo Raissa Maximowna sei, antwortete sie zur Verblüffung unserer Gäste: »Deine Sacharka ist raufgegangen.« Die Gäste schauten sich verwundert an und lachten. Michail Sergejewitsch blieb nichts weiter übrig, als ihnen zu erklären, wer »Sacharka« war und wie es zu diesem Namen kam.

In der zweiten Klasse schrieb Irina einen Aufsatz über das Thema »Warum ich meine Mama liebe«. Wie sich herausstellte, liebte sie mich deshalb, weil ich »viele Bücher« hatte und weil »alle Studenten Mama mögen, denn sie sagen ›Guten Tag‹ zu ihr«. Der Hauptgrund war aber, daß »Mama keine Angst vor Wölfen hat«. Den Aufsatz habe ich noch.

Ich merke, Sie sind wirklich eine vorbildliche Archivarin.

Vielleicht kommt das von meinem Beruf als Soziologin und

Oben: Mit Nancy Reagan im Kreml. Der amerikanische Präsident und seine Frau waren zum Gipfeltreffen nach Moskau gekommen

Links: Mit Barbara Bush im Wellesley College in Boston, 1990. Der überaus freundliche Empfang, der mir hier zuteil wurde, bewog mich, ein Buch über mich zu schreiben

Unten: Auf das Wohl Japans!

Oben: Die Ehefrauen der wichtigen Männer in Partei und Politik, 1986. 1. Reihe, v.l.n.r.: S. I. Ligatschowa, L. S. Ryschkowa, R. M. Gorbatschowa, L. D. Gromyko, S. M. Tschebrikowa. 2. Reihe, v.l.n.r.: V. A. Simjanina, L. I. Saikowa, N. N. Solomenzewa, A. G. Schtscherbizkaja, B. I. Ponomarjowa, N. R. Scheward-nadse, S. Sch. Kunajewa, E. N. Nikonowa, M. S. Sokolowa, T. V. Kapitonowa, N. I. Jelzina

Rechts: Auf dem Weltkongreß der Frauen, 1987

Unten: Besuch in Kasachstan, 1991

Rechts: Eröffnung einer amerikanischen Ausstellung in Moskau zusammen mit Armand Hammer, dem Freund und Förderer Lenins

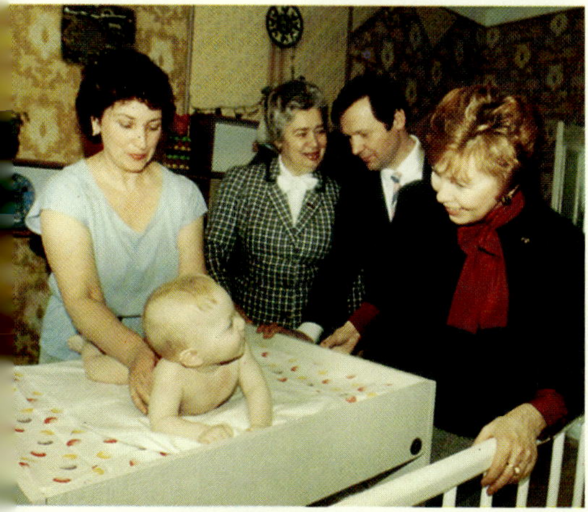

Links: In einem Kinderheim in Donezk, Ukraine, 1989

Unten: Besuch bei Kriegsveteranen und -invaliden, Moskau 1991

Links: Begegnung mit Polen in den Straßen Warschaus, 1988

Rechts: Michail Sergejewitschs Vision von der Perestroika hat nicht nur das Denken in unserem Land verändert, sondern auch grundlegende Reformen auf den Weg gebracht

Unten: Mit François Mitterrand in Paris, 1985

Rechts: In den Vereinigten Staaten von Amerika, 1990

Links: Mit Deng Xiaoping, dem greisen Führer der chinesischen Kommunisten, im Jahr 1989

Unten: Wenn Präsidenten lächeln …

Links: In einer Kindertagesstätte in Litauen, 1987

Rechts: Irina und Xenia bei einer Parade auf dem Roten Platz

Unten links: Beim Pilzesammeln, 1990

Unten rechts: Begegnung mit Japan

»Einladung zu einem Interview« –
oft wurde ich von Menschen gebeten, ein Buch über mich zu schreiben.
Aber erst die vielen Reisen um die ganze Erde und die Fragen,
mit denen mich vor allem Frauen bestürmten, ließen mich zu der Gewißheit gelangen,
daß ich ein solches Buch schreiben mußte

Ganz oben: In der Bundesrepublik Deutschland, 1990

Oben links:
Im Danilow-Kloster in Moskau am Vorabend des orthodoxen Osterfestes, 1990

Oben rechts: In der Region Swerdlowsk

Rechts: Michail Sergejewitsch beim Bad in der Menge in Norilsk, 1988

Dozentin. Ein Soziologe ohne Archiv ist wie ein Mensch ohne Gedächtnis.

Irina bekam zum Schulabschluß eine Goldmedaille. In ihrer zehnjährigen Schulzeit hatte sie, wenn ich mich recht erinnere, nur einmal nicht die Bestnote, und das war in Zeichnen. Am Medizinischen Institut war es genauso, sie hatte keine einzige zwei. Ja, ich bin sehr stolz auf sie.

Als Jugendliche hat meine Tochter viel gelesen, und inzwischen gibt sie auch zu, daß sie oft bis spät in die Nacht heimlich geschmökert hat. Heute sagt sie: »Ich wußte es zu schätzen, daß mir nie jemand Vorschriften machte, was ich lesen konnte und was nicht, oder sagte, daß ich noch zu jung für irgendein Buch war. Alle Bücher zu Hause waren mir ohne Ausnahme zugänglich.« Sie liest heute noch gerne Romane. Und ein paar Sachen von Tolstoi und Gogol, die Kurzgeschichten von W. Somerset Maugham, die Stücke von J. B. Priestley, und Margaret Mitchells Roman *Vom Winde verweht* hat sie immer wieder gelesen. Ich glaube, *Vom Winde verweht* hat sie auswendig gekonnt.

Mit meinen Töchtern ist es ähnlich. Sie reden miteinander in den Dialogen von Scarlett O'Hara und Rhett Butler.

Wissen Sie, das ist ganz verständlich. In diesen Büchern gibt es ausgeprägte Charaktere und viele prächtige Menschen. Wundervolle Frauen- und Männergestalten. Und Offenheit und menschliche Größe ziehen die weibliche Natur nun mal an.

Ich glaube Ihnen aufs Wort.

Mit Sechzehn hatten meine Tochter und ihre besten Freundinnen ihre Musikidole – Alla Pugatschowa, die Beatles, Joe Dassin und Demis Roussos, ferner das Musical *Jesus Christ*

Superstar. Heute jedoch zieht Irina die Tangos der zwanziger und dreißiger Jahre vor. Und wie Michail Sergejewitsch und ich liebt sie die Musik Tschaikowskis, seine Sinfonien und seine Ballettmusik. Sie mag Schuberts *Ave Maria*, Leoncavallos *Bajazzo* und Bellinis *Norma*. Die Geschmäcker der Generationen kommen einander wieder näher.

Im Jahr 1974 nahm Irina ihr Studium am Medizinischen Institut in Stawropol auf. In einem Interview, das sie neulich einem Korrespondenten der *Medizinischen Zeitung* gab, sagte sie, sie sei nach der Schule in Stawropol geblieben, weil sie sich von ihren Eltern nicht habe trennen wollen. Welche Eltern wären über ein solches Eingeständnis nicht gerührt?

In ihrem ersten Studienjahr lernte sie ihren künftigen Ehemann Anatoli kennen. Sie studierten in der gleichen Gruppe. Anatolis Mutter ist Ärztin, Neuropathologin. Ihr Vater war ein großer und stattlicher Mann, der seinen Beruf als Landvermesser sehr ernst nahm. Leider starb er schon mit Sechsundfünfzig an Krebs. Er litt sehr vor seinem Tod, und die Erinnerung daran schmerzt mich. Zweimal wurde er in Moskau operiert. Zu jener Zeit wohnten wir schon hier.

Irina und Anatoli heirateten 1978, und Anatoli wurde ein Mitglied unserer Familie. Wenn ich gefragt werde, wie viele Kinder wir haben, antworte ich vier – Irina, Anatoli, Xenia und Anastasia. Doch ich habe nur eine Tochter großgezogen; wir waren eine Einkindfamilie. Heute sagt man, daß eine berufstätige Frau mit zwei Kindern schon alle Hände voll zu tun habe. Es ist nicht einfach, berufliche und öffentliche Verpflichtungen mit den familiären Pflichten einer Mutter und Ehefrau zu verbinden.

Das Recht auf gleichen Lohn für gleiche Arbeit, auf materielle und soziale Unabhängigkeit und auf individuelle Selbstverwirklichung – das sind enorme Errungenschaften der Frauen von heute. Bei Meinungsumfragen habe ich Frauen gefragt, ob sie ihre Arbeit aufgeben würden, wenn ihr Ehemann in der

Lage wäre, die Familie angemessen zu versorgen. Die Mehrheit der Frauen antwortete mit Nein.

Auf der anderen Seite ist die Familie, dieses soziale und sittliche Band, nach wie vor die wichtigste menschliche Institution, die Quelle des Wohlergehens, des Glücks oder Unglücks der Menschen.

Nehmen Sie nur die gegenwärtige Praxis der Kindererziehung. Meiner Ansicht nach zeigt diese Erfahrung sehr überzeugend, daß es wichtig ist, die staatliche Erziehung, trotz der Möglichkeiten, die sie bietet, und trotz ihrer unzweifelhaften Notwendigkeit, mit einer ordentlichen Erziehung in der Familie zu kombinieren. Das ist ganz wichtig! Nichts kann die emotionale, liebevolle Beziehung zwischen Kind und Eltern ersetzen. Weder der Hort noch der Kindergarten, noch das Internat, noch das Kinderheim.

Meine eigene Internatserfahrung bestätigt, was Sie sagen. Kinder, denen es an elterlicher Zuwendung fehlte, besonders solche, die in staatliche Obhut gegeben wurden, versuchen sich später als Erwachsene an der übrigen Gesellschaft dafür zu rächen, wie sie als Kinder behandelt wurden.

Ich glaube, solange es der Menschheit bestimmt ist weiterzuleben, werden auch die natürlichen Gefühle der mütterlichen und väterlichen Liebe erfahrbar bleiben. Die erwähnten Meinungsumfragen zeigten, daß der Anteil der Frauen, die überhaupt keine Kinder wollten, äußerst klein war. Wie können wir den Wunsch einer Frau, zu arbeiten und einen Beruf auszuüben, mit ihrem Wunsch nach einer Familie in Einklang bringen? Vermutlich ist das heutzutage ein generelles, weltweites Problem, und es wird schwer zu lösen sein. Die Bedingungen, unter denen Frauen arbeiten, ihre Bezahlung und die staatliche Unterstützung der Familie in der Sowjetunion lassen, gelinde ausgedrückt, zu wünschen übrig.

Oder nehmen Sie die sozialen Verhältnisse in unserem Land, den öffentlichen Dienst, die medizinische Versorgung und die Wohnungssituation. Oder, ganz obenan, die ständige Warenknappheit. Unser Land hat gegenwärtig große Schwierigkeiten, die Versorgung mit Lebensmitteln und Industrieprodukten sicherzustellen. Soweit ich zurückdenken kann, gab es nie genug. Um nur ein Beispiel zu nennen: Solange wir in Stawropol wohnten, erledigten wir unsere wichtigsten Einkäufe – ich rede jetzt nicht von Lebensmitteln – immer anderswo, in Moskau, in Leningrad oder auf Auslandsreisen. Mit einem Wort, dort, wo wir das Gewünschte auftreiben konnten. Vor Dienstreisen nach Moskau oder ähnlichen Gelegenheiten schrieben wir immer eine Liste der Dinge, die wir oder unsere Freunde benötigten. Eine solche Liste enthielt alles – Bücher, Mäntel, Rollos, Unterwäsche, Schuhe, Strumpfhosen, Pfannen, Scheuermittel, Medikamente. Sie wissen ja, wie die Moskowiter es »lieben«, wenn all die Leute in ihre Stadt einfallen.

Und jetzt kennt man sogar schon im Ausland unsere »Listen«. Kaum angekommen, wird man gefragt – na, wo haben Sie Ihre Liste?

Ich kann Ihnen ein Dutzend Briefe zeigen, in denen mir Michail Sergejewitsch beispielsweise aus Sotschi oder Moskau schreibt, es sei ihm gelungen, ein Paar Schuhe zu erstehen. Ständig ist man auf der Suche nach irgend etwas!

Zusammengenommen schaffen all diese Schwierigkeiten im Alltag eine Situation, in der jede Frau auf ihre Weise versucht, berufliche und familiäre Pflichten miteinander zu vereinbaren. Sie setzt ihre persönlichen Prioritäten, schiebt das eine in den Vordergrund und das andere beiseite. Mit dem Ergebnis, wie ich meine, daß häufig die Werteskala durcheinandergerät.

Ich bin davon überzeugt, daß der problematische und schwierige Balanceakt zwischen Beruf und Familie in unserem Leben mit ein Grund dafür ist, daß Frauen schlechtere berufliche Qualifikationen haben und im Beruf langsamer vorwärtskommen. Schließlich ist der prozentuale Anteil der Frauen mit höherer Schulbildung nicht geringer als der Anteil der Männer. Und an den Universitäten gibt es ebenso viele Studentinnen wie Studenten, wenn nicht sogar mehr. Doch mit zunehmendem Alter geraten die Frauen ins Hintertreffen. Nehmen Sie nur den Wissenschaftsbereich, den ich am besten kenne. Unter denen, die nach dem ersten Abschluß weiterstudieren, sind weniger Frauen als Männer. Und noch weniger haben einen Doktortitel. Und wie viele Frauen sind heute Akademiemitglieder? Die können Sie an den Fingern abzählen.

Die Situation ist exakt die gleiche, wenn es darum geht, die Stufenleiter der Macht zu erklimmen. An der Spitze ist der Anteil der Frauen beschämend klein! Und das, obwohl es in den niederen Beamtenrängen viele Frauen gibt. Aber je höher man in der Hierarchie steigt, desto geringer der Anteil der Frauen. Und daran sind keineswegs Naturgesetze schuld, sondern die gleichen Unzulänglichkeiten unserer Gesellschaft. Ich zweifele nicht daran, daß sie auch mit ein Grund dafür sind, daß die Geburtenrate sinkt und die Einkindfamilie in unserer Gesellschaft zunehmend attraktiver wird.

Meiner Ansicht nach sind nicht die Frauen für die Tragödie verantwortlich zu machen, daß bewußt auf Kinder verzichtet wird. Denn für eine Tragödie halte ich diese Entwicklung in der Tat. Zumindest darf man den Frauen nicht allein die Schuld geben. Lysistrata, der Heldin aus der gleichnamigen Komödie des Aristophanes, gelang es, einen Krieg zu beenden, und eine solche Lysistrata braucht jede Familie, um den Zusammenhalt zu wahren. Denn verheerende Kriege können auch in Familien ausbrechen. Allerdings braucht Lysistrata selber Schutz und Beistand.

Das weitverbreitete und im großen ganzen auch sehr positive Bild der Frau als Hüterin von Heim und Herd scheint mir heutzutage kein Ideal mehr zu sein. In der heutigen Zeit wird von der Frau erwartet, eine aktivere Rolle zu spielen. Die moderne Frau füllt wahrscheinlich so viele Rollen aus, wie Kraft und Phantasie es ihr erlauben.

Georgi Wladimirowitsch, haben Sie das Standbild Garibaldis in Rom gesehen?

Ich erinnere mich nicht.

Aber ich. In Rom gibt es ein Standbild Garibaldis. Und wissen Sie, wer Giuseppe Garibaldi in dem Fries um die Statue am nächsten steht? Anita Garibaldi, seine Frau. Mit dem Standbild wird nicht nur Garibaldi geehrt, sondern auch seine Frau, die ihn auf all seinen Befreiungsfeldzügen begleitete und auf einem von ihnen starb. Sie durchlebte mit ihrem Mann alle Höhen und Tiefen seiner Karriere. Denn sie war die »Hüterin von Heim und Herd«.

Doch zurück nach Stawropol. Michail Sergejewitsch arbeitete bis 1962 im Komsomol, dann wechselte er in die Parteiarbeit. Als Parteiorganisator war er für die Verwaltung der landwirtschaftlichen Produktion auf Kolchosen und Staatsgütern in einem der Bezirke der Region Stawropol verantwortlich. Später wurde er Erster Sekretär des Stawropoler Stadtkomitees der Partei, dann Zweiter und schließlich Erster Sekretär des Stawropoler Regionskomitees der KPdSU.

Das alles fällt in einen langen Zeitraum, der sehr komplex und ungewöhnlich für das Land und die Partei war. Es war eine Zeit der Hoffnung, aber auch der Enttäuschung. In dieser Zeit des Tauwetters wurden viele eingefahrene Vorstellungen und Klischees aufgebrochen, wurden neue Ideen und Ansätze entwickelt. Doch gleichzeitig war es auch eine Periode, in der die ganze Tragweite dieser Ideen und Ansätze unmöglich erfaßt werden konnte. Es war eine Zeit, in der demokratische Prozesse und Initiativen gefördert wurden, aber auch eine Zeit, in der wir das Scheitern der wichtigsten Unternehmungen und Reformen und später deren völlige Aufgabe erlebten.

Im April 1958 schrieb mir Michail Sergejewitsch vom 13. Kongreß des Komsomol, auf dem Nikita Sergejewitsch Chruschtschow sprach: »Der Kongreß hinterließ einen sehr tiefen Eindruck... Schlußfolgerungen, zu denen man zu Hause nicht immer gelangt... Bestätigung all meiner Sorgen, Kämpfe und Bemühungen...« Dann etwas Persönliches: »Ich versuche, Deine Wünsche zu erfüllen..., verrate Dir aber noch nicht, was ich gekauft habe. Nur schade, daß ich kein Geld mehr habe... Ich habe für Dich eine Weltgeschichte in zehn Bänden, die *Kleine Sowjetische Enzyklopädie* und Plechanows philosophische Werke subskribiert... Ich bin bald zurück, vielleicht noch vor diesem Brief, denn möglicherweise bekomme ich einen Platz im Flugzeug.«

Vergegenwärtigen wir uns in chronologischer Reihenfolge zumindest die wichtigsten Ereignisse von Mitte der fünfziger bis Mitte der siebziger Jahre: Februar 1956 – XX. Parteitag, Chruschtschows Rede, die Resolution zum »Personenkult« und zu den Möglichkeiten seiner Überwindung. Oktober 1956 – die Ereignisse in Ungarn. Juni 1957 – Plenartagung des Zentralkomitees der KPdSU und Resolution zur parteifeindlichen Gruppe um Malenkow, Kaganowitsch und Molotow. Oktober 1957 – der erste »Sputnik« wird in eine Erdumlaufbahn geschossen. April 1961 – die sowjetische Raumkapsel »Wostok« mit Juri Gagarin an Bord umkreist die Erde. Mein Gott, wie haben wir damals gefeiert!

Oktober 1964 – das Zentralkomitee der Partei setzt Nikita Chruschtschow ab und wählt Leonid Breschnew zu seinem Nachfolger. Ich habe einen Ausschnitt aus der *Prawda* vom 17. Oktober 1964 aufgehoben. Dort heißt es in einem Leitartikel:

»Die Partei ist der Feind von Subjektivismus und Abweichlertum beim Aufbau des Kommunismus... Der Aufbau des Kommunismus ist eine dynamische, kreative Sache. Er duldet keine bürokratischen Methoden, Ein-Mann-Entscheidungen oder mangelnde Berücksichtigung der praktischen Erfahrung der Massen.« Welch ein Unterschied zwischen Worten und Taten!

März und September 1965 – das ZK der KPdSU befaßt sich auf einer Plenartagung mit der Lage in der Landwirtschaft und in der Industrie. August 1968 – die Ereignisse in der Tschechoslowakei, der Einmarsch sowjetischer und anderer Truppen des Warschauer Paktes in das Staatsgebiet der ČSSR. 1972 – Unterzeichnung des ersten Abkommens über die Begrenzung strategischer Waffen (SALT I); die Welt bestätigt die nukleare Parität zwischen den USA und der Sowjetunion. Es war eine Zeit, in der viele grundsätzliche Dinge überdacht werden mußten. Eine solche Besinnung stellt sich natürlich nicht von selbst ein. Nicht umsonst sprechen die Philosophen von »Tantalusqualen«, wenn sie den Erkenntnisprozeß meinen.

In den sechziger Jahren beendete Michail Sergejewitsch sein Fernstudium am Landwirtschaftsinstitut in Stawropol mit der Diplomprüfung, da er meinte, er müsse seine wirtschaftlichen Kenntnisse erweitern, um seine Arbeit ordentlich verrichten zu können. Das Studium war eine gute Ergänzung seiner Universitätsausbildung als Jurist und seiner beruflichen Erfahrung.

Soviel ich weiß, unterrichteten Sie in jenen Jahren am selben Institut. Waren Sie jemals Prüfungsvorsitzende, wenn Michail Sergejewitsch ein Examen ablegte?

Nein. Solche Situationen habe ich immer vermieden.

In die Zeit seiner Ausbildung fiel noch etwas anderes, das meiner Ansicht nach für seine Entwicklung zum Staatsmann sehr wichtig war: Er rückte in die führenden Kreise des Landes auf – ins Zentralkomitee der KPdSU und in den Obersten Sowjet der UdSSR. Dies eröffnete ihm vielfältige Möglichkeiten, nicht zuletzt auch persönliche Kontakte zu den Spitzen in Partei und Staat.

Raissa Maximowna, ich habe gehört, daß Michail Sergejewitsch einer von Chruschtschows Begleitern gewesen sein soll, als dieser Stawropol besuchte und die Region bereiste. Nikita Sergejewitsch war angeblich von ihm angetan und soll ihm seinen Segen gegeben haben. Stimmt das?

Das höre ich zum erstenmal. Ich halte das für ein Märchen. Wahr ist nur, daß Chruschtschow die Region Stawropol besucht hat.

Wichtig waren die vielen Kontakte: nicht nur zu den Spitzen in Partei und Staat, sondern auch zu seinen damaligen Kollegen. Da wurden nützliche Erfahrungen und auch andere Dinge ausgetauscht, die schon damals Besorgnis und offene Bestürzung auslösten, zahlreiche Fragen aufwarfen und zum Nachdenken zwangen. Diese Dinge arbeiteten in ihm weiter – das können Sie mir glauben –, und er hat niemals auch nur für eine Minute aufgehört, über sie nachzudenken. Ein Mann wie Michail Sergejewitsch ist nie mit sich oder seiner Umgebung zufrieden.

Im April 1970 wurde Michail Sergejewitsch zum Ersten Sekretär des Regionskomitees der KPdSU gewählt. Damit war er, wie es damals hieß, der »erste Mann in der Region Stawropol«, in einem Gebiet, das mit einem Bundesstaat in den USA zu vergleichen ist.

Michail Sergejewitschs Vater, Sergei Andrejewitsch, ein Bauer, der ein sehr schweres Leben hinter sich hatte, sandte ihm zu diesem Anlaß einen Brief: »Wir beglückwünschen Dich zu Deinem neuen Amt. Freude und Stolz Deiner Mutter und Deines Vaters kennen keine Grenzen. Möge diese Freude niemals enden. Wir wünschen Dir Gesundheit und viel Kraft für Deine Arbeit zum Wohle des Landes.« Dieser schlichte Brief kann mich immer noch zu Tränen rühren.

Ich bedaure es sehr, daß Michails Vater nicht mehr erleben durfte, daß sein Sohn ZK-Sekretär wurde. Ich glaube, der Stolz auf seinen Sohn hätte ihm Kraft gegeben und seinen Lebenswillen gestärkt.

Sie haben beiläufig bemerkt, Michail Sergejewitsch ähnele seiner Mutter. Da möchte ich Sie korrigieren. Die Beobachtung ist nicht ganz richtig, auch wenn Sie mir vielleicht nicht zustimmen werden. Die Gesichtszüge sind sicherlich die seines Vaters. Aber die Augen hat er von seiner Großmutter Wasjutka, seiner Großmutter mütterlicherseits, der Frau von Großvater Pantelei. Sie hieß Wassilissa, wurde aber Wasjutka genannt und hatte wunderschöne schwarze Augen. Michail Sergejewitsch hat Großmutter Wasjutkas Augen geerbt.

Michail Sergejewitsch hatte ein sehr enges, freundschaftliches Verhältnis zu seinem Vater. Sergei Andrejewitsch hatte keine Schulausbildung. Er besuchte Kurse für Analphabeten und ging auf eine Mechanikerschule. Aber er hatte eine angeborene Intelligenz und Würde und war vielseitig interessiert. Er interessierte sich immer für alles, was Michail Sergejewitsch machte und was in unserem Land und in der Welt vorging. Wenn sich die beiden trafen, überschüttete er seinen Sohn mit gezielten, grundlegenden Fragen. Und dann mußte sein Sohn ihm, dem Bauern und Mechaniker, Rede und Antwort stehen. Sergei Andrejewitsch hörte seinem Sohn lang und aufmerksam zu. Er starb 1976 im Alter von sechsundsechzig Jahren, kurz vor dem XXV. Parteitag. Michail Sergejewitsch weilte bereits in Moskau, flog aber wieder nach Hause, als er erfuhr, daß sein Vater schwer krank war. Wir blieben zwei Tage lang an Sergei Andrejewitschs Bett, aber er kam nicht mehr zu sich. Am 23. Februar 1976 trugen wir ihn zu Grabe.

An dieser Stelle möchte ich mir noch eine weitere Abschweifung erlauben. Das Porträt des Vaters, das Gorbatschow anblickt, wenn er in seiner Präsidenten-Datscha vor den Toren Moskaus arbeitet, ist auch an anderer Stelle zu sehen, fernab von Moskau: auf dem Friedhof des Dorfes Priwolnoje in der Region Stawropol. Es handelt sich um das gleiche Bild, die Vergrößerung einer Amateurfotografie, das am Grabstein des Vaters angebracht ist.

Soviel zu Gorbatschows Vater. Was seine Mutter betrifft, so wird Sie sicherlich folgende Episode interessieren, die mir mein jüngerer Bruder erzählt hat.

Mein Bruder wohnt in einem Bezirk nicht weit von Priwolnoje und arbeitet im Fernsprechamt. Wenn der Präsident mit seiner Mutter, die immer noch in Priwolnoje lebt, telefoniert, geht der Anruf über dieses Amt. Eines Tages erhielt mein Bruder von seinem Vorgesetzten den Auftrag, nach Priwolnoje zu fahren und nachzusehen, ob mit Maria Pantelejewnas Telefon etwas nicht in Ordnung sei, da ihr Sohn sie nicht erreichen könne.

Anderthalb Stunden später kam mein Bruder zu Maria Pantelejewnas Haus, traf sie dort an und fragte sie, weshalb ihr Telefon nicht funktioniere. Sie sagte, sie glaube schon, daß es funktioniere. Aber warum kam man dann von Moskau aus nicht zu ihr durch? Da ging ihr ein Licht auf: Sie hatte den ganzen Morgen im Garten gearbeitet. Das gute Wetter mußte man einfach ausnutzen!

Es war schönes Wetter: Ende März, die Sonne schien und sammelte wieder Kraft, die Erde erwärmte sich, und Dunst stieg auf. Der Auftrag war korrekt ausgeführt, und mein Bruder kehrte ins Amt zurück.

Die Mutter des Präsidenten wohnt in einem Haus auf dem Land und bestellt ihren Gemüsegarten... Sie lebt nach ihrer biologischen, inneren oder ganz einfach bäuerlichen Uhr, deren natürlicher Gang sich auch unter dem magnetisierenden

Einfluß der Karriere ihres Sohns nicht verändert hat. Und da sage einer, Rußland sei ein Land, dessen Fundamente erschüttert sind. Nein, wir sind nicht nur Schilfrohr im Wind.

Maria Pantelejewna hat zwei Söhne in Moskau: Michail Sergejewitsch und Alexander Sergejewitsch. Alexander Sergejewitsch ist Jahrgang 1947, also ein Nachkriegskind. Er ist sechzehn Jahre jünger als sein Bruder und dient als Offizier in der Roten Armee.

Michail Sergejewitschs Wahl zum Ersten Sekretär des Stawropoler Regionskomitees fiel aus dem gewohnten Rahmen. Zum einen, weil er aus der Region stammte. Soweit ich mich erinnern kann, waren alle seine Vorgänger ausnahmslos »Auswärtige«. Unter den Hunderten von Glückwünschen, die wir erhielten, war auch ein Brief des Dichters Wolodja Gneuschew. Haben Sie ihn gekannt?

Natürlich. Er hat mir geholfen, als ich jung war.

Der Brief datiert vom 14. April 1970. Gneuschew wies ebenfalls darauf hin, daß Gorbatschow ein »Kind der Region« war. Er schrieb: »Lieber Michail! Erst heute kam eine Zeitung nach Sagedan, aus der ich von Deiner Wahl zum Ersten Sekretär erfahren habe. Ich freue mich aufrichtig, nicht nur für Dich – Deine Wahl ist vollauf verdient und richtig –, sondern auch für die Region, die in Dir einen Gebieter und Freund erhalten hat. Das ist gut so.«

Einen Gebieter erhalten! Das entsprach dem damaligen Sprachgebrauch.

Vielleicht, schließlich sind wir alle Kinder unserer Zeit. Warum sollten wir das verhehlen? Maria Sergejewna Larionowa, die Rektorin der Schule, die Michail Sergejewitsch besucht hatte, schickte ebenfalls Glückwünsche: »Wenn es möglich wäre, eine Versammlung einzuberufen wie damals in der Schule, als bekanntgegeben wurde, daß der Schüler Michail eine Medaille erhielt, dann würde ich zu den Leuten sagen: Möge unsere Region gedeihen. Sie wird nun von einem ›bodenständigen‹ Sekretär geführt, der schon als kleiner Junge in Priwolnoje die Arbeit des Getreidebauern im ganzen Land berühmt gemacht hat.«

Man sieht, daß der Ausdruck »bodenständig« auch eine positive Bedeutung haben kann!

Allerdings... Zum anderen war Michail Sergejewitsch jung, gerade neununddreißig. Damals galt das als zu jung für eine solche Position.

Wieso »damals«? Auch heute gibt es so gut wie keine Neununddreißigjährigen, weder unter den Parteisekretären noch unter den Spitzenfunktionären im allgemeinen.

Das mag sein. Ich würde Ihnen gerne noch ein weiteres Glückwunschschreiben eines anderen Stawropoler Schriftstellers, Jewgeni Karpow, vorlesen. Er schreibt: »Verehrter Michail Sergejewitsch! Das Sprichwort ›Das Ei kann die Henne nichts lehren‹ haben sich dumme, boshafte und machthungrige Menschen ausgedacht. Schließlich lehrt uns das Leben selbst, daß Jugend gleichbedeutend ist mit Wagemut, Erneuerung und frischem Wind. Jugend ist der Sonnenaufgang, und so verklärt und schön Sonnenuntergänge auch sein mögen, der Mensch sehnt sich doch immer nach dem Sonnenaufgang.

Natürlich ist Ihre Jugend für meine Genossen und mich bei weitem nicht der einzige Grund, warum wir uns über Ihre Wahl freuen. Ich sende Ihnen meine herzlichen Glückwünsche, auf daß Sie weiterhin mit guten, kräftigen und sogar stürmischen Winden segeln! Herzlichst Ihr...«

Obwohl alles nur schleppend voranging, setzte sich schließlich das dringende Bedürfnis nach Erneuerung des Regierungs- und Parteiapparats und überhaupt nach einem Generationswechsel durch. Seit Jahrzehnten waren ja überall die gleichen Leute im Amt, nicht nur auf Bezirks- und Regionsebene, sondern auch in den zentralen Regierungsorganen. Im Jahr 1978, als Michail Sergejewitsch im Alter von siebenundvierzig Jahren nach Moskau gerufen wurde, lag das Durchschnittsalter der Politbüromitglieder bei siebenundsechzig und das der Minister bei vierundsechzig. Der natürliche Verjüngungsprozeß in Partei und Staat, der für das Funktionieren jeder Gesellschaft unerläßlich ist, war unterbrochen worden.

In den wenigen Jahren, die Michail Sergejewitsch in der Region Stawropol wirkte, wurden alle Sekretäre der Bezirkskomitees ersetzt. Mit der Ernennung neuer und jüngerer Funktionäre verbesserte sich auch das geistige Klima; ein neuer, dynamischerer Geist belebte nicht nur die Arbeit in der Partei, sondern auch in allen anderen Bereichen der Gesellschaft. Ein für Michail Sergejewitsch charakteristischer neuer Geist und Stil wurden spürbar – Offenheit, enger Kontakt zu den Menschen, die Bereitschaft, anderen zuzuhören und ihre Meinung zu respektieren, Mitarbeiter nicht zu gängeln, sondern zu ermutigen und zu unterstützen.

Ich habe den Eindruck, daß sich seine Art, mit Menschen umzugehen, im Verlauf des letzten Jahres geändert hat. Man denke nur an seine Bäder in der Menge. Früher führte er meistens das Wort und sprach mit Feuer und Enthusiasmus. Jetzt neigt er mehr zum Zuhören. Bei solchen Begegnungen hat er nicht mehr das Gebaren eines Redners wie in den frühen, romantischen Tagen der Perestroika, sondern das eines Zuhörers. Diese Rolle dürfte ihm, wenn ich an sein politisches Tempera-

ment denke, gewiß nicht leichtfallen. Man hat den Eindruck, daß, wie Sie es ausdrücken, eine Menge in ihm vorgeht. Mich persönlich beeindrucken diese Veränderungen, auch seine Art, dem Volk geduldig zuzuhören, auch wenn es ganz offensichtlich nicht »recht« hat. Die Geschichte kennt in solchen Situationen ja auch Kollisionen.

Wollen Sie damit sagen, daß manche Leute das Recht haben zu reden, während Präsidenten vor allem zuhören sollten?

Wohl schon.

Michail Sergejewitsch war schon immer ein guter Zuhörer. Er ist nicht nur aufnahmefähig, sondern geradezu hygroskopisch in seiner Art, die Meinungen anderer Menschen aufzunehmen. Dennoch tut er meistens das, was er für notwendig hält.

Ist das ein weiteres Privileg von Präsidenten?

In gewisser Weise schon. Noch heute erhalten wir Briefe von Genossen, die zeitweise mit Michail Sergejewitsch zusammengearbeitet haben. Wenn sie an jene Jahre zurückdenken, erinnern sie sich vor allem daran, daß Michail Sergejewitsch zwar viel von ihnen verlangte, ihnen dafür aber auch viel Handlungsfreiraum einräumte.

Im Kreis der Familie hat er einmal scherzend gesagt: »Für mich hat die Perestroika 1970 in der Region Stawropol begonnen.« Seine Position als Erster Sekretär des Regionskomitees der Partei gab ihm die Möglichkeit, in der Region einen substantiellen Wandel herbeizuführen und einige Ideen, die in langen und mühsamen Diskussionen herangereift waren, in die Tat umzusetzen. In jenen Jahren wurde in der Region Stawropol der Aufbau neuer Industriezweige vehement vorangetrieben – so in der Elektronik, bei der Energieerzeugung, bei Erdgas, Öl und Chemie. Einiges wurde getan, um die Anbauflächen in der Region zu verbessern, denn Stawropol ist bekanntlich eine Risikozone für die Landwirtschaft. Nahezu die Hälfte des Gebiets besteht aus dürregefährdeter Steppe und Halbwüste. Die landwirtschaftliche Produktion wurde neu organisiert. Neue Methoden der Arbeitsorganisation und höhere Leistungsanreize für die Menschen wurden erprobt. Ein System der Selbstfinanzierung und Akkordarbeit wurde eingeführt. Damals wurden in der Region Stawropol die Voraussetzungen für die Rekordernten der achtziger Jahre geschaffen. Programme für den Ausbau sozialer und kultureller Einrichtungen und für die Neugestaltung der Kurorte in der Region wurden ausgearbeitet und größtenteils auch in die Tat umgesetzt. In Stawropol entstanden eine polytechnische Hochschule, ein Kulturinstitut und viele naturwissenschaftliche Fachschulen.

Raissa Maximowna, ich möchte Sie etwas fragen: Es ist kein Geheimnis, daß der Posten des Ersten Sekretärs einer Region damals mit erheblicher Macht verbunden war. Die Versuchung, Macht auszuüben, war also gegeben, nicht nur für die Politiker selbst, sondern auch für ihre Ehefrauen. Wie fühlten Sie sich seinerzeit in Stawropol in dieser Rolle?

Diese »Versuchung« bedeutete für mich in erster Linie neue und nie enden wollende Sorgen und Ängste im Zusammenhang mit der Arbeit meines Mannes, die zu meinen Pflichten in Beruf und Familie noch hinzukamen. An erster Stelle stand natürlich unsere gemeinsame Sorge um die Belange der Region. Aber aufgrund der neuen Situation veränderte sich unser Leben auch in anderer Hinsicht: Wir waren finanziell besser gestellt, genossen eine bessere medizinische Versorgung und konnten den Kreis unserer Bekanntschaften sowie die Kontakte überhaupt erweitern.

Michail Sergejewitsch nahm seinen Urlaub stets im Herbst oder im Winter, wenn die Arbeit in der Landwirtschaft der Region getan war. Den Urlaub verbrachten wir gewöhnlich »daheim« – in Kislowodsk, Pjatigorsk oder Schelesnowodsk. Aber wenn es sich einrichten ließ, nutzten wir unseren Urlaub ab und zu auch zu Reisen. Wir besuchten Moskau und Leningrad. In einem Jahr reisten wir nach Usbekistan und besuchten Taschkent, Samarkand, Buchara und die Kysylkum-Wüste. Zweimal im Laufe dieser neun Jahre gingen wir mit einer sowjetischen Touristengruppe auf Auslandsreise nach Italien und Frankreich.

Als Michail Sergejewitsch zum Ersten Sekretär von Stawropol gewählt wurde, hatten wir bereits eine eigene, komfortable Wohnung. Doch wir mußten sie aufgeben und in die Amtsresidenz ziehen, die traditionell vom Sekretär des Regionskomitees bewohnt wurde. Wir diskutierten nicht darüber, ob wir umziehen und unsere alte Wohnung aufgeben oder behalten sollten. Für uns war das selbstverständlich, denn die Amtsresidenz bot alles, was der erste Mann der Region brauchte. Damit begann unser Leben in Residenzen.

Die folgenden Jahre waren sehr aufreibend, obwohl auch die vorausgegangenen nicht leicht gewesen waren, wie ich gestehen muß: Wir waren beide berufstätig, studierten nebenher weiter und hatten ein Kind zu erziehen. Doch die rund neun Jahre, die Michail Sergejewitsch Erster Sekretär blieb, waren besonders zermürbend. Nur ganz selten konnten wir Urlaub nehmen oder einen Sonntag zusammen verbringen. Wenn wir jedoch einen freien Tag hatten, verbrachten wir ihn mit Vorliebe außerhalb der Stadt und wanderten durch die Wälder und Steppen. In Stawropol hatten wir keine Datscha – weder eine private noch eine staatseigene. Wir zogen unsere Wanderkluft an und legten fünfzehn oder zwanzig Kilometer zu Fuß zurück. Gewöhnlich nur wir beide, manchmal mit Irina oder Freunden. Aber die anderen hielten nichts von langen Wanderungen; sie machten lieber einen kurzen Spaziergang oder spielten Volleyball. Wir haben auf unseren Wanderungen so manches Abenteuer erlebt, verirrten uns im Wald oder wurden in der Steppe von einem Schneesturm überrascht. Einmal wurde unsere Lage sogar bedrohlich. Doch dank einer Überlandleitung fanden wir in die Stadt zurück. Freunde hatten schon Alarm geschlagen, weil sie fürchteten, wir hätten uns verlaufen.

Und damals war Michail Sergejewitsch schon Erster Sekretär?

Ja. Wissen Sie, es tat richtig gut, einmal nur sich selbst zu gehören. Wir fuhren immer aus der Stadt hinaus und gingen dann zu Fuß weiter. Die Wälder und Steppen waren unser. Im Gebirge gerieten wir oft in gefährliche Situationen, und ich sage Ihnen, es gibt nichts Schrecklicheres, als im Gebirge in ein Gewitter zu geraten. Ein andermal schossen ein paar Rowdys im Wald auf uns. Wir waren mitten im Wald, da hörten wir plötzlich Schüsse. Wir mußten in Deckung gehen. So etwas vergißt man nie.

Wie begingen Sie die Staatsfeiertage? Da gab es doch sicherlich »Familientreffen« der regionalen Parteichefs, zumindest der Regionssekretäre. Die Stawropoler sind doch ein lustiges Völkchen, essen, trinken und singen gern...

Natürlich gab es solche Treffen – zu Neujahr und zum Jahrestag der Oktoberrevolution. Wir sammelten dafür im voraus Geld; das war Michail Sergejewitschs Idee.

Wir hatten viele Freunde in Stawropol und auch in Moskau, und wir haben sie noch heute. Zum Teil sind es Kollegen, zum Teil auch andere Leute, zu denen sich schon nach der ersten Begegnung eine Freundschaft entwickelte, die lange Jahre anhielt. Zu unseren besten Freunden zählen Alexander Dmitrijewitsch und Lydia Alexandrowna Budyka.

Lydia ist promovierte Kinderärztin. Als Ärztin half sie mir, Irina großzuziehen. Ihr Ehemann Alexander ist promovierter Ingenieur und hat es vom Leiter einer regionalen Traktorenwerkstatt zum Minister in der Sowjetregierung gebracht. Beide sind sie gute und kluge Menschen, die einander sehr zugetan sind. Auch sie leben seit ihrer Studentenzeit zusammen. Wir sind seit dreißig Jahren mit ihnen befreundet. Sie haben zwei Söhne. Michail Sergejewitsch ärgert Alexander Dmitrijewitsch gern zum Spaß: »Sascha, du bist in Ordnung, bis auf eine Kleinigkeit – du hast zuviel von einem Liberalen.« Budyka lächelt dann immer zurück.

Und nennt er Michail Sergejewitsch auch einen Liberalen?

Nein, aus welchem Grund auch immer. Lydia hat ein Faible für Kinder. Als Kinderärztin würde sie zu jeder Tages- und Nachtzeit überall hineilen, wenn sie jemanden retten oder ihm helfen könnte. Seit ihrer Kindheit ist sie auch eine Hundenärrin. Die beiden halten sich immer einen Hund und versuchen ständig, uns Welpen zu schenken.

Lydias Vater starb in jungen Jahren, nachdem er falsche Anklagen und Repressionen hatte erdulden müssen – eine Tragödie. Ihre Mutter starb vor Kummer. Alexander Dmitrijewitschs Mutter ist sehr krank und wird von Lydia gepflegt. Und damit nicht genug: Auch Sascha ist ein kranker Mann und kann nicht arbeiten. Aber Lydia, meine Lydia, ist ganz die alte geblieben, geduldig und immer freundlich. Sie ist ein guter und aufrichtiger Mensch. Ich brauche keine großen Worte zu machen: Allein die Tatsache, daß ihre pflegebedürftige Schwiegermutter schon seit Jahren bei ihr wohnt, obwohl sie selbst eine Tochter hat – das allein sagt einiges über den Charakter meiner Freundin.

Ich finde, dieses Detail sagt alles. Der folgende Text stammt aus einem Brief, den Lydia Budyka an die sowjetische Zeitschrift Die Bäuerin *schrieb und der im Dezember 1990 veröffentlicht wurde.*

»Es gibt so vieles, das in meiner Erinnerung lebendig wird. Die wunderbaren und glücklichen Jahre in Stawropol, die gemeinsamen Wanderungen, die Debatten, die wir führten, die Spiele, die wir spielten, und all die lustigen Erlebnisse, die wir zusammen hatten. Doch aus irgendeinem Grund kommen mir eher die traurigen Ereignisse in den Sinn. Das liegt wohl daran, daß der Mensch in den wirklich schweren Stunden des Lebens seinen wahren Charakter offenbart, tief Verborgenes enthüllt und so für den anderen vertrauter und in seinem Wesen verständlicher wird. So war es auch an jenem Sommertag, als Raissa Maximowna und ich nach Moskau zum Begräbnis ihres Vaters Maxim Andrejewitsch Titarenko flogen. Am Abend zuvor hatte das Telefon in unserer Wohnung geklingelt, und nach kurzem Schweigen sagte Raissa Maximowna mit gefaßter, ruhiger Stimme: ›Du, Lydia, Papa ist gestorben.‹

Ich glaube, der endlose Klatsch, der über Raissa Maximowna verbreitet wird, ist zum Teil von Neid und mitunter von Haß diktiert, aber auch von der naiven Vorstellung der Leute, irgendwo gebe es ein ganz und gar wunderbares, sorgenfreies und glückliches Leben ohne Probleme, ohne bittere Enttäuschungen, ohne Krankheit und ohne den Tod naher Freunde. Doch warum von anderen reden, wo ich mich doch selbst oft genug durch ihr freundliches Lächeln und ihr ruhiges, angenehmes Auftreten täuschen ließ, wenn ich sie auf dem Bildschirm sah...«

Die Jahre vergingen, unser Leben änderte sich und mit ihm die Menschen, die wir kannten. Und auch wir änderten uns. Wir erreichten einiges, aber die Probleme blieben. In unseren letzten Stawropoler Jahren sprach Michail Sergejewitsch nicht nur häufiger über die Schwierigkeiten im Zusammenhang mit der sozialen Entwicklung der Städte und Dörfer in der Region, über die Versorgung mit Rohstoffen und Technologie, über das Ungleichgewicht im Güteraustausch von landwirtschaftlicher und industrieller Produktion und über die Mängel im Lohnsystem. Er sprach auch über die Notwendigkeit tiefgreifender Veränderungen im ganzen Land, in seiner Verwaltungsstruktur, die die Entwicklung ganzer Regionen und bestimmter Wirtschaftszweige blockierte. Er sprach über die Schwierigkeiten, die Bevölkerung der Region mit Nahrungsmitteln und Industrieprodukten zu versorgen. Denn sehen Sie, die Region, die den berühmten Stawropoler Weizen, Fleisch und Milch produzierte und Tausende Tonnen Wolle lieferte, litt unter einem ständigen Mangel an Grundnahrungsmitteln und anderen Gütern.

Im Jahr 1978 wurde Michail Sergejewitsch vom Plenum des Zentralkomitees der KPdSU zum ZK-Sekretär gewählt. Das kam für uns beide völlig überraschend. Michail Sergejewitsch war in Moskau, und ich kam spätabends gegen zweiundzwanzig Uhr von der Arbeit nach Hause. Das Telefon klingelte, Michail Sergejewitsch war dran: »Du, heute kam ein überraschender Vorschlag auf den Tisch. Morgen findet ein Plenum statt. Gedulde dich so lange. Ich werde dich bestimmt anrufen.« Am 27. November 1978 wurde er Sekretär des Zentralkomitees der KPdSU.

Sie fragen mich, was ich empfand, als ich Stawropol verließ. War es Trauer, oder war es Freude darüber, endlich der Provinz zu entfliehen? Nun, die Antwort fällt mir nicht leicht. Für unsere Kinder war der Umzug nach Moskau der Gipfel des Glücks. Ein Glück übrigens, das sie, wie mir Irina später gestand, in all den Jahren in Moskau nicht fanden. Für mich war die Rückkehr nach Moskau der Schlußpunkt unter ein langes Intermezzo in unserem Leben. Es war keine leichte Zeit gewesen, aber doch ein Lebensabschnitt, an den ich gern zurückdenke. In der Stawropoler Region hatten wir unsere Jugend verbracht, dort wurde unsere Tochter geboren, und dort wuchs sie auf. Dort lebten auch unsere Verwandten und Freunde. Ja, in Stawropol hatten wir die Möglichkeit, uns zu verwirklichen.

Wieder bedrückte mich das Gefühl, dem Unbekannten entgegenzugehen. Mir war recht bange.

Gleich nach unserer Ankunft in Moskau erhielten wir eine Staats-Datscha vor den Toren der Stadt. Später gab man uns eine Stadtwohnung. Die Räumlichkeiten, die wir erhielten, hatte man »in Reserve« gehalten, und sie entsprachen dem Standard, der für einen ZK-Sekretär damals vorgesehen war. Welch strenges System in dieser Angelegenheit waltet, habe ich erst später verstanden: Alles wird durch das ungeschriebene System der Nomenklatura festgelegt. Man erhält nur, was einem nach der Position auf der hierarchischen Leiter zusteht. Welchen tatsächlichen Beitrag der Betreffende zum Wohle des Landes leistet, ist nicht von Belang. Leider gilt dieses System nicht nur in Moskau, sondern landesweit. Alles hängt von der Position ab, die man innehat, und nicht von der Leistung für die Gemeinschaft. Denken Sie nur an mein Institut oder jeden anderen Arbeitsplatz: Man wird nach seiner Position bezahlt, Punktum. Die Position war alles – und ist es immer noch. Eigeninitiative, Kreativität und Selbständigkeit wurden weder in großen Dingen noch in den kleinsten Dingen des Alltags gefördert.

Gemäß den Gepflogenheiten erhielten hohe Beamte in Ministerien und Behörden sowie Mitarbeiter des Zentralkomitees der Partei Landhäuser in staats- oder parteieigenen Arealen. Die politische Führungsspitze – Mitglieder und Kandidaten des Politbüros sowie Sekretäre des Zentralkomitees – wohnten in bewachten Staats-Datschen vor den Toren der Stadt. In den Häusern gab es Dienstpersonal und alles Notwendige für Arbeit und Freizeit, und dies kostenlos, solange der Bewohner seinen Posten behielt.

Ähnliche Häuser in Moskau und anderswo wurden für die Unterbringung wichtiger ausländischer Gäste und für repräsentative Zwecke genutzt. Außerdem gab es Plätze in den Sanatorien des Landes, die eigens für die sowjetische Staatsführung oder für prominente ausländische Politiker freigehalten wurden.

An dieser Stelle möchte ich noch auf ein weiteres Detail hinweisen. Unter den Leuten mit wichtigen Funktionen in Partei und Staat, mit denen ich in früheren Jahren in Kontakt gekommen war, galt es als unstatthaft, sich private Datschen zu bauen. Verantwortliche Funktionäre in der Region Stawropol hatten weder staatseigene noch private Datschen. Sie konnten, wenn sie wollten, ein Stück Land für einen Garten bekommen, aber es durfte nicht als Baugrund genutzt werden.

Als wir 1978 nach Moskau kamen, machte ich die Entdekkung, daß führende Politiker dieses Landes, darunter hohe Parteifunktionäre, die bereits vom Staat gestellte Datschen bewohnten, offensichtlich auch eigene private Datschen für ihre Kinder, Enkel und so weiter bauen ließen. Ich war verblüfft über soviel dreisten Unternehmungsgeist.

Zuerst wurden wir in einem alten Holzhaus untergebracht, das seinerzeit Sergo Ordschonikidse bewohnt hatte und das einer gründlichen Renovierung bedurfte. Nach zwei Jahren bekamen wir ein anderes, in den siebziger Jahren erbautes Backsteinhaus, in dem vor uns das Politbüromitglied F. D. Kulakow gewohnt hatte. Im Jahr 1985, nach Michail Sergejewitschs Wahl zum Generalsekretär der Partei, zogen wir in ein neues Haus, das mit allen Einrichtungen und Kommunikationsmitteln ausgestattet war, die er für die Wahrnehmung der ihm übertragenen Aufgaben brauchte. Und dort befinden wir uns jetzt, in Michail Sergejewitschs Arbeitszimmer. Das Haus, das wir aufgaben, wurde von Boris Jelzin übernommen, der damals Parteisekretär von Moskau und gerade Kandidat des

Politbüros geworden war. Soweit ich weiß, blieb er dort, bis er die Parteiarbeit aufgab.

In den letzten Jahren in Stawropol bestand das Monatseinkommen unserer Familie aus den sechshundert Rubel, die Michail Sergejewitsch als Sekretär des Regionskomitees verdiente, und den dreihundertzwanzig Rubel, die ich für meine Lehrtätigkeit erhielt. Alles in allem war das für die damalige Zeit ein gutes Einkommen. Als ZK-Sekretär erhielt Michail Sergejewitsch monatlich achthundert Rubel. Wenn ich mich nicht irre, bezogen alle Sekretäre, Kandidaten und Mitglieder des Politbüros das gleiche Gehalt. Daneben gab es monatliche Zuschläge »für Nahrungsmittel« in Höhe von zweihundert Rubel für Sekretäre und Kandidaten und vierhundert Rubel für Vollmitglieder des Politbüros.

Wichtige Bücher erhielten wir kostenlos. Nicht nur das Familienoberhaupt, sondern auch seine Frau bekam einen Wagen mit Chauffeur gestellt. Die Wohnung war kostenlos; außerdem gab es Urlaubsgeld in einer bestimmten Höhe. In den letzten Jahren wurden all diese Privilegien, darunter auch die Nutzung staatseigener Landhäuser, abgeschafft.

In Übereinstimmung mit den Beschlüssen des Kongresses der Volksdeputierten der UdSSR hat der Oberste Sowjet eine Resolution verabschiedet »Betreffend die Besoldung, Versorgung und Bewachung des Präsidenten der UdSSR« sowie des Vorsitzenden des Obersten Sowjet, des Vizepräsidenten und des Ministerpräsidenten. Dem Präsidenten wurde ein monatliches Gehalt von viertausend Rubel gewährt. Zieht man davon die derzeitigen Steuern und übrigen Zahlungen ab, bleibt ein Nettoverdienst von zweitausendfünfhundert Rubel. Außerdem werden ihm Häuser im Moskauer Raum und auf der Krim, eine Dienstwohnung in Moskau, die erforderlichen Transportmittel sowie ein Flugzeug und ein Hubschrauber mit Sonderausstattung zur Verfügung gestellt. Nach seinem Ausscheiden aus dem Amt erhält der Präsident der UdSSR eine lebenslange Pension von monatlich tausendfünfhundert Rubel und verfügt über eine staatseigene Datscha mit Personal, Leibwächtern und Chauffeur. Soviel zu den materiellen Aspekten.

Wenn ich an das Jahr 1978 zurückdenke, so erinnere ich mich, daß mir der Umzug nach Moskau neue berufliche Perspektiven eröffnete und die Möglichkeit bot, meine bevorzugten Theater, Konzerthallen und Museen zu besuchen und mit Schauspielern und Musikern zusammenzukommen, die wir vorher nur gelegentlich getroffen hatten, wenn wir gerade in Moskau waren.

Irina und Anatoli wechselten an das Zweite Medizinische Institut. Beide schlossen ihre Ausbildung mit Auszeichnung ab, und 1985 legte Irina ihre Doktorarbeit über medizinisch-demographische Probleme vor. Anfangs arbeitete sie als Assistentin am Lehrstuhl für Sozialhygiene und Organisation des Gesundheitswesens am Zweiten Moskauer Medizinischen Institut. Später wandte sie sich der Forschung zu und wechselte ans Laboratorium für medizinisch-demographische und soziologische Forschung. Anatoli promovierte ebenfalls; er wurde Chirurg und arbeitet seit über zehn Jahren am Städtischen Krankenhaus in Moskau.

Ein Jahr nach unserem Umzug wurde unsere erste echte Moskowiterin – unsere Enkelin Xenia – geboren. Wir hatten uns schon vor der Geburt auf den Namen geeinigt, den ich ausgewählt hatte. Unsere zweite Enkelin Anastasia kam 1987 ebenfalls in Moskau zur Welt. Ihr Name wurde gemeinsam von der ganzen Familie ausgesucht. Michail Sergejewitsch setzte sich mit seinem Vorschlag durch; in dieser Hinsicht sind wir also quitt. Beide Male hatten wir auch einen männlichen Vornamen in petto – für den Fall, daß es ein Junge geworden wäre. Dann hätte er Michail geheißen.

Soviel zu den Familienfreuden. Es gab auch noch andere Dinge. Daß wir uns in Moskau in einer neuen, ungewohnten

Umgebung und Atmosphäre wiederfanden, besagt sehr wenig oder fast gar nichts. Ich möchte mir kein Urteil anmaßen über die Atmosphäre und die Beziehungen, die zwischen den Parteiführern, Michail Sergejewitschs Kollegen, herrschten. Ich kann nur von meinen eigenen Erfahrungen und persönlichen Eindrücken ausgehen, die ich vor allem im Umgang mit den Familienangehörigen der damaligen Sowjetführer gewonnen habe.

Das erste, was mir auffiel, war, wie fremd sich die Leute waren. Ob man existierte oder nicht, ob man in der Vergangenheit existiert hatte oder nicht, war an den Gesichtern um einen herum nicht abzulesen. Man wurde gesehen, doch irgendwie nahm niemand Notiz von einem. Nicht einmal die üblichen Grüße wurden ausgetauscht. Es erweckte Erstaunen, wenn man jemanden mit seinem Vor- und Vatersnamen anredete. Wie? Sie erinnern sich an meinen Namen? In Gesellschaft stellten die Leute oft ihre Überlegenheit zur Schau, ihre Zugehörigkeit zum Kreis der Auserwählten. Urteile wurden apodiktisch und oft ohne jedes Taktgefühl geäußert.

An den Beziehungen zwischen den Familienmitgliedern fiel mir auf, daß sie den gleichen Respekt vor dem Rang widerspiegelten, der auch unter den Parteiführern vorhanden war. Ich erinnere mich, wie ich einmal laut meine Verwunderung über das Verhalten einer Gruppe junger Leute aussprach. Die Frau, mit der ich mich gerade unterhielt, war entsetzt und stieß hervor: »Was sagen Sie da, das sind Breschnews Enkel!«

Wir Frauen trafen uns gewöhnlich bei öffentlichen Anlässen und auf Empfängen, privat hingegen nur sehr selten. Selbst wenn wir jedoch im kleinen Freundeskreis beisammen waren, galten die gleichen Regeln des »politischen Spiels«. Es gab endlose Toasts auf die höheren Tiere, häßliches Gerede über die niederen Ränge, Gespräche über das Essen und die »außergewöhnlichen« Fähigkeiten der Kinder und Enkel. Und man spielte Karten. Ich war erstaunt über die offensichtliche

Gleichgültigkeit und den Mangel an Betroffenheit. Durfte ich das »Konsumhaltung« nennen? Bei einer Zusammenkunft auf einer staatseigenen Datscha warnte ich einmal Kinder: »Seid vorsichtig, ihr könntet die Leuchter zerbrechen!« Als Antwort bekam ich zu hören: »Keine Sorge. Das ist Staatseigentum, das kann man kaputtmachen.«

Die Kinder haben das wirklich gesagt?

Nein, die Erwachsenen...

Ich erinnere mich an die Reaktion, als Michail Sergejewitsch 1984 an der Spitze einer parlamentarischen Delegation England besuchte. Mit Konstantin Tschernenkos Erlaubnis durfte ich ihn begleiten. Die Reise der Delegation war sehr interessant, produktiv und brachte greifbare Ergebnisse. Unsere Presse berichtete darüber, aber die Berichte in den britischen und amerikanischen Zeitungen waren noch ausführlicher. Nach meiner Rückkehr sagten die Leute: »Warum haben sie euch im Westen in den höchsten Tönen gelobt? Merkt ihr nicht, was das bedeutet? Wie ist es euch gelungen, den Westen so für euch einzunehmen? Nun gut, dann wollen wir uns euch mal etwas genauer ansehen...«

Nach dem Motto: Drehen Sie sich mal um, junger Mann?

Mehr oder weniger. Bürokratengeist und Gefühllosigkeit breiteten sich sogar unter dem Dienstpersonal aus. Mir wird es immer warm ums Herz, wenn ich an die Menschen zurückdenke, die früher für uns gearbeitet haben. Unser Fahrer Anatoli Andrejewitsch Chamucha arbeitete nach seiner Entlassung aus der Armee in Stawropol zwanzig Jahre lang für Michail Sergejewitsch. Ich kannte seine Frau und seine Kinder, und wir schicken uns immer noch Grüße zu den Nationalfeiertagen.

Michail Sergejewitschs Hoffnungen, hier »an der Spitze« einige drängende Probleme lösen zu können, gingen in vielfacher Hinsicht nicht in Erfüllung. Die Schwierigkeiten unseres Landes wurden verdrängt und auf spätere Zeiten verschoben. Leonid Iljitsch Breschnew war ein kranker Mann, und darunter litt alles. Er starb im November 1982. Dann kam die Wende mit Juri Wladimirowitsch Andropow. Doch die an ihn geknüpften Hoffnungen waren nur von kurzer Dauer. Andropow war schwer krank. Es ist schrecklich, wenn ich daran denke, aber bei seinem Begräbnis sah ich zahlreiche Gesichter, die unverhohlen Freude über seinen Tod ausdrückten.

Dann kam die Zeit von Konstantin Ustinowitsch Tschernenko. Diese Periode war noch schwieriger. Das Land hoffte auf Reformen, denn überall spürte man, daß sie notwendig waren. Immer mehr Menschen sahen ein, daß über Reformen nachgedacht werden mußte, und traten offen für praktische Schritte zu ihrer Verwirklichung ein. Aber im Leben der Partei und des Landes änderte sich nichts. Michail Sergejewitsch und ich führten lange Diskussionen, wenn er abends von der Arbeit nach Hause kam. Wir sprachen über die gleichen Dinge, die auch in der Gesellschaft mit wachsender Sorge und immer nachdrücklicher diskutiert wurden.

Da fällt mir noch ein, Georgi Wladimirowitsch, daß es Leute gibt, die sich für die Äußerlichkeiten meines Lebens interessieren. Sie beneiden mich um die Kleider, die ich trage, um meine »Garderobe« bei offiziellen Anlässen... Mir ist etwas ganz anderes wichtig: daß ich teilhabe an dem gewaltigen Unternehmen, zu dem das Schicksal einen mir nahestehenden Menschen bestimmt hat – meinen Mann.

Nie zuvor hatten wir uns so lange miteinander unterhalten – sechs halbstündige Tonbänder waren bespielt und ein siebtes zur Hälfte aufgebraucht. Ein Stapel vorbereiteter Notizen, die wir durchgegangen waren, lag auf dem Tisch neben Raissa

Maximowna. Da die Papiere alle möglichen Formate hatten, ähnelte der Stapel einer chinesischen Pagode mit geschwungenen Dachrändern... Raissa Maximowna sah müde aus, und wer wäre es nicht nach einer mehrstündigen Arbeit dieser Art?

Ich habe auch ein paar Fotos herausgesucht *[sagte sie und wies auf einen dicken Umschlag am Sofaende]*. Aber heute werden wir sie uns wohl nicht mehr anschauen, es ist schon zu spät. Nächstes Mal, einverstanden?

Ach, wissen Sie, ich würde sie mir ganz gern jetzt schon ansehen, nur einen kurzen Blick darauf werfen. Sie interessieren mich. [Ich riskierte es, als unhöflich zu erscheinen.]

Einverstanden. Schauen Sie sie bitte allein an. Ich komme gleich wieder.

Sie reichte mir den Umschlag, genauer gesagt das Päckchen, und ging nach nebenan in die Bibliothek.

Eine Zeitlang saß ich allein da und sah die Fotos aus dem Umschlag durch. Das Stawropoler Haus kannte ich schon. Studenten des Landwirtschaftsinstituts bei der Getreideernte. In Sportkleidung ist die junge Dozentin von den Studentinnen nicht zu unterscheiden. Beim Pilzesammeln irgendwo in den Ausläufern des Kaukasus. Dann Moskau. Begegnungen mit vielen Menschen, Flughäfen. Boris Jelzin, der ihre Datscha übernahm, überreicht Raissa Gorbatschowa mit einer überaus eleganten und höflichen Verbeugung einen Strauß Nelken. Kaum zu glauben, aber wahr!

Irgendwo in Roy Medwedews Buch war es, glaube ich, wo ich die Geschichte von den vier Sowjetführern gelesen habe, die sich einst auf dem Bahnhof von Mineralnyje Wody begegnet sein sollen. Einer, Breschnew, war noch als Generalsekre-

tär aktiv, sofern er damals überhaupt noch als »aktiv« bezeichnet werden konnte. Die anderen drei waren die künftigen Generalsekretäre Andropow, Tschernenko und Gorbatschow. Breschnew und Tschernenko kamen aus dem Süden vom Meer. Andropow verbrachte seine Ferien in Kislowodsk. Und Gorbatschow kam zu einem solchen Treffen natürlich von Stawropol herüber. Der Bahnhof war angeblich blank gefegt und für die Öffentlichkeit gesperrt. Die vier Herren gingen an diesem Spätherbstabend unter den trüben, schon herbstlichen Lampen gemächlichen Schrittes den leeren Bahnsteig auf und ab. Wie Rußland wartete der lange Zug auf das Signal zur Abfahrt.

Ich kenne die Bahnsteige in Mineralnyje Wody sehr gut und hatte diese Geschichte nicht vergessen, als ich die alten Fotos durchsah. Aber ich fand kein solches Foto in dem Päckchen, obwohl ich den Bahnsteig sicherlich wiedererkannt hätte.

Gleichwohl war ein Foto von einem Bahnsteig darunter. Eine verblaßte, aber noch ziemlich deutliche Gelegenheitsaufnahme. Im Vordergrund steht eine lachende junge Frau in Cordhosen. Sie hat Grübchen im Gesicht, und ihr kastanienbraunes Haar weht im Wind.

Da waren wir zum erstenmal als Touristen in Paris. Gerade sind wir aus dem Zug gestiegen *[erklärte Raissa Maximowna, während sie mir über die Schulter sah].*

Ihr Mann war nicht auf dem Bild zu sehen, da er die Aufnahme gemacht hatte. Es war die einzige Aufnahme von ihr in Paris. Moskau lag noch vor ihr. Ebenso wie Paris, Washington, Bonn und Madrid...

Als ich vorschlug, eines der Kapitel ihres Buches dem Thema Glück zu widmen und es entsprechend »Über das Glück« zu nennen, überlegte sie kurz und verwarf dann die Idee.

Georgi Wladimirowitsch, glauben Sie wirklich, daß ich eine Frau bin, der ein Glück nach dem anderen beschieden ist?

Nein, das ist sie nicht; ich sehe das jetzt klarer. Und doch, die Frau auf dem leeren Bahnsteig zeigte nicht nur ein lachendes Gesicht, sondern kam mir wirklich auch glücklich vor.

Doch das Glück, so sagt man, währt nur wenige Augenblikke. Alles übrige ist schlichtes Leben.

Was mir am Herzen liegt

Alles war wie immer im Arbeitszimmer des Präsidenten, mit einer Ausnahme: Ein Stapel Briefe, Telegramme und Postkarten lag auf der Ledercouch. Ein paar Tage zuvor hatte der Präsident seinen sechzigsten Geburtstag gefeiert.

Ich bin gerade beim Sichten *[sagte Raissa Maximowna]*. Wir haben schon über dreitausend Briefe und Telegramme gezählt. Möchten Sie das Geschenk sehen, das der russische Patriarch Alexi II. zu diesem Anlaß geschickt hat?

Ja, sagte ich. Wir gingen in die Bibliothek hinüber, und sie zeigte mir eine Ikone in einem schönen, mit Blattgold verzierten Rahmen. Der Erzengel Michael schaute düster und ernst hinter dem Glas der Fassung hervor.

Er sieht ziemlich traurig aus, bemerkte ich.

Es wäre seltsam, wenn der Schutzengel anders dreinschaute.

Sie zeigte mir ein winziges Ornament im Filigranmuster.

Archistratos. Das Zeichen des Anführers der himmlischen Heerscharen.

Wir standen da und bewunderten die Ikone. Es war ein trüber Tag, doch es schien, als bündele die Ikone das Licht im Raum und lasse einen milden Schein in die Tiefe der Bibliothek fallen. Mir fiel ein, daß Ostern vor der Tür stand.

Auf einem Tisch in der Nähe sah ich zwei Stapel Bücher

liegen, beide fast einen halben Meter hoch. Was lag heute obenauf? Was lasen sie gerade? Ein elegant gebundener Band – Liebeslieder – *Gedichte – offen gesagt, damit hatte ich nicht gerechnet; und auf dem anderen Stapel ein Buch von Puschkin. Es war ein blauer, etwas abgenutzter Band der zehnbändigen Ausgabe aus den fünfziger Jahren. Ich schlug ihn dort auf, wo das Lesezeichen steckte* – Boris Godunow.

Das lese ich gerade *[sagte Raissa Maximowna hinter meinem Rücken und nahm das offene Buch in die Hand].* »Ich fühl' es wohl: Nichts kann uns Ruhe schenken / Inmitten aller Traurigkeit der Welt / Nichts, nichts ... vielleicht nur einzig das Gewissen! / Wenn es gesund ist, kann es dunkle Bosheit / Besiegen und das Wandern der Gerüchte...«

Sie las mit leiser Stimme, wie für sich selbst. Dann klappte sie das Buch wieder zu und stellte es neben die Ikone. Der Erzengel Michael und das auf den Buchdeckel geprägte Profil Puschkins wirkten wie ganz normale Nachbarn. Eine Minute später war unser Gespräch bereits im Gange.

Wo fangen wir an? *[fragte Raissa Maximowna, ohne eine Antwort abzuwarten].* Konstantin Ustinowitsch Tschernenko starb am Abend des 10. März 1985. Nichts war über sein Befinden und seine Krankheit an die Öffentlichkeit gedrungen. Am 2. März wurden die Ergebnisse der Wahlen zu den Obersten Sowjets der Sowjetrepubliken bekanntgegeben. Danach waren 99,98 Prozent der Wahlberechtigten zur Wahl gegangen, und über 99 Prozent hatten für die nominierten Kandidaten gestimmt.

Das waren noch Zahlen! Wie schnell sich die Verhältnisse doch geändert haben.

Was wir getan haben, hat alles zum Besseren gewendet, denke ich. Tschernenko wurde als Deputierter in den Obersten Sowjet der RSFSR gewählt. Die Presse berichtete, die Wahlkommission habe ihm die Urkunde zur Bestätigung seiner Wahl ausgehändigt. Auch seine Grußadresse an die konstituierende Versammlung und an das sowjetische Volk wurde abgedruckt. Mit keinem Wort wurde jedoch erwähnt, daß Konstantin Ustinowitsch schwer krank im Hospital lag.

Damit nicht genug. Am 8. März gab seine Frau Anna Dmitrijewna protokollgemäß einen Empfang anläßlich des Internationalen Frauentags, wie es in unserem Land schon lange Brauch ist. Dieser Empfang wird für die Ehefrauen der in Moskau akkreditierten Diplomaten der ausländischen Botschaften gegeben. Wie es der Brauch will, gehörten auch Tanz, Gesang und ein Konzert dazu.

Als Tschernenko starb, wurde Michail Sergejewitsch sofort benachrichtigt. Er ließ die Mitglieder und Kandidaten des Politbüros und die Sekretäre des Zentralkomitees zu einer Dringlichkeitssitzung zusammenrufen. Für den folgenden Tag, den 11. März, wurde eine Krisensitzung des Zentralkomitees anberaumt, auf der Michail Sergejewitsch zum Generalsekretär des Zentralkomitees der Partei gewählt wurde. Über diese Sitzungen des Politbüros und des Zentralkomitees ist viel geschrieben worden. Alle möglichen Ansichten, Vermutungen und Meinungen wurden geäußert. Nach dem, was Michail Sergejewitsch mir erzählte, waren weder im Politbüro noch im Zentralkomitee andere Kandidaten für das Amt des Generalsekretärs vorgeschlagen worden. Zu diesem Zeitpunkt war die Mehrheit der ZK-Mitglieder wohl schon zu einem gemeinsamen Standpunkt in der Beurteilung der Lage gelangt, die in der Führung und im ganzen Land eingetreten war. Es war eine sehr schwierige, verwickelte Situation mit internen Spannungen. Doch nach außen drang davon nichts durch. Michail Sergejewitsch wurde einstimmig gewählt.

Er kam erst spät nach Hause. Die ganze Familie empfing ihn mit Blumen. Xenia, die damals gerade fünf war, sagte: »Ich gratuliere dir, Großpapa. Ich wünsche dir Glück und daß du immer deinen Haferbrei aufißt.« Michail Sergejewitsch antwortete lachend: »Und du? Ißt du ihn zusammen mit mir auf?« – »Nein, meine Muskeln sind schon ganz müde vom Kauen.« – »Du mußt ihn aber essen«, sagte Michail Sergejewitsch lachend. »Ich mag ihn auch nicht, aber wie du weißt, esse ich ihn trotzdem. Ich muß eben...«

Dann gratulierten wir Erwachsenen Michail Sergejewitsch. Wir waren glücklich und stolz, und wir hatten Vertrauen zu ihm.

Doch an jenem Abend ahnten natürlich weder die Kinder noch ich auch nur im entferntesten, welche Bürde er sich aufgeladen hatte. Wir hatten nicht die leiseste Ahnung, welche neuen Aufgaben auf Michail Sergejewitsch zukamen oder was ihn und unsere ganze Familie erwartete.

Sie, Georgi Wladimirowitsch, werden jetzt wahrscheinlich fragen: Wenn ich damals gewußt hätte, wie kompliziert und dramatisch alles wird, hätte ich dann nicht versucht, Michail Sergejewitsch abzuraten?

Das ist eine gute Frage.

Ich will Ihnen eine ehrliche Antwort geben. Trotz der schweren Bürde, die wir heute zu tragen haben, werde ich nicht vorschnell mit Ja antworten. Nein, das kann ich nicht. Natürlich wußten wir damals nicht, wie sich die Dinge entwickeln würden. Aber sagen Sie selbst, fragen Sie sich heute nicht auch, was es für die Menschen und das Land bedeutet hätte, wäre 1985 ein anderer vom Schlage seiner Vorgänger an die Macht gekommen, womöglich für fünfzehn Jahre oder länger? Wo hätte das geendet? Wie sähe die Lage im Land aus? Worüber würden wir uns heute unterhalten, sofern wir uns überhaupt unterhalten würden? Wo stünde das Land jetzt? Vor sechs Jahren waren das genau die Fragen, über die wir in erster Linie nachdachten. Aus diesem Grund hat sich Michail Sergejewitsch so entschieden.

Einen Monat später, im April, fand ein Plenum des Zentralkomitees statt, auf dem Michail Sergejewitsch eine programmatische Rede hielt. Das ZK faßte den Beschluß, für Februar 1986 den nächsten ordentlichen Parteitag einzuberufen. Diese Sitzung, die als April-Plenum bekannt wurde, gilt heute als der eigentliche Wendepunkt. Aber noch standen der XXVII. Parteitag, die neunzehnte Allunionskonferenz der Partei und der erste Kongreß der Volksdeputierten der UdSSR bevor.

Im Jahr 1985 unternahm Michail Sergejewitsch seine ersten Reisen durch das Land – im Mai nach Leningrad, im Juni nach Kiew und Dnjepropetrowsk, im Juli nach Minsk und im September in die Bezirke Tjumen und Zelinograd. Später wurden solche Reisen zu einem festen Bestandteil seiner Arbeit, und nicht nur für ihn, sondern für die gesamte Führung des Landes. Auf diese Weise entstanden neue Gepflogenheiten. Aber damals waren sie etwas vollkommen Neues und Ungewöhnliches. Die Begegnungen mit dem Volk waren keine bloße Selbstdarstellung: Sie waren ehrlich gemeint und beileibe nicht immer besonders angenehm, denn es wurde stets sehr offen über alles gesprochen, was die Menschen bewegte. Es waren offenherzige und von Sorge getragene Gespräche.

Auf Auslandsreisen machte Michail Sergejewitsch es genauso.

Ja, aber das kam erst später.

Die einstündige Rede, die Michail Sergejewitsch am 17. Mai im Smolny-Institut in Leningrad hielt, wurde im Fernsehen übertragen, was als ausgesprochen ungewöhnlich empfunden wurde. Erstens las Michail Sergejewitsch nicht vom Blatt ab, sondern sprach frei und gab eine persönliche Einschätzung der schwierigen Wirtschaftsprobleme. Er beriet sich mit den Menschen. Und zweitens wandte er sich an das ganze Land, an alle Völker der Sowjetunion. Nie zuvor – von einer Ausnahme abgesehen – waren Reden von Staats- und Parteichefs auf Parteitagen, Kongressen und vor Aktivistengruppen live im Fernsehen übertragen worden.

Es sei nicht verschwiegen, daß das Land sehr schnell auf diese Neuerungen reagierte. Erinnern Sie sich an die politischen Witze, die kurz darauf kursierten?

Sind sie Ihnen etwa zu Ohren gekommen?

Natürlich – sowohl die Witze als auch die zeitgenössische »Folklore«. Ich erinnere mich zum Beispiel an einen Witz, der 1985 kursierte. Ein Mann aus dem hohen Norden kehrt nach einem Besuch in Moskau nach Hause zurück und wird gefragt: »Na, wie ist die Lage in der Hauptstadt, stützt man Gorbatschow?« – »Nein, man stützt ihn nicht. Und ob ihr es glaubt oder nicht, er kann allein gehen.« Und noch ein Witz: »Dieser Gorbatschow kann doch gar nicht richtig lesen und schreiben.« – »Wie kannst du so etwas behaupten, wo er doch zwei Hochschulabschlüsse haben soll?« – »Alle seine Vorgänger haben ihre Reden abgelesen, aber er redet einfach drauflos...«

Im selben Jahr, 1985, reiste der Generalsekretär zu Staatsbesuchen nach Frankreich, Polen, Bulgarien und in die Tschechoslowakei. Im November kam es in Genf zu einer ersten Begegnung mit dem Präsidenten der USA, Ronald Reagan. Vor seinem Frankreich-Besuch sprach der Staats- und Parteichef im Fernsehen mit westlichen Journalisten. So etwas wäre früher einfach undenkbar gewesen.

Ebenfalls 1985 kam erstmals seit Michail Sergejewitschs Wahl zum Generalsekretär ein ausländischer Regierungschef zu einem offiziellen Besuch in unser Land. Ich meine den Besuch von Rajiv Gandhi. Protokollgemäß begann die Begrüßungszeremonie für den hohen Gast auf dem Flughafen und sollte auf einem der großen Plätze innerhalb der Kremlmauern ihren Abschluß finden. Doch es regnete an diesem Tag. Als die Wagenkolonne in den Kreml fuhr, goß es gerade in Strömen. Wir, die wir uns zu Gandhis Begrüßung versammelt hatten, mußten uns an den Gebäuden unterstellen... Rajiv und Sonja Gandhi stürzten aus dem Wagen und rannten zu uns herüber unter einen Torbogen. Sie waren jung, gutaussehend und strahlten inmitten dieses Regengusses Kraft und Optimismus aus.

War das ein gutes Omen?

Ich hoffe es. Jahre später habe ich noch etwas anderes an ihnen schätzen gelernt: ihre Zivilcourage.* Übrigens wurde später auch das Protokoll für die Begrüßung und Verabschiedung ausländischer Staats- und Regierungschefs geändert. Die Begrüßungszeremonie durch den Vorsitzenden des Präsidiums des Obersten Sowjet der UdSSR und später durch den Präsidenten unseres Landes findet nicht mehr auf einem Hof im Kreml statt, sondern im St.-Georgs-Saal des Großen Kremlpalastes.

Vor sechs Jahren leiteten Michail Sergejewitsch und seine Anhänger Reformen ein, die in der ganzen Welt unter dem Begriff Perestroika bekannt wurden. Ziel dieser Reformen war es, neue Wege für die künftige Innen- und Außenpolitik unseres Landes zu finden und die Voraussetzungen für eine neue

* Dieses Buch war bereits abgeschlossen, als uns am 21. Mai 1991 die schreckliche Nachricht von der Ermordung Rajiv Gandhis erreichte. Michail Sergejewitsch und ich waren im wahrsten Sinne des Wortes niedergeschmettert. Wir schickten Sonja Gandhi ein Beileidstelegramm, in dem wir sie wissen ließen, daß uns Rajiv Gandhi ein enger, persönlicher Freund war und daß wir ihren tiefen Schmerz teilten.

Diesen persönlichen Worten möchte ich noch hinzufügen, daß Rajiv Gandhi nicht nur unser persönlicher Freund war, sondern auch ein guter Freund unseres ganzen Volkes. Die Nachricht von seinem tragischen Tod hat jedes sowjetische Haus mit Trauer erfüllt.

Zeit und eine neue Form des Zusammenlebens im gemeinsamen Haus aller Menschen zu schaffen.

Das Programm umfaßte wirtschaftliche wie politische Reformen, den Umbau der veralteten Verwaltung und Bürokratie sowie die Errichtung eines Rechtsstaates. Das Konzept des neuen Denkens in den internationalen Beziehungen bedeutete nach meinem Verständnis: Anerkennung der Priorität politischer Maßnahmen vor der Anwendung von Gewalt, Nichteinmischung in die inneren Angelegenheiten anderer Staaten und Verhütung einer weltweiten nuklearen oder ökologischen Katastrophe.

Wenn ich all diese Punkte aufzähle, Georgi Wladimirowitsch, fällt mir folgendes auf: Ein solches Programm hört sich für uns und viele Menschen in unserem Land und andernorts heute wie etwas ganz Normales an. Wir haben uns daran gewöhnt. Aber hinter jeder Aussage, hinter jedem Satz und hinter jedem Gedanken steht der quälende Prozeß des nochmaligen Überdenkens und Beurteilens der Vergangenheit. Ein wirklich quälender Prozeß! Er war der schwierigste Teil bei unserer Suche nach Antworten auf Fragen und Probleme, mit denen uns die Zeit auf gebieterische Weise konfrontierte. Und welche internen Auseinandersetzungen er ausgelöst hat! Sie dauern immer noch an.

Ich war Zeugin, als bei der Abfassung des Berichts für den XXVII. Parteitag und bei den hitzigen Diskussionen unter Michail Sergejewitschs engsten Mitarbeitern neue Ideen formuliert wurden, wonach die gegenwärtige Welt als *eine* Zivilisation mit all ihren Widersprüchen und Problemen zu begreifen ist. Damals, im Februar 1986, sagte Michail Sergejewitsch* im Bericht des Zentralkomitees an den Parteitag:

»Der Gang der Geschichte, des sozialen Fortschritts erfordert immer nachdrücklicher, daß ein konstruktives, dem Auf-

* Entnommen aus: Michail Gorbatschow, *Die wichtigsten Reden.* Köln: Pahl-Rugenstein 1987.

bauwerk dienendes Zusammenwirken von Staaten und Völkern auf unserem Planeten in die Wege geleitet wird... Ein solches Zusammenwirken ist nötig, damit ein nukleares Inferno verhindert werden und die Zivilisation überleben kann... Gerade auf diese Weise – durch den Kampf der Gegensätze, mit Schwierigkeiten, gewissermaßen tastend – bildet sich eine widersprüchliche, aber in vielen wechselseitigen Abhängigkeiten zusammengehörige, in hohem Maße ganzheitliche Welt heraus.«

Im Jahr 1986 klangen solche Aussagen revolutionär!

Die Ideen, die hinter der Perestroika standen, und die Schritte zu ihrer Verwirklichung übten von Anfang an eine große Anziehung auf die Menschen aus und wurden von ihnen begierig aufgenommen. Die Solidarität und Unterstützung, die sich in den Gefühlen, Worten und nicht zuletzt in den Augen Hunderttausender Menschen widerspiegelten, die Michail Sergejewitsch auf seinen Reisen im In- und Ausland willkommen hießen, wurden zum emotionalen Hintergrund der Perestroika.

Eine Flut von Briefen zeugte von der Solidarität und Einigkeit mit Michail Sergejewitsch. Im Jahr 1985 erhielt er jeden Monat fast vierzigtausend persönliche Briefe. Insgesamt bekam er 1985 402 500 Briefe! Und das waren nur die persönlichen Briefe, wie ich betonen möchte, und nicht die ans Zentralkomitee adressierten. Im Jahr 1986 erhielt Michail Sergejewitsch über sechzigtausend persönliche Briefe monatlich; 1990 waren es bis zu vierzigtausend pro Monat und im Januar und Februar 1991 dreiundneunzigtausend.

Ich bin überzeugt, es gibt kein Dokument im Zusammenhang mit der Perestroika, das genauer, aufschlußreicher und ehrlicher ist als diese Briefe. Sie enthalten eine Geschichte der Perestroika, eine Analyse der ihr zugrundeliegenden Ideen, Ratschläge, Anregungen, Gedanken, die ganze Spannung und Dramatik der Perestroika. Es soll nicht verschweigen werden, daß auch viele boshafte, gehässige und wütende Briefe darunter waren. Doch aus der Mehrzahl der Briefe sprachen Solidarität, Hoffnung und Entschlossenheit zum Handeln.

Ich möchte gerne einige Briefe vorlesen, oder doch zumindest Auszüge daraus. »Perestroika ist das, wonach sich die Menschen sehnen. Gehen Sie nicht von dem Weg ab, den Sie eingeschlagen haben, weichen Sie nicht zurück – A. Lawrik, Swobodny, Region Amur.« – »Sollte es zu einem Rückfall in die Vergangenheit kommen, dann lieber gleich den Strick« – so hieß es in einem Brief von L. Scheweljowaja, Bratsk. »Wir haben Vertrauen und Hoffnung – A. Feklissow, Moskau.« – »Bitte achten Sie auf Ihre Gesundheit: Die Schlacht hat gerade erst begonnen – E. Gluschkow, Juschno-Sachalinsk.« – »Jedermann ist klar, wieviel Energie, Zeit, Geisteskraft und Gesundheit Sie die ungeheure, übermenschliche Bürde kostet, die Sie auf Ihre Schultern genommen haben. Es ist immer schwierig, etwas aufzubauen... Vielleicht fällt es Ihnen etwas leichter, wenn Sie wissen, daß die große Mehrheit der einfachen Leute voll und ganz hinter Ihnen steht, Sie bewundert und unterstützt – K. Lasta, Leningrad.« – »Gott verhelfe Ihnen zu großen Siegen, Sie großartiger und lieber Mensch – Michailina, Rowengan, Ukraine.« – »Sehr geehrter Michail Sergejewitsch. Sie lieber Mensch! Ich scheue mich nicht, Sie so anzureden, denn Sie sind allen ehrlichen Menschen nahe – Familie Tschermak, Tschernowzy.«

»Ich bin unendlich stolz auf Sie, Michail Sergejewitsch, wenn ich Ihre Friedensbemühungen im Ausland sehe. Die Sache des Friedens ist für uns das Wichtigste auf der Welt. Wenn nötig, sind wir einfachen Leute bereit, alles herzugeben und nur von Wasser und Brot zu leben, wenn uns nur der Frieden erhalten bleibt. Ich bitte Sie, achten Sie auf Ihre Gesundheit. Sie haben die Herzen Ihres Volkes erobert. In Liebe und Dankbarkeit – Z. Potop, Kischtym.«

Den folgenden Brief möchte ich ganz vorlesen:

»Ja, das Leben ist interessant geworden... Früher habe ich nicht genau hingehört, wenn etwas im Fernsehen kam. Und ich gebe zu, ich hatte kein großes Interesse an Berichten über Kongresse und Plenarsitzungen. Das schien mir immer alles weit weg zu sein und nicht viel mit mir zu tun zu haben. Aber jetzt verlange ich, daß zu Hause absolute Ruhe herrscht, wenn Sie im Fernsehen sprechen. Ich verfolge die Sendungen mit gespanntem Interesse und lese die Zeitungsberichte über Ihre Begegnungen mit Arbeitern und Kolchosbauern. Wenn ich etwas nicht verstehe, lese ich es noch einmal. Ich bedauere mittlerweile sogar, kein Mitglied der Kommunistischen Partei zu sein. Wie ich übrigens auch bedauere, daß wir nur eine einzige Tochter haben. Wissen Sie, wir hatten immer Angst vor der Zukunft – was soll werden, wenn morgen ein Krieg ausbricht? Jetzt blicke ich zuversichtlich in die Zukunft und denke: Es kann nicht sein, daß ein Mann solche Mühen auf sich nimmt und so viele Friedensangebote macht, ohne daß es ihm am Ende gelingt, uns vor dem Wahnsinn eines Atomkriegs zu bewahren... Ich habe Ihnen diesen Brief geschrieben, damit Sie wissen, daß wir Arbeiter auf Ihrer Seite stehen. Im letzten Jahr ist so vieles geschehen, über das sich nachzudenken lohnt, daß ich Ihnen einfach meine Gefühle und Gedanken mitteilen mußte – L. Bardezkaja, Region Kirow.«

Und hier ein weiterer Brief. »Nur weiter so, das Recht ist auf Ihrer Seite. Mein Brief mag nur ein Tropfen im Ozean sein, aber ich möchte Ihnen danken, Sie unterstützen und Sie bitten, in Ihren Bemühungen niemals nachzulassen.« Der Schreiber dieser Zeilen ist ein Maximalist, wie Sie sehen – »niemals«. Er fährt fort: »Manchmal mag Ihnen der Mut sinken, wenn Sie sehen, was in der Welt geschieht. Doch geben Sie nicht auf, denn das Recht ist auf Ihrer Seite und Ihre Initiativen dienen dem Wohl der ganzen Menschheit. Danke für Ihren Mut. Nochmals vielen Dank – M. Lelotte. Belgien.«

Nun zu den Briefen aus jüngster Zeit. Einer ist von S. Gersch aus Juschono-Sachalinsk: »Ich möchte Ihnen ganz einfach mitteilen, daß ich Ihre Bemühungen, die Perestroika voranzubringen, wohlwollend unterstütze. Sie sollen wissen, daß wir volles Vertrauen in Sie und Ihre Unternehmungen haben. Wir in Sachalinsk haben endlich wieder etwas Hoffnung auf eine bessere Zukunft geschöpft. Deshalb bitte ich Sie, das Werk, das Sie begonnen haben, zu einem glücklichen Ende zu bringen, wie schwierig es auch sein mag.«

Und hier ein Brief von A. Aborwanow, einem Berufskraftfahrer aus dem Dorf Donskoje im Gebiet Orenburg. »Ich und die Menschen, die mich gewählt haben, grüßen Sie herzlich und unterstützen Sie. Dadurch, daß Sie für die Kirche eingetreten sind und gleichzeitig das Volk wachgerüttelt haben, ist es Ihnen gelungen, ein Gefühl der Güte und des gegenseitigen Verständnisses unter den Menschen zu wecken, das wir in der Zeit der Stagnation so sehr vermißt haben. Als Ihr Freund möchte ich Ihnen den Rat geben, den von Ihnen eingeschlagenen Kurs weiter zu verfolgen und uns in die Zukunft zu führen. Ich wünsche Ihnen Gesundheit, Kraft und ein langes Leben. Möge Ihnen dieser Brief mehr Kraft und Zuversicht geben. Ich glaube, daß die Unterstützung des Volkes eine gute Voraussetzung für gute Taten ist.«

Der nächste Brief datiert vom 6. März 1990. Er stammt von O. Turkina, einer Ingenieurin am Eisenhüttenkombinat Nowolipezk. Ihr Ehemann Sergei Turkin und die Söhne Dima und Mischa haben ihn unterschrieben.

»Verehrter Michail Sergejewitsch!

Ich wollte Ihnen diesen Brief schon vor einem Jahr schreiben, hatte aber wenig Hoffnung, daß Sie ihn je lesen würden. Vielleicht brauchen Sie heute Unterstützung, und mein Brief könnte Ihnen Zuspruch und Ermutigung sein. Vor einem Jahr wurde uns ein zweiter Sohn geboren, und wir gaben ihm Ihnen zu Ehren den Namen Michail Sergejewitsch (mein Mann heißt Sergei). Ich bin vierunddreißig Jahre alt, gehöre nicht der Partei an und arbeite als Ingenieurin im Heizkraftwerk des Eisenhüttenkombinats Nowolipezk. Seit dem ersten Jahr der Perestroika bin ich eine glühende Anhängerin von Ihnen. Da ich meinen Sohn Mischa genannt habe, ist mein Schicksal eng mit dem Ihren verknüpft. Ich leide sehr, wenn es in dieser schwierigen Phase zu Rückschlägen kommt, und freue mich über die Erfolge. Es schmerzt mich, wenn ich von den zahllosen Anschlägen auf Ihren guten Namen höre. Aber ich habe Vertrauen zu Ihnen, zu unserem Volk und sehe zuversichtlich der Zukunft unseres Landes entgegen. Es würde mich sehr freuen zu hören, daß Sie diesen Brief gelesen haben...«

Die Perestroika bewegte die Gefühle und die Phantasie der künstlerischen Intelligenzija. Ihre Unterstützung und ihre flammenden Reden trugen erheblich dazu bei, in der Gesellschaft Verständnis für die Ziele der Perestroika zu wecken. Erinnern Sie sich an Jewgeni Jewtuschenkos Gedicht aus dem Jahr 1988, das Michail Sergejewitschs Wort »So kann es einfach nicht weitergehen« wie einen Refrain verwendet?

»Als unser Land schon fast entgleiste,
Da bremsten wir's mit knapper Not,
Und wir erkannten mit einem Mal:
›So kann es einfach nicht weitergehen!‹«

In den letzten Jahren haben uns viele Autoren ihre Werke mit Widmungen geschickt, in denen viel Erhellendes und Bedeutsames gesagt wird.

Briefe von Wissenschaftlern, Schriftstellern, Filmschaffenden und Publizisten sind uns überaus wichtig. Als Antwort auf ein paar Zeilen, die ich Tatjana Iljinitschna Iwanowna zu einem ihrer Artikel in *Die neue Zeit* geschickt hatte, schrieb sie mir 1990 folgendes:

»Vielen Dank für Ihre freundlichen Worte. Glauben Sie mir, wenn ich könnte und wüßte wie, würde ich Ihnen gerne etwas Gutes tun. Und Michail Sergejewitsch natürlich auch. Aber ich weiß beim besten Willen nicht, wie. Ich würde Ihnen so gerne eine Freude bereiten... Als Dank für das Glück, daß viele Menschen wie ich (und es sind sehr viele, wie Sie wissen) in den letzten fünf Jahren erfahren haben. Mein Gott, normalerweise heißt es, die Jugend sei die glücklichste Zeit im Leben. Doch ich bin schon siebenundvierzig, und meine glücklichsten Jahre haben erst vor fünf Jahren begonnen. Außerdem ist es eine ganz besondere Art von Glück: Freiheit und Würde sind seine wichtigsten Merkmale. Gorbatschow ist ein großer Mann. Groß und wundervoll. Nehmen Sie nur seine Begegnungen mit jungen Leuten; wie oft habe ich seine Antworten bewundert. Ich bin stolz darauf, einen solchen Präsidenten zu haben. Ich kann mir sehr gut vorstellen (zumindest glaube ich das), welch ungeheure Last auf seinen und Ihren Schultern ruht.

Ich tue mein Bestes. Möge das Schicksal, der Himmel oder Gott, so es ihn gibt, Sie beide beschützen. Bleiben Sie jung und wohlauf, solange es geht. Wenn sich alle Leute wie ich (und unsere Zahl ist Legion) gemeinsam mit den Delegierten beim Dritten Kongreß von ihren Sitzen erhoben hätten, um Gorbatschow nach seiner Wahl zum Präsidenten zu applaudieren, glauben Sie mir – und richten Sie es ihm bitte aus –, wir hätten ihm Ovationen dargebracht, wie sie die Welt noch nicht gehört hat. Ich wünsche Ihnen, Raissa Maximowna und Michail Sergejewitsch, alles Gute für die Frühlingsfeiertage und beglückwünsche Sie zur Geburt der Perestroika. Nochmals vielen Dank...«

A. N. Benois, der Enkel von Nikolai Benois, ein herausragender russischer Künstler und Sproß einer berühmten Künstlerfamilie, die sehr viel für die russische Kultur getan hat, schrieb mir am 23. Februar 1988 aus Italien:

»Verehrte Raissa Maximowna!

Verzeihen Sie mir die Kühnheit, daß ich diese Zeilen an Sie richte, obwohl ich bisher noch nicht das Vergnügen oder die Ehre hatte, Sie persönlich kennenzulernen. Aber ich hatte schon lange die Absicht, Ihnen und Ihrem außergewöhnlichen Gatten zu schreiben und der grenzenlosen Bewunderung Ausdruck zu verleihen, die wir für die großartige Natur der Perestroika im Bereich der Innen- und Außenpolitik unserer weiten und in jedem Sinne großen Sowjetunion empfinden. Ihr ist es zu verdanken, daß die gesamte Struktur des Sowjetlebens in Übereinstimmung mit den Leitlinien Lenins radikal erneuert und auch verjüngt wird, wie ich meine. So werden die richtigen Wege zur Vollendung des wahren Sozialismus gebahnt. Erlauben Sie mir also, verehrte Raissa Maximowna, da ich es nun einmal gewagt habe, Ihnen zu schreiben, meine große Bewunderung für die grandiose historische Initiative auszudrücken, an der sich letztendlich das Schicksal der großen Sowjetunion entscheiden wird. Und ich wünsche Ihnen und unserem verehrten Michail Sergejewitsch aus tiefstem Herzen, daß Sie weiterhin erfolgreich zum Wohle der Menschheit wirken können. Indes besteht der Anlaß dieses Briefes nicht allein in meinem innigen Wunsch, Ihnen und Ihrem Gatten meine Gefühle mitzuteilen, sondern auch darin, Ihnen von ganzem Herzen für Ihr Wohlwollen und Ihre Aufmerksamkeit zu danken, die Sie durch die Gründung des Museums der Familie Benois gegenüber bekundet haben: Es steht in Petrodworez, vor den Toren der Heldenstadt Leningrad, dem Geburtsort fast aller Mitglieder des ›schöpferischen‹ Zweigs unserer weitläufigen Künstlerfamilie…«

Die Front der Perestroika ist ständig in Bewegung, neue Vorstöße werden gemacht, und ein Gebiet nach dem anderen wird ihr einverleibt. Als Mensch, als Bürgerin und angesichts meiner persönlichen Überzeugung konnte ich bei dieser Entwicklung natürlich nicht abseits stehen bleiben. Für mich hieß das vor allem, an Michail Sergejewitschs Seite zu stehen, ihn zu unterstützen und ihm zu helfen, soweit das meine Kraft und meine Fähigkeiten erlaubten.

Raissa Maximowna, ich möchte Sie doch noch einmal fragen: Wie steht es um Ihre eigene Arbeit? Haben Sie beispielsweise daran gedacht, sich zu habilitieren?

Ja, sicher, aber ich hatte meine eigene berufliche Laufbahn aufgegeben. Ich möchte nicht behaupten, daß mir das leichtgefallen ist. Im Gegenteil, ich quälte mich lange mit der Entscheidung herum. Eine Zeitlang habe ich Material für meine Habilitationsschrift gesammelt und philosophische Seminare sowie Vorlesungen besucht, die mich interessierten. Ich las soziologische und philosophische Neuerscheinungen und pflegte den Kontakt zu meinen Kollegen. Aber meine Lebensumstände zwangen mich zu einer Entscheidung, und ich habe diese Entscheidung getroffen. Sollen andere solche wissenschaftlichen Arbeiten schreiben…

Nun widersprechen Sie sich aber selber. Letztes Mal traten Sie noch für die intellektuelle Gleichberechtigung ein und dafür, daß Frauen in der Wissenschaft eine wichtigere Rolle spielen sollten.

Völlig richtig. Aber das Leben besteht aus Ausnahmen. Denken Sie daran: »Die Wahrheit ist immer konkret.« Heute bereue ich meine Entscheidung nicht. Sie entsprach dem, was meine Familie und ich am meisten brauchten. Die Dozentenstelle am philosophischen Lehrstuhl war die letzte offizielle Position, die ich in meinem Leben innehatte. Aber, um ganz ehrlich zu sein, zu einem gewissen Zeitpunkt gab es Bestrebungen, mich zur Lehrstuhlinhaberin zu machen. Ich konnte die Beförderung gerade noch abwenden. Es gab Tränen, und ich mußte meinen Mann bitten, einzugreifen.

Er hat eingegriffen, um Ihre Beförderung zu verhindern?

Ja.

Das ist das erste Mal, daß ich von dieser Art Protektion höre. Sonst dient sie immer dem entgegengesetzten Zweck.

Im Leben passieren die seltsamsten Dinge. Als Bürgerin trete ich für die Perestroika ein, indem ich mich für gemeinnützige Zwecke engagiere, vor allem für den Sowjetischen Kulturfonds.

Erzählen Sie uns mehr darüber.

In der Sowjetunion gibt es mittlerweile Hunderte von nichtstaatlichen öffentlichen Fonds und Organisationen. Der Kulturfonds war der erste, der eingerichtet wurde. Seine Gründung ging auf den allgemeinen Wunsch zurück, unmittelbar an den demokratischen Reformen mitzuwirken, die durch die Perestroika in Gang gesetzt worden waren. Vor allem aber war es die Sehnsucht nach einer geistigen Erneuerung des Lebens in unserem Land. Die Arbeit des Fonds stand unter dem Motto: bewahren, entwickeln, vermehren. Seine Aufgaben waren: Interesse und Aufmerksamkeit für geistige Werte und Talente zu wecken, den Kreis der Kulturliebhaber und -förderer zu vergrößern, den Kulturaustausch zwischen den Völkern der Sowjetunion zu vertiefen und zu den Völkern anderer Länder kulturelle Bande zu knüpfen. Kurz, durch Kultur sollten die Beziehungen zwischen den Menschen menschlicher gestaltet werden. Besondere Bedeutung sollte dabei der Pflege der »Ökologie der Kultur« zukommen, dem Erhalt und Schutz jenes kulturellen Humus der Zivilisation, der meiner Ansicht nach die Schöpfungen der Natur und des Menschen gleichermaßen umfaßt. Bevor wir jedoch fortfahren, schlage ich vor, daß wir eine Tasse Tee trinken.

Im Verlauf unserer Arbeit hatten sich einige kleine Gewohnheiten herausgebildet. Eine davon bestand darin, alle zwei Stunden, in denen geredet, diktiert und auf Band aufgenommen worden war, eine Tasse Tee zu trinken. Während wir Tee tranken, blieb das Tonbandgerät natürlich ausgeschaltet. Doch welche Russen, und nicht nur die, könnten ihren Tee schweigend trinken? Wir sprachen also miteinander, und diese Plaudereien bei einer Tasse Tee hatten einen ganz gewöhnlichen, alltäglichen Charakter.

Manchmal sprach Raissa Maximowna mit mir über ihre Enkelkinder. Ich spürte, daß sie, wie jede Großmutter, eine Menge über sie hätte erzählen können. Und ihren Worten entnahm ich, daß sie ihre halb scherzhaft, halb ernst gemeinten Beobachtungen über das Verhalten ihrer Enkelkinder gelegentlich sogar aufschreibt. Doch jedesmal bremste sie sich, um nicht der verbreiteten, aber verzeihlichen Schwäche all derer nachzugeben, die Kinder lieben – nämlich zuviel über sie zu reden. Es ist ein allgemeiner Zug ihres Wesens, daß sie auf sich und ihre Umgebung achtet. Sie wacht sowohl über ihr Verhalten als auch über ihr Äußeres.

Die Enkelkinder unterscheiden sich sehr voneinander, obwohl sie immer zusammen sind. Xenia ist sehr empfindsam, nett und stets zu Späßen aufgelegt. Sie schmollt nie. Für sie ist jeder ganz lieb. Sie mag kleine Kinder, musiziert und tanzt gern. Sie könnte zum Beispiel folgendes sagen: »Großmutter, hast du gemerkt, daß ich schon zehn bin? Wie schnell doch die Zeit vergeht!« Oder: »Oma, hat dich im Leben schon einmal irgend etwas richtig traurig gemacht?« Als ich mit Ja antworte, sagt sie darauf: »Ich habe großen Kummer, da ich es nicht schaffe, den Buchstaben sauber zu schreiben.«

Xenia soll Ähnlichkeit mit mir und mit Irina haben, die mir ja angeblich auch ähnlich sieht. Aber einen Zug hat sie gewiß von Michail Sergejewitsch, und das ist ihr Humor.

Anastasia ist schmal und ganz anders, ausgeglichen und ruhig. Seit ihrer Geburt hat sie einen festen Charakter. Sie weiß immer, was sie will. Wenn sie Hunger hat, ißt sie, und es ist unnötig, sie zu drängen. Wenn sie aber nicht essen will, läßt sie sich auch durch Überredungskünste nicht dazu bewegen. Sie redete von sich in der dritten Person. So konnte es passieren, daß sie sich zu Tisch setzte und in altklugem Ton sagte: »Großmutter, sie hat sich schön gerade hingesetzt. Nicht schlecht, was?« Oder: »Großmutter, man darf das Leben nicht zu hastig leben, stimmt's?« – »Ja, natürlich«, sage ich. »Anastasia, du bist meine kleine Blume.« – »Großmutter, ich habe zwei Beine, und eine Blume hat nur eins. Wie kann ich da eine kleine Blume sein?« Und noch ein Beispiel: »Oma, gib mir einen Keks.« – »Nein, Anastasia, du wirst sonst zu dick.« »Ich bin schon dick! Also was macht das schon.«

Manchmal kamen wir ganz spontan auf die Enkelkinder zu sprechen, so, als wollten sie uns daran erinnern, daß sie auch noch da waren. Allerdings nicht in Person – ich habe nie eines von ihnen zu Gesicht bekommen, obwohl ich sie gelegentlich herumlaufen und lachen hörte.

Als ich mich zum letztenmal mit Raissa Maximowna traf, war sie gerade von einer Grippe genesen. Sie trug eine lange, ärmellose Jacke, die ihr bis zu den Knien reichte.

Sehr hübsch, sagte ich, als ich nach meinem Glas Tee griff.

Ein Geschenk, antwortete sie und bewies damit, daß sie meine Anspielung verstanden hatte. Aber sie verriet mir nicht, von wem die Jacke war, und ich fragte sie auch nicht danach. Etwas in ihrer Stimme ließ vermuten, daß die Jacke ein Geschenk ihres Mannes war.

Sie suchte ihre Brille und faßte in die Jackentasche. Wie oft hatte sie im Verlauf dieser Abende ihre Brille verlegt! Hatte sie sie endlich gefunden, legte sie die Brille manchmal vor sich auf den Tisch, wo sie gut zu sehen war. Aber sie setzte sie nie auf; ich habe sie nie mit Brille gesehen. Sie faßte also in ihre Tasche und fand dort ein Stück Papier. Sie lachte. Es war ein Briefchen von ihrer Enkeltochter Xenia an ihre Mutter. Daraus schloß ich, daß die Jacke nicht nur von der Mutter, sondern auch von der Tochter getragen wurde. Ich kenne das von mir zu Hause: Meine Töchter ziehen nicht nur die Jacken ihrer Mutter an, sondern bringen es sogar fertig, meine Pullover zu tragen. Sie werfen sie über die Schulter wie ein Umhängetuch. Auf dem Zettel des Mädchens stand:

»Liebe Mama,

ich würde gerne von Dir wissen, ob wir an meinem Geburtstag auch woanders hingehen als nur in diese dumme Poliklinik? Ich habe an ein Café oder einen Zirkus gedacht. Ich werde wahrscheinlich nicht auf Dich warten, weil ich wohl ins Bett muß. Deshalb schreibe ich Dir diesen Brief.«

Der Schluß entlockte mir ein Lächeln, ich kann mich noch an jedes Wort erinnern: »Ich warte auf Antwort, wie Deine Nachtigall, und ich sehne mich nach dem Sommer...« Es rührte mich, daß all diese Dinge – die von Mutter und Tochter getragene ärmellose Jacke, der Zettel in der Tasche und die Art und Weise, wie er geschrieben war – von jenem Stil geprägt waren, der dem Haus und dieser Familie eigen ist.

Setzen wir also unser Gespräch über den Kulturfonds fort. Geleitet wird er von Akademiemitglied Dmitri Sergejewitsch Lichatschow, der mir zuvor schon als Kenner alter russischer Literatur und als Verfasser des Buches *Das nationale Selbstbewußtsein des alten Rußlands* bekannt war. Letzteres beinhaltet Reflexionen über die russische Kultur, die Eigentümlichkeiten des russischen Charakters, die Natur in Rußland und russische Landschaftsmalerei. Dmitri Sergejewitsch sagte zu mir: »Ich wünsche mir sehr, daß der Kulturfonds ein Fonds für wirklich große Kultur wird. Wir müssen nach den Sternen greifen, den höchsten Gipfel anvisieren.«

Der Fonds hat schon einiges Positive geleistet. Ihm ist es zu verdanken, daß es wieder Wohltätigkeitseinrichtungen in Rußland gibt. Und er trug maßgeblich dazu bei, »Lücken« in unserer Literatur- und Kunstgeschichte zu schließen und die schöpferische Arbeit auf verschiedenen Gebieten wiederzubeleben und zu fördern.

Unter der Schirmherrschaft des Kulturfonds wurden einige Sonderprogramme ins Leben gerufen: *Wirtschaft und Regionalgeschichte, Einzigartige historische Territorien, Die Wiedereinführung vergessener Namen, Die Seidenstraße, Neue Namen* sowie *Die Erhaltung und Förderung der Kultur kleiner Ethnien.* Ein Programm mit dem Titel *Durch Kultur zu Gesundheit und Barmherzigkeit* ist in unserem Land gerade angelaufen. Zu den vielen Organisationen, die aktiv mitarbeiten, gehören die Puschkin-Gesellschaft sowie Vereinigungen von Sammlern, Glöcknern und Restauratoren. Mit viel Mühe und Enthusiasmus wurde ein Museum für Privatsammlungen ins Leben gerufen. Im Moment ist man dabei, ein Museum für moderne Kunst einzurichten. Es freut mich ungemein, daß die Zeitschrift des Fonds – *Unser Erbe,* die von der Maxwell Communication Corporation gedruckt wird – so große Verbreitung findet.

Der Kulturfonds setzt sich überall im Land für gemeinnützige Zwecke ein. In diesem Zusammenhang erinnere ich an Michail Sergejewitschs Besuch in Swerdlowsk im April 1990. Das gab mir Gelegenheit, einige Zeit an Orten zu verbringen, die ich aus meiner Kindheit kannte, wie zum Beispiel Alapajewsk. Mit Unterstützung des Fonds konnte ich den Menschen im Ural beim Aufbau des Kulturzentrums Alapajewsk-Sinjakka und bei der Errichtung einer Kunstschule für Kinder in Alapajewsk helfen. So etwas erfüllt mich mit Freude.

Es war mir eine große Genugtuung, am Aufbau des Röhrich-Fonds mitzuwirken. Nikolai Röhrich war ein großer russischer Künstler und Denker. Soweit wir wissen, hat er das letzte Jahrzehnt seines Lebens in Indien verbracht, doch den Kontakt zur Heimat nicht abreißen lassen. Ich betrachte es als großes Glück, daß Michail Sergejewitsch und ich Gelegenheit hatten, Swjatoslaw Nikolajewitsch Röhrich, den Sohn Nikolai Röhrichs, der ebenfalls ein bekannter Künstler ist, und seine Frau Devika Rani, eine indische Schauspielerin und Nichte Rabindranath Tagores, kennenzulernen.

Ich erinnere mich noch sehr gut an unsere Begegnungen, an unsere menschlich tiefen Gespräche: über Weisheit, Schönheit, Spiritualität, Güte und den Kangchendzönga, den heiligen Berg der »fünf Schätze«. Und natürlich über das Schicksal.

Wir besprachen mit den Röhrichs die Gründung einer Röhrich-Stiftung in Moskau und die Eröffnung eines Röhrich-Kulturzentrums und -Museums. Wir unterhielten uns ausführlich über Nehru, der eine Zeitlang ein enger Freund der Familie Röhrich war. Swjatoslaw Nikolajewitsch wiederholte mehr als einmal, daß er großes Vertrauen zu Michail Sergejewitsch habe und daß all seine Unternehmungen von Erfolg gekrönt sein würden.

Röhrichs Rede ist durchsetzt mit so altmodischen und rührenden Worten wie »matuschka moja« und »batjuschka ty moi«. Die Widmung auf dem Foto, das er uns gab, lautete:

»Laßt uns stets nach dem Schönen streben.« Alles ist symbolisch, wie ein zeitloser Aufruf ... der Ruf menschlicher Natürlichkeit und Weisheit.

Seltsamerweise kommt mir immer, wenn ich an Röhrichs Werk denke, das Schicksal des Andrei-Rubljow-Museums für Alte Kunst in den Sinn. Ich habe es zum erstenmal vor ein paar Jahren besucht, und ich fand es in vieler Hinsicht bewegend. Man darf die Wirkung alter Kunst auf den Betrachter keinesfalls unterschätzen, ob es sich nun um Skulpturen, Alltagsgegenstände, Fresken oder, wie im Fall der religiösen Kultur in Rußland, um Ikonen handelt.

Als mir klar wurde, daß sich das Museum in großen Schwierigkeiten befand, konnte ich nicht untätig bleiben. Ich versuchte, Einfluß auf das Schicksal des Museums zu nehmen. Leider hat sich gezeigt, daß es alles andere als einfach ist, die Schwierigkeiten zu überwinden. Trotzdem muß man es tun; ich halte das für ganz wichtig. Museen dieser Art sind einzigartige Zentren, die Geschichte der russischen Kultur zu studieren, und müssen uns deshalb ein patriotisches Anliegen sein. Wir haben nicht viele davon. Rußland ist nicht Italien.

Wenn man durch Italien reist, hört man von allen Seiten: 10. Jahrhundert, 12. Jahrhundert, 13. Jahrhundert und so weiter. Diese Angaben beziehen sich auf Bauwerke, Museen und ganze Städte. Deshalb meine ich, daß wir unsere geschichtlichen Monumente nicht gebührend zu würdigen wissen. Wir sollten ihnen mehr Beachtung schenken und Pflege angedeihen lassen.

Ich halte es für wichtig, daß die Arbeit von Organisationen wie dem Kulturfonds sich nicht allein auf die moralische Erneuerung und moralische Impulse aus dem Volk stützt, sondern selbst in der Lage ist, solche Impulse zu geben. Zahlreiche Förderer haben dem Fonds unschätzbare Werke der Kunst und des Handwerks überlassen. Heute füllen sie die Vitrinen unserer Museen und Wanderausstellungen. Doch in meinen

Augen ist es mindestens ebenso wichtig, daß die Menschen es selbstlos und aus den hehrsten Motiven tun.

Wie steht es mit der Rückführung unserer Kunst- und Kulturschätze aus dem Ausland?

Dazu möchte ich sagen: Menschen, auch solche, die in Rußland gar nicht geboren sind, überlassen uns solche Gegenstände nicht nur aus Dankbarkeit gegenüber unserem Land oder aus Großzügigkeit, sondern auch im Vertrauen darauf, daß sie diese Gegenstände in gute und zuverlässige Hände geben. Unser Land hat in den Jahren der Perestroika attraktivere und menschlichere Züge bekommen. Ich bin stolz darauf, bei der Rückführung unserer Kulturschätze mitgewirkt zu haben. Es war eine besondere Gunst des Schicksals, daß ich persönlich viele Schenkungen entgegennehmen durfte, und mir bleibt die Wärme vieler Hände, alter, sogar sehr alter und recht junger, in guter Erinnerung. Mir scheint, daß dieses Band aus menschlicher Wärme und Mitgefühl in dieser für uns alle so schwierigen Zeit von allen Menschen in der Sowjetunion gespürt wird.

Ich möchte den Menschen in Amerika, Frankreich, Großbritannien, Italien, Japan, Spanien und in den anderen Ländern meinen Dank aussprechen – jenen, die aus Rußland ausgewandert sind, gleich welcher Nationaliät sie auch sind, wie auch jenen, die weiter keine Beziehung zu Rußland haben und in ihrem Tun allein von ihrer Großherzigkeit geleitet wurden.

Seit meiner Jugend liebe ich Bücher, das Theater und die Malerei. Ich schätze das inspirierte, literarische Wort aufs höchste und verbeuge mich vor dem begnadeten schöpferischen Geist, vor menschlicher Würde, Mut und Selbstlosigkeit. Meine Bewunderung gilt der Schönheit des menschlichen Gesichts, aber auch der Schönheit einer Landschaft, einer Blume, eines Grashalms. Ich bin davon überzeugt, daß der Mensch, wenn er die Schönheit in all ihren Formen schützt, am Ende zur Rettung seiner Seele beiträgt.

In jüngster Zeit, Raissa Maximowna, sprechen die Menschen in Rußland aber eher über »die Rettung der Seele« im wörtlichen Sinn. So herrscht ein regeres Interesse an der Kirche, an religiöser Literatur und an religiösen Lehren sowie Ideen. Ein Grund dafür ist wohl die fehlende Stabilität unserer materiellen Existenz und ein gewisser psychischer Druck.

Ja, wahrscheinlich. Es läßt sich jedoch nicht leugnen, daß die Veränderungen, die in den letzten Jahren in der Gesellschaft stattgefunden haben, dazu beitrugen, daß einerseits die Kirche ihr Schattendasein aufgeben und die Entfremdung so vieler Jahre beenden konnte. Und andererseits müssen die Menschen ihren Glauben nicht mehr verheimlichen oder sich seinetwegen, geschweige denn ihrer Interessen schämen, selbst wenn sie nicht mit der offiziellen Meinung übereinstimmen. Nehmen Sie zum Beispiel das Interesse an der Kirche. Es ist keine Frage des »Vielleicht«, sondern die Perestroika hat definitiv zur Wiedergeburt der Kirche beigetragen und sie von gewissen Zwängen im Alltag befreit. Alte Kirchen und Moscheen werden den Gläubigen zurückgegeben. Auf deren Bitten habe ich an solchen Übergaben teilgenommen, und ich war froh, eine gute Sache unterstützen zu können. Heute hören wir an Feiertagen wieder das Geläut der Kirchenglocken, und im Fernsehen werden sogar Predigten übertragen. Theologische Ideen können sich ungehindert verbreiten.

Sie erinnern sich sicher, daß bis 1985 selbst Bücher wie die Bibel oder der Koran als bibliographische Raritäten galten. Es war unmöglich, sie zu bekommen oder käuflich zu erwerben. Heute erschließt sich uns eine bunte Welt vieler bereits vergessener oder fast unbekannter Denker und Glaubenseiferer. Kurzum, in Staat und Gesellschaft entwickelt sich ein normaler Dialog mit der Kirche. Der »eiserne Vorhang«, der sie noch bis vor kurzem trennte, fällt.

Erinnern Sie sich an die Tausend-Jahrfeier der Christianisierung Rußlands? Heute beteiligt sich die Kirche aktiv an der friedenstiftenden, karitativen und patriotischen Arbeit in der Gesellschaft. Das ist außerordentlich wichtig für uns. Wir leben in einem Vielvölkerstaat mit vielen unterschiedlichen Religionsrichtungen, in dem die soziale Einheit maßgeblich von den Hirten der aus vielen Millionen Schafen bestehenden Herde abhängt.

Ich hatte Gelegenheit, mit verschiedenen kirchlichen Würdenträgern zu sprechen. Ich traf den verstorbenen Patriarchen von ganz Rußland, Seine Heiligkeit Pimen, und den jetzigen Patriarchen, Seine Heiligkeit Alexi II., den Papst der römisch-katholischen Kirche, Seine Heiligkeit Johannes Paul II., den Obersten Patriarchen und Katholikos von Armenien, Vasgen I., sowie andere geistliche Führer. Und ich kam mit einfachen Gläubigen zusammen, hochgebildeten und vernünftigen Menschen. Seine Exzellenz Pitirim, Metropolit von Wolokolamsk und Jurjew, ist Präsidiumsmitglied des Kulturfonds. Wir besprechen jetzt alle Probleme, die von beiderseitigem Interesse sind, gemeinsam.

Wenn ich Kirchen besuche, spreche ich nicht nur mit den Geistlichen, sondern auch mit Laien. Sehen Sie, ich verstehe, daß Menschen mit ihrem Kummer und ihren Ängsten in die Kirche gehen; sie befinden sich in einer besonderen Lage und tragen Gott ihren Kummer vor. Das bedeutet, daß wir, die Leute aus ihrer Umgebung, ihren Kummer nicht bemerkt und nicht darauf reagiert haben.

Als ich einmal das Danilow-Kloster besuchte, fragte mich eine alte Frau: »Raissa Maximowna, warum knien Sie nicht vor der Ikone nieder?« Was sollte ich antworten? Deshalb fragte ich sie: »Glauben Sie an Gott?« – »Ja«, antwortete sie. »Nun, das ist gut«, sagte ich. »Ich meine, ein Mensch kann nicht ohne Glauben leben. Erst der Glaube macht ihn zum Menschen. Aber Sie werden mir zustimmen, daß es verschiedene Arten von Glauben gibt und daß am wichtigsten ist, in welchen Taten er sich ausdrückt. Ich kenne viele achtbare Leute, die Atheisten sind. Und ich kenne Menschen, die nicht an Gott glauben, sondern an eine geheimnisvolle höhere Macht. Ihr Glaube hindert mich nicht daran, Sie und Ihre Gefühle zu respektieren und Ihnen Vertrauen zu schenken. Am wichtigsten sind Toleranz und Respekt gegenüber den Ansichten anderer. Es ist wichtig, daß wir uns im Namen des Glaubens nicht gegenseitig bekämpfen oder Leid zufügen. Das ist mein zentraler Glaubenssatz, mein Ideal und meine Hoffnung. Deshalb sagen Sie mir«, fuhr ich fort, »ob es wirklich besser wäre, wenn ich Ihnen zu Gefallen hier niederknien würde?« – »Nein«, entgegnete die Frau, »Sie dürfen nicht heucheln. Das wäre viel schlimmer.«

Sei keine Heuchlerin! Diese Worte waren für mich überaus wichtig, und ich lernte eine ganze Menge daraus.

Vermutlich bin ich eine zu engagierte Verfechterin der Perestroika, aber trotzdem möchte ich erwähnen, daß sie den Menschen unter anderem das Gefühl für die eigene Würde zurückgegeben hat. Selbst das natürliche Interesse an der Religion, das sich in letzter Zeit verstärkt hat, ist im Grunde auf das neuerwachte Gefühl der eigenen Würde zurückzuführen. Sei nur nicht heuchlerisch oder unaufrichtig! Das würde die eigene Würde schmälern, die Gefühle anderer verletzen und sie beleidigen. Und nicht nur das.

Ich bin überzeugt, die Heuchelei, die Lüge, ist die Schwester des Bösen, der Intoleranz und der Grausamkeit. Wenn ich sehe, wie Atheisten und energische Propagandisten des Atheismus von gestern heute christlichen Dogmen ewige Treue geloben, während mancher Priester wutentbrannt auf den Barrikaden politischer Konfrontation kämpft (und es gibt solche Leute), denke ich bei mir: Ist da überhaupt noch ein Funke von Glauben – irgendeines Glaubens! –, oder gibt es nur noch eine die Seele zerstörende Glaubenslosigkeit, Lügen und Heuchelei? Ist da nur noch dieses »unschätzbare Erbe« der Vergangenheit, ideologische Intoleranz und Konfrontation, das abzuschütteln uns so schwerfällt? Erinnern Sie sich an Jewgeni Schwarz' Stück *Der Drache*? Der von Lancelot besiegte Drache sagt: »Mein Trost ist, daß ich dir nur zerstörte, erschöpfte und tote Seelen hinterlasse.«

Es heißt, nichts sei wertvoller als der Kontakt mit Menschen. Es wäre schwierig, ja fast unmöglich, die Namen all derer aufzuzählen, denen Michail Sergejewitsch und ich in den letzten Jahren begegnet sind. Staatsmänner, Politiker, Persönlichkeiten des öffentlichen Lebens, Gelehrte, Künstler, Ärzte, Hausfrauen, Kolchosbauern, Industriearbeiter, Büroangestellte... Bekannte und Unbekannte. In der Erinnerung sind der Augenblick der Begegnung, Worte, Bilder, Situationen und die Atmosphäre noch gegenwärtig. Es waren so viele begabte, ungewöhnliche, brillante und einzigartige Menschen darunter! Ich träume davon, sie eines Tages alle in einem Buch zu vereinen.

Wenn ich Michail Sergejewitsch auf seinen Reisen durch das Land begleite, besuche ich oft Schulen, Kinderheime, Kindertagesstätten, Krankenhäuser, Märkte, Läden, kulturelle Einrichtungen und Menschen in ihren Wohnungen. Das mache ich natürlich nicht nur, um meine Neugier zu befriedigen; meine Begegnungen sind inoffiziell und haben einen persönlichen und relativ zwanglosen Charakter. Das gibt mir zusätzlich die Gelegenheit, Dinge zu sehen, zu hören und zu verstehen – und, wenn möglich, zu helfen.

Ich erinnere mich an eine Reise in das Gebiet Murmansk und in die Städte der sowjetischen Polarregion im Jahr 1987. Die majestätische, herbe Schönheit der Natur im hohen Norden ist mir unvergeßlich. Die Lage von Murmansk war eindrucksvoll: Es liegt auf drei Terrassen, die den Decks eines

Ozeandampfers ähnelten. Ich erinnere mich an den Besuch des gigantischen Buntmetallkombinats »Seweronikel«, an das erfolgreiche U-Boot *K-21*, das uns an die Tapferkeit unserer Soldaten im Zweiten Weltkrieg gemahnt, und an das Museum des Alltags im Nordmeergebiet. Ich erinnere mich noch gut an die Kinder und die Mitarbeiter des Vorschulkinderheims in Murmansk, das ich besuchte.

Und natürlich erinnere ich mich an die Begegnungen mit Frauen in Montschegorsk, Murmansk und Seweromorsk. Wir sprachen über den Arbeitsplatzmangel, über die Probleme der Frauen von Fischern und Armeeangehörigen, Arbeit zu finden, über Renten für diejenigen Bewohner des Nordens, die nach ihrem Ausscheiden aus dem Berufsleben nicht wegziehen, sondern im Norden bleiben wollen. Wir sprachen über die moralische und materielle Verantwortung von Eltern, die Neugeborene aussetzen und sie ihrem Schicksal und der Obhut von Kinderheimen überlassen. In Murmansk und anderen Hafenstädten ist das ein Problem. Wir sprachen über die Qualität des Essens in den Kinderheimen, über die Beschaffung von Transportmitteln für die Heime und Internate, über Alltagsprobleme und Umweltverschmutzung in Montschegorsk und über die Rolle der Frauen von Murmansk, die sie bei der Arbeit des Kulturfonds und beim Ausbau der kulturellen Beziehungen zu den benachbarten skandinavischen Ländern spielen können. Und ich freue mich, daß ich zur Lösung spezifisch weiblicher Probleme in der Region einen, wenn auch kleinen, Beitrag leisten konnte.

Gemeinsam mit der Vorsitzenden des Frauenrats der Region Murmansk, Margarita Michailowna Molodzowa, erarbeitete ich ein Papier über die vordringlichsten sozialen Probleme und schickte es an das Zentralkomitee der KPdSU und an den Ministerrat der UdSSR. Einige Vorschläge des Frauenrats sowie des Partei- und Verwaltungsapparats von Murmansk hinsichtlich der Probleme von Frauen, Kindern und alten

Menschen im Norden wurden dem Präsidium des Obersten Sowjet der UdSSR, dem Sowjetischen Frauenkomitee und dem Kinderhilfsfonds unterbreitet. Die Ergebnisse der Reise Michail Sergejewitschs und die auf ihr angesprochenen Probleme wurden in Resolutionen zusammengefaßt, in denen auch unsere Vorschläge berücksichtigt waren.

Natürlich kann ich nicht überall helfen oder alle Bitten der Menschen erfüllen, die mir schreiben. Und obwohl es mir in der Seele weh tut und obwohl ich, glauben Sie mir, jedem gerne helfen würde, muß man der Realität ins Auge sehen und begreifen, daß niemand allmächtig ist. Am schwersten wiegen Fragen, die das Wohnungsproblem, ernste Krankheiten und das Schicksal von Behinderten und alleinstehenden älteren Menschen betreffen.

In den letzten Jahren habe ich ziemlich viel Freundliches zu hören bekommen. Ich habe auch eigene Anhänger, Verbündete und Freunde gewonnen, sowohl zu Hause wie auch im Ausland. In den Vereinigten Staaten gibt es sogar eine Gesellschaft der Freunde Raissa Gorbatschowas. Ich danke all meinen Freunden nah und fern für ihre Unterstützung, ihr Wohlwollen und ihre freundlichen Worte, für die Bilder, die sie mir geschickt haben, die Bücher, Gedichte, Lieder und Zeichnungen. Was könnte wertvoller sein als solch aufrichtige Gesten? Und für die schlichten, offenherzigen und vertrauensvollen Botschaften: »In Hochachtung und Dankbarkeit für Ihren Mut und die hervorragende Repräsentierung der Frauen unseres Landes in aller Welt. K. Tischtschenko, Kriwoi Rog.«

Ich gehe gerade die Post der letzten Zeit durch: »Liebe Raissa Maximowna! Alles Gute zum Feiertag am 8. März. Ich wünsche Ihnen sibirische Gesundheit, ein langes kaukasisches Leben, den Frieden und die Liebe Ihrer Familie und natürlich Geduld. Ich verstehe, wie schwer es ist, die Frau des Präsidenten zu sein, aber alles wird gut werden. Ich bete für Sie und erwarte Ihren Anruf. Es gibt eine Menge zu besprechen. Hochachtungsvoll, Raissa Alexejewna Mucharamowa, Aschchabad.« Und hier ein Brief aus Iwano-Frankowsk, von der Familie eines Mannes, der im Großen Vaterländischen Krieg gekämpft hat, mit Glückwünschen zum 8. März. »An diesem schönen Tag schenken wir Ihnen eine Million Schneeglöckchen...«

Der nächste Brief kommt aus den USA – von Gloria Hatten Sapp, die in Georgia lebt.

»Liebe Mrs. Gorbatschow.

Ich sitze zu Hause und höre mir Ihre Rede vor den Studentinnen des Wellesley College und dem Fernsehpublikum der Vereinigten Staaten von Amerika an.

Ich weiß nicht, wie die Bürger der Sowjetunion über Sie denken, aber ich hoffe, sie bringen Ihnen die Achtung entgegen, die Sie verdienen.

Ihre Worte waren inspirierend, Ihre Haltung war würdevoll und Ihre Gefühle wurden von Tausenden geteilt. Ihre Gegenwart trug dazu bei, die Kluft zwischen unseren Nationen zu überbrücken, einer Kluft, die von Tag zu Tag schmaler wird.

Ich wünsche Ihnen, Ihrem Mann und Ihrem Land, daß Sie die Hindernisse, die sich Ihnen in den Weg stellen, überwinden. Ich bin dankbar für alles, was Sie für unsere Welt leisten.

Mit vorzüglicher Hochachtung, Gloria Hatten Sapp.«

Hier ist noch ein Brief, den ich ganz vorlesen möchte.

»Liebe Raissa Maximowna!

Ich weiß nicht, ob dieser Brief Sie erreichen wird und ob ich ihn überhaupt schreiben soll. Aber glauben Sie mir, ich möchte Ihnen so gern ein paar freundliche Worte sagen. Offen gestanden, als Michail Sergejewitsch mit seinen Reisen durch unser Land begann, auf denen Sie ihn begleiteten und die alles andere waren als touristische Ausflüge, sondern richtige Arbeit, war ich ziemlich verärgert. Kurze Zeit nach Ihren ersten Reisen begriff ich jedoch, daß sie auch für Sie tatsächlich Arbeit waren und kein Vergnügen. Es ist eine große soziale Aufgabe und eine moralische Verpflichtung. Ganz gleich, in welcher Stimmung Sie sind oder wie Sie sich fühlen, immer müssen Sie den Journalisten und den Menschen um sich herum zulächeln. Sie müssen verstehen, worüber die Leute reden, mit ihnen sprechen und ihre Fragen beantworten, nicht oberflächlich, nur um etwas zu sagen, sondern ganz ernsthaft. Sie haben das Talent, sich dezent, aber gleichzeitig geschmackvoll und modisch zu kleiden. Und Sie besitzen die Fähigkeit, Menschen für sich einzunehmen. Meiner Ansicht nach ist es sehr schwer, die Frau des Generalsekretärs zu sein, da Sie nicht als Frau im allgemeinen, sondern immer als Ehefrau Michail Sergejewitschs angesehen werden. Sie haben wirklich eine schwere Aufgabe! Ich schreibe diesen Brief, nachdem ich in der Fernsehsendung *Wremja* einen Bericht über Ihren Besuch in Jugoslawien gesehen habe. Mein Ehrenwort, ich war richtig stolz auf Sie, auf Michail Sergejewitsch, auf das sowjetische Volk und auf mein Land. Mein Brief ist wahrscheinlich ziemlich verworren, und Sie werden nicht alles verstehen. Ich möchte nur, daß Sie meinen guten Willen erkennen und meine Gefühle für Sie verstehen. Larissa Guzal, 28 Jahre.«

Und hier noch ein Brief aus Italien:

»Raissa – so redet man Sie doch an, ohne Titel oder Adjektive. Wir lieben Sie dafür, wie Sie Seite an Seite mit dem Herrn Präsidenten auftreten – bescheiden, ruhig und intelligent, aber gleichzeitig herzlich, selbstbewußt, gelassen und heiter. Auf Ihren Reisen säen Sie die Saat des Frühlings, die schon die ersten Blumen der Freiheit und Freude hervorbringt. Möge Sie auf diesem Weg die Kraft nie verlassen. Danke.

Schwester Anna Lonero, Neapel.«

Oben: Ein Foto aus dem Jahr 1972 mit Alexei Kossygin, dem sowjetischen Ministerpräsidenten von 1964 bis 1980

Unten: Treffen der Präsidiumsmitglieder des Sowjetischen Kulturfonds, 1987

Oben links: 1982 in Georgien mit Eduard Schewardnadse, dem sowjetischen Außenminister von Juli 1985 bis Dezember 1990

Oben rechts: Am Ufer des Jenissei, 1988

Rechts: »Kollektivarbeit« bei Nacht

Links: Mit Natalia Saz, 1987

Oben links: Im Kreis ungarischer Kinder, 1986

Oben rechts: In der Zentralen Kinderklinik der Republik in Moskau

Links: Amerikanische Schüler besuchen den Kreml, 1989

Unten: Das Ensemble des Gorki-Schauspielhauses in Leningrad, 1987

Rechts: Beim Rundgang durch eine Porzellan-Ausstellung mit Mrs. Beam, Moskau 1987

Links: Mit dem in Indien lebenden russischen Künstler Swjatoslaw N. Röhrich, der plant, in Moskau ein Museum mit seinen Werken zu eröffnen

Unten: Nach der Au führung des Musica *Sophisticated Ladie* in Moskau, 1988

Links: Mit dem Ehepaar Reagan in Genf, 1985

Rechts: Michail Gorbatschow, Giulio Andreotti und Eduard Schewardnadse während eines Staatsbesuches in Italien, 1989

Links: Mit Margaret und Denis Thatcher in Chequers Court, dem Landsitz der britischen Premierminister, 1984

Rechts: »Sie haben das Wort!«

Oben: Mit Boris Jelzin in Tjumen, 1985

Rechts: Tjumen 1985 – ein neues Zeitalter bricht an!

Links: Mit dem Maler Michail Schemjakin, Moskau 1991

Oben: In der Tschechoslowakei, 1987

Oben: Michail Gorbatschow im Gespräch mit Litauern, 1990

Das ist keine Prosa, sondern Poesie.

Den fünf Millionen Leserinnen der englischen Zeitschrift *Woman's Own,* die mich zur »Frau des Jahres« wählten und mir 1987 für meine internationale Arbeit einen Preis verliehen, bin ich zu tiefstem Dank verpflichtet. Und dem internationalen Fonds »Gemeinsam für den Frieden« und seiner Präsidentin, Signora Fanfani, bin ich dafür dankbar, daß mir der Preis »Frauen für den Frieden« verliehen wurde. Ich war zutiefst gerührt, als ich erfuhr, daß Signor Rivello in Italien, die Familie Modzelewski in den USA, die Familie Rejin in Brasilien und die Familie Dimow in Bulgarien ihre Kinder nach mir benannt hatten. Die Inhaber der polnischen Firma Vitroflora, Anna und Karol Pawlak, haben eine wunderschöne neue Blumensorte gezüchtet und sie »Raissa« genannt. Eine westdeutsche Firma hat einer neugezüchteten Rose meinen Namen gegeben.

Glauben Sie mir, ich bin keineswegs auf solche Zeichen der Aufmerksamkeit erpicht, und mich dürstet auch nicht nach allgemeiner Bewunderung. Aber so ist das nun einmal mit dem menschlichen Herzen: Es irrt sich nicht, wenn es darum geht, den guten Willen anderer und ihre positive Einstellung zu erkennen. Daraus schöpft es seine Kraft. Auf Güte reagiert es intuitiv mit Güte.

Ich erinnere mich an Sizilien, an Messina, an die Stadt Linz am Rhein, an Minneapolis… Ich werde all denen ewig dankbar sein, die mir in jenen denkwürdigen Tagen die Hand schüttelten und durch mich meinem Land, meinem Volk und meinem Mann ihr Vertrauen und ihre Dankbarkeit ausdrückten.

Und doch ist es kein Zufall, wenn es in einem russischen Sprichwort heißt: »Du kannst nicht zur ganzen Welt nett sein.« Und manchmal kommt es vor, daß die »Welt« freundlicher zu einem ist als die »Heimat«.

Ja, das kommt vor... In den letzten Jahren habe ich natürlich auch andere Dinge zu hören bekommen: daß ich den »Ehrgeiz« hätte, »eine besondere Rolle zu spielen«, daß ich mich »in Dinge einmische, die mich nichts angehen«, daß ich »die Geheimwaffe des Kreml« sei, die »Zarin Josephine« usw.

Ich glaube, Georgi Wladimirowitsch, es sind nicht so sehr meine Person und die unterschiedlichen Denkweisen, Standpunkte und Urteile, die für die widersprüchlichen Ansichten der Menschen maßgebend sind. Meiner Meinung nach sind im großen ganzen andere Umstände von Bedeutung. Möglicherweise ist es in erster Linie die Tatsache, daß ich mich in der Öffentlichkeit zeige.

Ausschlaggebend ist, daß man bei uns eine recht abstrakte Vorstellung von der »Frau des Generalsekretärs und ersten Mannes im Staat« hatte. Der Terminus besagt nichts. Doch es geht hier nicht nur um die Frau des Präsidenten. Für mich hat das Problem eine tiefere Ursache. Es geht um die grundsätzliche Einstellung gegenüber den Frauen, vor allem gegenüber der Frau als Ehefrau und Mutter und ihrer Stellung innerhalb unserer Gesellschaft. Wir haben bereits darüber gesprochen, daß das Land eine Menge für Frauen und Kinder getan hat. Allerdings war es bislang nicht imstande, die notwendigen Bedingungen zu schaffen, um die Gleichstellung der sowjetischen Frau in der Praxis zu erreichen und ihre Menschenwürde durchzusetzen, mit allen dazugehörigen Rechten. Zudem gab es einen Rückschritt im gesellschaftlichen Bewußtsein und in der öffentlichen Meinung zur Rolle der Familie. Mit der Rolle der Frau als Ehefrau und Mutter – ziehen Sie jetzt aber keine voreiligen Schlüsse – wurde gleichzeitig auch die Rolle des Mannes als Vater herabgewürdigt. O ja, die Abwertung der Rolle der Frau führte unausweichlich dazu, daß auch der Mann innerhalb der Familie an Bedeutung verlor. Beides hängt miteinander zusammen. Dafür ein typisches Detail aus meiner Kindheit: Unsere Familie beging staatliche Feiertage und Familienfeste immer gemeinsam. Vater und Mutter gingen immer zusammen aus, ganz gleich, ob sie nun Freunde besuchten oder aus offiziellem Anlaß in den Klub gingen.

Die folgende Situation zum Beispiel war nicht ungewöhnlich, sondern ganz normal. Mein Vater mußte zu einer Betriebsfeier, auf der ihm zusammen mit anderen Arbeitern eine Ehrenurkunde oder ein Preis verliehen werden sollte. Meine Mutter saß mit den Frauen der Kollegen meines Vaters im Publikum. Nach dem offiziellen Teil betrat ich mit meinen Klassenkameraden die hölzerne Bühne, auf der mein Vater gerade geehrt worden war. Wir sangen und tanzten für die Arbeiter und bauten eine menschliche Pyramide... Und ich wußte, daß meine Eltern, die irgendwo unten in einer der vordersten Reihen saßen, die dankbarsten und aufmerksamsten Zuschauer waren und am meisten »litten«. Wenn wir zum Picknick gingen oder im Frühling Ausflüge unternahmen, war immer die ganze Familie mit von der Partie. Sogar Transportmittel wurden gestellt, damit die Familien mit ihren Kindern an einem Ereignis teilnehmen konnten.

Heute feiern Arbeitskollegen Geburtstage ohne ihre Frauen oder Ehemänner. Zu nationalen Feiern werden Ehefrauen oder Ehemänner nicht eingeladen. Sogar ein gemeinsamer Theaterbesuch wird nur im Rahmen des Kollektivs organisiert. »Eintrittskarten nach der Zahl der Gewerkschaftsmitglieder!« Wer hat das nicht schon gehört? Zudem ist es in Mode gekommen, allein Urlaub zu machen, da es schwierig ist, eine Pauschalreise für die ganze Familie zu buchen. Wie viele Pensionen oder Ferienheime für Familien gibt es denn bei uns? So gut wie keine. Wir haben einfach nicht daran gedacht, sondern waren der Meinung, wir brächten etwas Besseres zustande als die Familie.

Übrigens ist es nur in unserem Land und in einigen anderen Ländern üblich, daß offizielle Empfänge und Festessen ohne Ehefrauen oder Ehemänner stattfinden. Nach meinem

Dafürhalten könnte es ruhig weniger derartige Empfänge geben, aber es wäre viel besser und angemessener, wenn die Ehefrauen dazu eingeladen würden, wie es in der übrigen Welt der Fall ist. Und was passierte, als ein hoher Funktionär vor dem Obersten Sowjet der Russischen Föderation und vor dreihundert Millionen Fernsehzuschauern eine Kollegin beleidigte? Als er aufgefordert wurde, sich zu entschuldigen, tat er so, als wisse er nicht, wofür er sich entschuldigen sollte.

Wir haben die Arbeit, die Frauen im Haus und in der Familie verrichten, im materiellen und moralischen Sinn abgewertet. Heute ist es nicht nur unzeitgemäß, sondern sogar »unschicklich«, auf eine Frau stolz zu sein, die nur Hausfrau ist, oder seine Lebenspartnerin als Hausfrau zu bezeichnen. Dabei muß ich immer wieder an meine Mutter denken. Ja, sie war auch »nur« Hausfrau. Aber immerhin zog sie drei Kinder groß, und was könnte mehr zum Wohl eines Staates beitragen als die Arbeit, die damit verbunden ist? Meine Mutter ließ ihren drei Kindern eine ausgezeichnete Erziehung angedeihen, trotz des bescheidenen Einkommens unseres Vaters. Um unter solchen Bedingungen zurechtzukommen, bedurfte es einer gewissen Hingabe an die Arbeit und, verzeihen Sie mir, einer gewissen Begabung. Ihre Hände, von denen so viel abhing, konnten nicht nur fest zupacken, sondern waren auch geschickt. Sie nähte, änderte und wendete unsere Kleider, kochte, wusch, putzte, bestellte den Garten, sah nach der Kuh und den Hühnern, pflegte die Kinder, wenn sie krank waren, und achtete auf jede Kopeke. Das ist auch eine Begabung, eine wirkliche Begabung! Es gehört viel Charakterstärke und Energie dazu, einen Haushalt zu führen und eine Familie zu versorgen. Wie schade, daß wir das nicht zu würdigen wissen!

Ist es nur die Hausfrau, die wir heute nicht mehr loben dürfen? Ich glaube, die Situation der Frau und der Familie im Staat geht uns alle an. Erst kürzlich las ich irgendwo, daß, wenn die Frauen glücklich sind, die ganze Gesellschaft glücklich ist. Natürlich können nicht alle gleichzeitig glücklich sein, aber es ist ein interessanter Gedanke.

Mich interessiert noch eine andere Beobachtung, die ich gemacht habe. Nach oder vielleicht gleichzeitig mit der Abwertung der Rolle von Vater, Mutter und Ehefrau fanden im Zusammenhang mit dem Begriff Zuhause einige unumkehrbare Prozesse statt.

Was meinen Sie damit?

Ich will es Ihnen erklären. Die Bindung an das Zuhause, die für jeden so wichtig war, lockerte sich und verlor an Bedeutung. »Staatseigene« Wohnungen wurden dem eigenen Haus vorgezogen, in dem man seit Generationen gelebt hatte. Ich spreche nicht nur von den Elternhäusern im ganzen Land, die verlassen und aufgegeben wurden. Dadurch, daß wir ständig von einer Wohnung in die nächste, aus der elterlichen Wohnung in eine kleine separate Wohnung und dann, eines Tages, von der kleinen in eine größere ziehen und jede Wohnung nur bekommen, wenn wir darum kämpfen und alle Hindernisse überwinden, werden wir wohl oder übel zu begeisterten Anhängern des »Wechsels«. Der Wechsel wird zum Selbstzweck. Wir haben keine Zeit, uns irgendwo einzuleben oder eine Wohnung bequem und behaglich einzurichten. Denn kaum sind wir dort, schon müssen wir uns wieder »vergrößern« oder verändern. Vielleicht ist das ein Grund dafür, daß wir mit staatseigenen Häusern oder Wohnungen nicht besonders pfleglich umgehen und uns nicht so um sie kümmern, wie wir es mit eigenen Häusern und Wohnungen tun würden. Wir sind ständig auf Achse, immer nur Untermieter.

Als Michail Sergejewitsch auf Malta mit George Bush zusammentraf, verbrachte ich einige Zeit bei einem jungen maltesischen Ehepaar. Die beiden waren frisch verheiratet, charmant und gastfreundlich und hatten noch keine Kinder. Aber in der Wohnung gab es bereits ein Kinderzimmer, das sie in aller Ruhe einrichteten. Die Dreizimmerwohnung hatten sie mit Hilfe der Eltern gekauft und mit einer Hypothek belastet. Die Wohnung war von vornherein auf Zuwachs eingerichtet, so daß sie sie sehr lange behalten können, vielleicht bis in die nächste Generation. So legt man den Grundstein zu einem richtigen Heim, das gebaut wird, wie die Schwalben ihre Nester bauen. Rußland ist jedoch nicht Malta. Hier herrschen ganz andere Maßstäbe. Denken Sie nur an den großen Wohnungsmangel. Gegenwärtig sind wir nicht in der Lage, nicht einmal für Geld, jeder jungen Familie eine Wohnung zur Verfügung zu stellen, die auf Dauer genug Platz bietet und auf die Zukunft zugeschnitten ist. Aber etwas kann schon jetzt getan werden! Wenn jemand im Haus seiner Eltern wohnt, hat er nicht nur ein anderes Verhältnis zu seinen vier Wänden, sondern auch eine gesündere Einstellung zum Leben. Er ist tiefer in ihm verwurzelt! Schließlich besteht ein Haus nicht nur aus Wänden, da ist noch etwas anderes, das man nicht in Worte fassen kann, etwas Geheimnisvolles.

Dabei fällt mir wieder meine Mutter ein. Wie ich Ihnen bereits erzählt habe, hatten wir keine feste Bleibe: Wir zogen ständig hinter unserem Vater, dem Eisenbahnarbeiter, her und wechselten andauernd unseren Wohnsitz. Wohin wir aber auch zogen, meine Mutter schleppte immer eine alte Anrichte mit, so, als sei sie etwas sehr Kostbares und Lebendiges. Wohin wir auch gingen, die Anrichte fand ihren Platz, und schon hatten wir ein Zuhause. Da war etwas, das uns gehörte. Egal, was man davon halten mochte, es war unser »Nest«, schenkte uns Wärme und Geborgenheit. Wir trennten uns nie von der Anrichte. Sie verband meine Mutter und uns mit all denen, die früher zu unserem Zuhause gehört hatten.

Es ist kaum zu glauben, was ich Ihnen jetzt erzähle, aber es paßt sehr gut zu Ihrer Geschichte. Ich hatte das Glück, Sie bei einem Besuch in Turgenews Haus in Bougival bei Paris zu begleiten. Und wissen Sie, was mich am meisten erstaunte? Meine Mutter hatte einen Schrank, der, wenn ich mich nicht irre, aus dunklem Platanenholz war. Im ganzen Schrank gab es keinen einzigen Nagel. Sie hatte ihn von ihrer Mutter geerbt, und die wiederum hatte ihn von ihrer Mutter erhalten. Heute weiß ich, daß er der kostbarste Gegenstand in unserem Haus war. Natürlich ging er schon aus dem Leim, aber das Holz war glatt, gut abgelagert und roch süßlich. Ich steckte gern meine Nase in den Schrank – nicht, weil ich etwas Schmackhaftes suchte, sondern einfach um den würzigen, herrlichen, geheimnisvollen Duft einzuatmen. Nach dem Tod meiner Mutter wollte ich mir dummerweise aus den oberen Regalbrettern einen Schlitten bauen. Ich versuchte es mit der Säge, aber das Holz ließ sich nicht zersägen. Ich schlug ein paar Nägel hinein, und das Holz splitterte. Kurzum, ich ruinierte den Schrank. Später wurde das Haus verkauft, wir Kinder wurden in Kinderheime oder Internate gesteckt, und das Inventar wurde ebenfalls verkauft oder ging verloren. Der Schrank verschwand, wie alles andere. Nur ein altes Leinentischtuch blieb übrig, das wir zur Erinnerung an meine Mutter aufgehoben haben. Die Jahre gingen dahin, und ich dachte immer öfter mit Wehmut an den alten Schrank zurück, vielleicht, weil ich mich schuldig fühlte. Ich habe ihn wirklich »sehr geschätzt«, wie es in Tschechows Drama Der Kirschgarten *heißt. Dreißig Jahre später besuchte ich Turgenews Haus, das heute ein Museum ist, und was glauben Sie, was mir als erstes ins Auge fiel?*

Ich kann es mir denken.

Ja, ein antiker Schrank aus dunklem Holz. Wie mir schien, war es genau der gleiche, wie ihn meine verstorbene Mutter in meinem Elternhaus gehabt hatte. Ich war regelrecht erschüt-

tert und blieb fast die ganze Zeit vor dem Schrank stehen. Ich wollte die Tür öffnen, meinen Kopf hineinstecken und schnuppern!

Hätten Sie es doch getan. Wenn ich mich recht erinnere, sind die Leute, die das Museum leiten, gastfreundliche, einfache Menschen. Aber ansonsten verstehe ich Sie sehr gut. Man darf das Gefühl für sein Zuhause nicht verlieren, das ist gefährlich. Jeder von uns muß versuchen, es wachzuhalten. Das ist auch der Weg, um eine solide Grundlage zu finden, seßhaft zu werden, innere Festigkeit und gesellschaftliche Stabilität zu erlangen. Mein Haus ist nicht nur meine Burg, sondern auch meine Welt, meine Galaxis. Das ist jedenfalls meine Meinung. Außerdem müssen wir aufhören, Kindern den Wunsch nach Betätigung auszutreiben, indem wir sie im Werkunterricht zur »Arbeit erziehen«. Meist lernen sie dabei nur, wie man sich einer Pflichtaufgabe entzieht. Wir müssen ihnen die Freiheit lassen, sich selbst zu beschäftigen, wo immer sie wollen, sofern es ihrer Gesundheit nicht schadet. Am besten zu Hause im eigenen Obst- oder Gemüsegarten.

Davon träumen heutzutage viele – von einem eigenen Haus mit Garten –, Erwachsene ebenso wie Kinder, mich inbegriffen. Offenbar ist das überall auf der Welt so. In Amerika wurde der Aufschwung im privaten Wohnungsbau mit der Tatsache in Verbindung gebracht, daß diejenigen, die in den Nachkriegsjahren geboren wurden, die Generation des Babybooms, jetzt ins aktive Berufsleben eintreten. Ich sehe aber auch einen direkten Zusammenhang mit uns. Ich glaube an meine Generation und setze große Hoffnungen in sie – und möchte nicht zur Generation derer gehören, die »nichts zu verlieren« haben, sondern zur Generation sozialistischer Hausbesitzer.

Ich würde alles tun, um eine solche Entwicklung zu unterstützen. Ich würde alles fördern, was einen Menschen an sein Zuhause, seine Heimat und eine feste Ordnung bindet, ihm mehr Halt in der Gesellschaft und die Möglichkeit gibt, sein Vermögen auf ehrliche Weise zu mehren. Es ist allerhöchste Zeit, mit dem Gezeter und Gejammer aufzuhören, Intoleranz, Haß und Feindseligkeit aus den Köpfen zu verbannen und zu Hause etwas Positives zu tun. Ich glaube auch an hart arbeitende und geschäftstüchtige – meine Mutter hätte gesagt »fleißige« – Menschen, und ich kann es kaum erwarten, daß noch mehr von ihnen den Weg der Perestroika einschlagen.

Um dieses Thema abzuschließen: Im Frühjahr hatte der Präsident geplant, seine Mutter an ihrem achtzigsten Geburtstag zu besuchen. Er wollte selbst hinfliegen; das weiß ich sicher. Aber wie es so kommt, die Bergarbeiter ließen ihn nicht gehen. Also fuhren an seiner Stelle zwei Menschen, die ihn in gewisser Weise ersetzen konnten und über deren Besuch sich seine Mutter ebenso freute wie über sein persönliches Erscheinen.

Zwei persönliche Vertreter des Präsidenten flogen zum Familienfest: zwei kleine Abgesandte mit Schleifchen im Haar – Xenia und Anastasia.

Seine Mutter war glücklich und traurig zugleich, ein Zustand, der jeder Mutter vertraut ist, unabhängig davon, ob sie an der Türschwelle auf einen Präsidenten, einen Premierminister oder einen gewöhnlichen Arbeiter wartet. Wichtig ist nur, daß es der Sohn ist.

Raissa Maximowna, zu Beginn sprachen wir über die Stellung der Frau des Präsidenten in der Gesellschaft.

Die Stellung, die Rechte und die Pflichten der Frau des Staatsoberhaupts sind überall in der zivilisierten Welt mehr oder weniger eindeutig festgelegt, entweder durch schriftlich fixierte Vorschriften oder durch bestimmte Traditionen. So erfuhr ich, daß es im Weißen Haus einen Stab von Mitarbeitern gibt, die der Frau des Präsidenten bei der Erfüllung ihrer offiziellen Aufgaben helfen. Es gibt einen Verantwortlichen für das Büro, und die Frau des Präsidenten hat in einem Flügel des Weißen Hauses sogar ihr eigenes »Reich« und ihr eigenes Amtszimmer. Madame Mitterrand, die Frau des französischen Präsidenten, die der von ihr ins Leben gerufenen Organisation France Liberté sehr viel Zeit widmet, machte mich bei einem Frankreich-Besuch mit der Arbeit des Sekretariats vertraut, das die Frau des Präsidenten traditionsgemäß bei ihrer sozialen und karitativen Arbeit unterstützt. Frau Kohl engagiert sich stark in verschiedenen sozialen Bereichen und übernimmt Schirmherrschaften. Auch sie hat mir von einem eigenen Büro berichtet, das ihr die nötige Hilfestellung leistet.

Wie ich feststellen mußte, Georgi Wladimirowitsch, konnte ich nur auf eine einzige Tradition zurückgreifen, und die stammte aus der Stalin-Zeit: Ich hatte keinerlei Anrecht auf eine öffentliche, offizielle Existenz. Gelegentlich fällt mir sogar auf, daß mein öffentliches Auftreten von einem bestimmten Teil der Gesellschaft mit übertriebener Voreingenommenheit betrachtet wird, als sei es das große Ereignis der Perestroika.

Ja, mein Auftreten in der Öffentlichkeit an der Seite Michail Sergejewitschs war für mich als Frau des Staatsoberhaupts mit bestimmten offiziellen Pflichten verbunden: Ich mußte an Versammlungen teilnehmen und gewisse öffentliche und soziale Aufgaben übernehmen; dazu gehörten auch einige protokollarische Pflichten. Natürlich verfügte ich nicht über spezielle diplomatische Kenntnisse und hatte keine Erfahrung im Umgang mit der High-Society. Nach und nach lernte ich, mich auf meinen gesunden Menschenverstand und meine Intuition zu verlassen.

Dadurch erreichte ich wirklich eine Menge. Zum erstenmal erfuhr ich in allen Einzelheiten, daß diplomatische Festlichkeiten und das Protokoll bei internationalen Ereignissen strengen Regeln unterworfen sind. Es gibt allgemeine, international anerkannte Regeln und spezielle, nationale Regeln und protokollarische Anforderungen, die mit den unterschiedlichen Traditionen der jeweiligen Völker und Staaten zusammenhängen. Ich lernte – nicht nur vom Hörensagen, sondern aus erster Hand –, daß selbst solche Anlässe wie ein »Mittagessen«, eine »Teestunde« oder ein »Frühstück« ihre eigenen, »individuellen« Elemente diplomatischer Etikette besitzen. Das Diner ist beispielsweise die wichtigste Form des Empfangs. Es muß abends nach sieben oder später stattfinden. Bei Tisch herrscht eine strenge, genau festgelegte Sitzordnung, und in der Regel ist Gesellschafts- oder Abendkleidung vorgeschrieben.

In manchen Ländern müssen Frauen zu offiziellen Essen in langen Abendkleidern erscheinen. Im Alltag braucht man keine langen Kleider, und meiner Meinung nach sind sie sowieso überflüssig. Gewiß, sie sind elegant, aber auch ziemlich kostspielig. Wie oft geht man schon zu solchen Diners? Es handelt sich zwar wieder um eine Kleinigkeit, aber 1985 wurde in das diplomatische Protokoll unseres Landes eine neue Regel aufgenommen: Bei offiziellen Empfängen und Festessen müssen Männer jetzt nur noch dunkle Anzüge und Frauen elegante Kleider in normaler Länge tragen.

Wir können davon ausgehen, daß unser Protokoll das sparsamste der Welt ist!

Nicht das sparsamste, Georgi Wladimirowitsch, sondern das demokratischste.

Bei jeder Repräsentationsform muß man auf die Besonderheiten des alltäglichen Lebens und auf die Traditionen und Bräuche des jeweiligen Volkes und Landes achten. Man muß große und kleine Dinge berücksichtigen. Ich erinnere mich zum Beispiel voll Dankbarkeit daran, daß Mrs. Bush und das

Kollegium des Wellesley College verständnisvoll meiner Bitte nachkamen, bei der Abschlußfeier kein Barett und keinen Talar tragen zu müssen, weil das in unserem Land nicht üblich ist. Es hätte mich verlegen gemacht, und ich hätte mich darin unwohl gefühlt.

Bei unserem letzten Besuch in Großbritannien sollte Michail Sergejewitsch auf Vorschlag der britischen Regierung seine Rede in der Guildhall halten, einem außerordentlich berühmten Gebäude in der City von London, im Zentrum der Finanzwelt. Es ist eine Ehre, die nur selten einem ausländischen Gast zuteil wird, und ein Zeichen besonderer Hochachtung. Nach uralter Tradition ist für eine Zeremonie in der Guildhall jedoch eine bestimmte Kleidung obligatorisch: Frauen müssen Hut und Handschuhe, Männer einen Frack, einen Cut oder Uniform tragen.

In unserem Fall wurde eine Ausnahme gemacht. Mrs. Thatcher respektierte unsere Wünsche und beschloß, entgegen der Tradition, ebenfalls weder Hut noch Handschuhe zu tragen. Während dieses Aufenthalts in England fuhren Michail Sergejewitsch und ich auch nach Windsor und trafen die Königin. In England ist eine Audienz bei der Königin ein Zeichen größter diplomatischer Wertschätzung. Ich hatte schon gehört, daß Königin Elisabeths Lieblingsfarbe Blau ist – »Königsblau« – und daß diese Farbe gewöhnlich irgendwo in ihrer Kleidung auftaucht. Ich wußte auch, daß die Mitglieder der königlichen Familie und die Gäste der Königin es tunlichst vermeiden, diese Farbe in ihrer Gegenwart zu tragen. Auch ich bemühte mich, diese Tradition zu befolgen.

Bei offiziellen Besuchen von Staatschefs ist es Tradition, daß die Gastgeber neben dem offiziellen Programm auch ein spezielles Programm für die Frau des Staatsgastes zusammenstellen. In der Regel wird dieses vor Besuchsbeginn vom Außenministerium abgesegnet. Die Gastgeber gehen dabei zwar auf die Interessen und Wünsche der Gäste ein, aber vor allem muß der Gast natürlich die Möglichkeiten und Vorschläge der Gastgeber berücksichtigen. Manchmal kam es vor, daß die mich begleitenden Landsleute in bezug auf das für mich arrangierte Programm fragten: »Raissa Maximowna, finden Sie das wirklich interessant? Können Sie sich nichts anderes vorstellen?« Natürlich kann man sich etwas anderes vorstellen, nur läßt es sich nicht immer realisieren. Doch ich schaffe es auch, einem streng festgelegten Programm zu entkommen und mich diskret und leise davonzustehlen. Im Jahr 1990 in Finnland zog ich los, um mir »inkognito« die »Kirche im Felsen« anzuschauen und durch die Straßen von Helsinki zu schlendern. In San Francisco machte ich, neben dem offiziellen Programm, einen Abstecher an die Küste, verbrachte einige Zeit in Chinatown, in einem Lebensmittelladen und auf der Plattform einer Sightseeing-Trambahn. Dort unterhielt ich mich mit der Schaffnerin. Sie war so gerührt, daß sie mir anbot, mir von ihrem Freund, einem Friseur, eine schicke amerikanische Frisur machen zu lassen.

Ich erinnere mich vor allem an den Lebensmittelladen. Das Recht, den Laden auszuwählen, lag beim Leiter der amerikanischen Sicherheitsabteilung. Natürlich war er allein dafür verantwortlich, daß Sie da heil wieder herauskamen. Er war nicht sehr gesprächig, die meiste Zeit grinste er in seinen Bart, aber er hatte eindrucksvolle, graumelierte Schläfen. Er sah aus wie Faulkner in seinen besten Jahren. Nachdem wir den Laden betreten hatten, war ich völlig verblüfft – Flaschen, Flaschen und nochmals Flaschen, für jeden Geschmack etwas! Guter alter »Faulkner«, er wußte, wo man am besten hinging!

Ja, die Weinabteilung war wirklich gut sortiert. Die anderen Abteilungen waren aber auch nicht ohne. In Frankreich trank ich in einem kleinen Café namens Rosarie in Bougival mit ein paar Französinnen Kaffee und führte mit ihnen ein reines Frauengespräch – nicht im mindesten diplomatisch.

Mißverständnisse hinsichtlich der diplomatischen Verfahrensregeln waren meiner Ansicht nach der Anlaß für die Gerüchte in der amerikanischen Presse, nach denen es zwischen Nancy Reagan und mir »Unstimmigkeiten« gegeben habe. Ich nahm und nehme solche Äußerungen nicht ernst. Nancy Reagan und ich waren glücklich, weil wir als Zeuginnen, und in gewisser Weise auch als Teilnehmerinnen, dem bedeutendsten und wichtigsten historischen Treffen der Führer unserer beiden Länder beiwohnten. All unsere Gefühle, Sorgen und Ängste waren nur ein Tropfen im Ozean der Hoffnung, die bei diesen Begegnungen geboren wurde und die die Menschen auf der ganzen Welt teilten: die Hoffnung auf Frieden und eine Zukunft für die ganze Menschheit.

Ich erinnere mich noch an das erste Treffen in Genf im November 1985. Michail Sergejewitsch und Ronald Reagan lernten einander kennen, schätzten sich gegenseitig ab, stellten sich aufeinander ein und führten Debatten und Diskussionen. Anfangs war die Verständigung schwierig, ebenso wie das Abfassen der offiziellen Dokumente. Ich erinnere mich noch genau an das Maison de Saussure, in dem Ronald und Nancy Reagan Michail Sergejewitsch und mir zu Ehren ein offizielles Diner gaben. Um zwei Uhr morgens waren wir immer noch dort. Noch am gleichen Morgen wollten wir Genf ursprünglich verlassen, aber sie konnten sich einfach nicht auf einen endgültigen Entwurf für die gemeinsame Erklärung einigen. Um jeden Satz, um jedes Wort und um jeden Buchstaben wurde gerungen. In Genf wurde jedoch die außerordentlich wichtige Erkenntnis geboren, daß ein Atomkrieg nicht zu gewinnen ist und verhindert werden muß.

Nach Genf wurden auf wissenschaftlicher, kultureller und wirtschaftlicher Ebene wieder Kontakte zwischen unseren beiden Ländern aufgenommen, die zuvor abgebrochen worden waren oder überhaupt nicht existiert hatten. Dann kam der Oktober 1986 und das Treffen im isländischen Reykjavik. Wie viel ist schon über dieses sowjetisch-amerikanische Gipfeltreffen und seinen dramatischen Verlauf geschrieben worden! Ja, wir alle haben es erlebt, aber wir verstehen auch seine Bedeutung: Ohne Reykjavik hätte es 1987 in Washington oder 1988 in Moskau keine Verhandlungen gegeben. Die Begegnungen, die konstruktivere und produktivere Ergebnisse brachten als das Treffen in Genf, hätten nie stattgefunden. Es hätte keinen Vertrag über die Vernichtung von Mittel- und Kurzstrekkenraketen gegeben. Und es wäre nicht zu diesem ungewöhnlichen gegenseitigen Verständnis zwischen dem sowjetischen und amerikanischen Volk gekommen, das im Dezember 1987 in Washington, 1988 in New York, Washington und Minnesota und 1990 in San Francisco auf so eindrucksvolle Weise deutlich wurde. Es herrschte Einigkeit im Namen von Frieden und Freundschaft.

In Genf nahmen Nancy Reagan und ich an der Grundsteinlegung für ein Museum des Internationalen Roten Kreuzes teil, das inzwischen seine Tore geöffnet hat. Ich wünsche mir, die Arbeit des Internationalen Roten Kreuzes und des Roten Halbmonds bleibt ewig ein Symbol für die Zusammenarbeit zwischen allen Staaten und Völkern zum Zwecke des gegenseitigen Verständnisses und Vertrauens und im Namen von Güte und Nächstenliebe.

Von den unzähligen Eindrücken, die mir von Michail Sergejewitschs Auslandsreisen im Gedächtnis haften geblieben sind, ist mir einer der wichtigste: die offenen, freundlichen Gesichter Tausender von Menschen. Ich erinnere mich an Delhi, New York, Minnesota, Prag, Krakau, Stettin, Berlin, Dortmund, Stuttgart, Schanghai, Madrid, Barcelona, Rom, Messina, Mailand, Nagasaki... Die überfüllten Straßen und Plätze der Innenstädte. Sympathie und Freundschaft in den Gesichtern der Menschen. Hoffnung und Vertrauen in den Herzen und Augen. Der Glaube, daß die Welt ohne Einsatz von Gewalt und ohne Krieg überleben kann.

Italien, das Land Dantes und Petrarcas, die Wiege der europäischen Zivilisation. Und der Domplatz in Mailand mit der unglaublich schön verzierten Marmorfassade des Doms. Zeugnisse einer großen Kultur. Und die ebenso erstaunliche wie unvergeßliche Begeisterung der vielen tausend Menschen, die sich in Mailand versammelt hatten, um Michail Sergejewitsch und seine Delegation zu begrüßen. »Gorbi, Gorbi, Gorbi!« rief die Menge auf dem Domplatz. Eduard Amwrossijewitsch Schewardnadse und ich gingen nebeneinander. Michail Sergejewitsch hatte uns hinter sich gelassen, und wir bahnten uns den Weg durch die dichte Menschenmenge. Ich sah ihn an und bemerkte, daß er ebenso wie ich Tränen in den Augen hatte. Damals sagte er zu mir: »Auch deswegen hat es sich gelohnt, die Perestroika in Gang zu setzen.«

Ich stelle mir und anderen immer wieder ein und dieselbe Frage: Mußte Eduard Amwrossijewitsch, ein Freund Michail Sergejewitschs, der seine Ansichten teilt, die Sache auf diese Weise beenden? Ich habe den Brief aufbewahrt, den Schewardnadse an seinem sechzigsten Geburtstag an uns geschrieben hat. Es war ein besonderer Tag für ihn und für uns, seine Freunde.

»Lieber Michail Sergejewitsch und liebe Raissa Maximowna!

Dieser Tag in meinem Leben, eine hohe Auszeichnung durch mein Land und die freundlichen Worte, die Sie anläßlich meines sechzigsten Geburtstages an mich richteten, geben mir das moralische Recht, Ihnen meinen herzlichsten Dank auszudrücken. Dennoch möchte ich mich in dieser schriftlichen Antwort auf Ihre Glückwünsche nicht darauf beschränken, wie wichtig dieser Tag für mich ist.

Es wäre meiner Ansicht nach korrekter, von der Bedeutung dieser Periode für das Leben der ganzen Partei und des Landes insgesamt zu sprechen; mein eigenes Leben und meine Arbeit in dem mir verliehenen Amt machen nur einen winzigen Teil aus.

Bei einem Empfang in der sowjetischen Botschaft in Madrid sagte kürzlich ein älterer Spanier, der unsere Ansichten zwar nicht teilte, aber unter der Tragödie der dreißiger Jahre und unter dem Franco-Regime schrecklich gelitten hatte: ›Endlich haben Menschen mit hehren Idealen und lauteren Absichten die politische Bühne betreten, Ritter ohne Furcht und Tadel, wie für uns Spanier Don Quijote. Endlich hat ein großes Ziel eine wundervolle Verkörperung in einem Menschen erhalten.‹

Er dachte dabei an Sie.

Sie werden sich erinnern, welch große persönliche Ängste und Zweifel meine neue Aufgabe begleiteten. Ich bin noch immer nicht frei davon. Bei jedem Schritt, an jedem Tag und zu jeder Stunde stoße ich auf ungeheuren ›Widerstand des Materials‹. Aber wie vor zwei Jahren finde ich auch heute die Kraft, diesen Widerstand zu überwinden. Die Quelle dieser Kraft ist bestimmt nicht in der Tatsache zu suchen, daß ich die komplizierte Kunst der neuen Diplomatie beherrsche, der Diplomatie des neuen politischen Denkens: Wir haben noch einen langen Weg vor uns. Für mich liegt die Quelle meiner Kraft anderswo.

Ich sehe sie in Ihrer Unterstützung, die ich in den Stunden und Tagen der schwersten Prüfungen spürte und noch immer spüre. Ich sehe sie in der von Ihnen verfolgten Politik, deren Aufrichtigkeit, universelle Wirkung und wissenschaftliche Untermauerung Millionen Menschen für Sie einnimmt. Ich sehe sie in der Haltung der Partei, der Gesellschaft und des Landes – eine Haltung, die die Welt zu Recht mit Ihnen identifiziert.

Lange Zeit diente ich der Sache der Partei nach besten Kräften. Ich habe nie verschwiegen, und tue es auch jetzt nicht, daß ich meine Zweifel hatte, von beunruhigenden Gedanken gequält wurde und gegen innere Widersprüche zu kämpfen hatte. Stets setzte sich bei mir jedoch die Überzeugung durch, daß für unser Vaterland eines Tages die entscheidende Stunde schlagen würde. Nun, da sie geschlagen hat, spüre ich zum erstenmal, daß mein Leben in völligem Einklang mit der Partei und dem Volk steht.

Es ist eine große Quelle der Freude, und das verdanke ich Ihnen. Ich wüßte keine bessere Auszeichnung für mich. Und ich weiß keine bessere Antwort darauf, als immer neben Ihnen in vorderster Linie für die Perestroika zu kämpfen.

Der Spanier hatte in allem recht, nur in einem nicht: Wir kämpfen nicht gegen Windmühlen. Aber alle Hindernisse auf unserem Weg können überwunden werden, und wir werden das Land wiedererwecken zu einem glücklichen Leben mit fröhlichen Menschen. Ich habe immer daran geglaubt und tue es noch heute.

Stets der Ihre

E. Schewardnadse.«

Selbst jetzt bin ich von dem Inhalt des Briefes noch tief bewegt...

Man hat mich oft gefragt, ob es einfach sei, die Ehefrau des Präsidenten und Generalsekretärs der Partei zu sein. Ich antworte dann immer, es sei einfacher, als Präsident und Generalsekretär zu sein, da ich keine politischen Entscheidungen treffe, nicht an ihrer Vorbereitung beteiligt bin und nicht die Verantwortung für sie trage. Meine Arbeit ist rein sozialer Natur. Alles, was ich tue, bewegt sich in diesem Rahmen. So viel dazu. Aber der Präsident und Generalsekretär ist mein Mann. Sein Leben ist auch mein Leben, seine Sorgen sind auch meine Sorgen. Kann denn die Sorge um unser Land, die sich heute im Herzen eines jeden vernünftigen Sowjetbürgers regt, an meinem Herzen vorübergehen?

Wenn ich dem Kongreß der Volksdeputierten der UdSSR im Kongreßpalast des Kreml beiwohne, sitze ich zwischen den Besuchern auf der Galerie. Viele Menschen sprechen mich dann an – Abgesandte, Gäste und Korrespondenten. Sie fragen mich nach meiner Meinung und bedanken sich bei mir, weil ich mit ihnen im Saal sitze. Aber manche fragen auch: »Warum tun Sie das? Das könnten Sie sich doch ersparen, Raissa Maximowna. Warum strapazieren Sie Ihre Nerven und Ihren Verstand, warum?« Als ich mich einmal mit der begabten und bekannten Sängerin Alla Borissowna Pugatschowa unterhielt, sagte sie: »Ich kann nicht einfach über ein Thema singen, Raissa Maximowna, es muß schon aus dem Herzen kommen.« Ich verstehe sie, da ich auch nicht leben kann, ohne bei allem, was ich tue, und bei allem, wofür ich eintrete und wofür ich verantwortlich bin, mit Leib und Seele dabeizusein.

Mir fällt noch eine andere Episode ein, die sich nicht in Moskau, sondern in Paris ereignete. Michail Sergejewitsch und ich haben die Stadt schon mehrmals besucht, und so kam es, daß ich zweimal ein hübsches Mädchen namens Isabelle als Fremdenführerin und Beschützerin hatte. Beim zweiten Mal, kurz vor unserer Abreise, führte ich ein merkwürdiges Gespräch mit ihr.

»Madame«, sagte sie, »bei meiner Arbeit lerne ich viele bedeutende Leute kennen. Ich mache mir Sorgen um Sie. Sie sind wie ich. Es wird sehr schwer für Sie werden.«

»Wieso, Isabelle?«

»Sie sind zu offen für alles, Sie machen sich um alles Sorgen.«

»Was soll ich also tun?« fragte ich.

Das Mädchen zuckte mit den Schultern.

Ich erinnere mich noch an eine andere Episode mit diesem Mädchen.

Welche war das?

Sie haben sie im Beisein anderer Leute wegen ihrer eleganten Kleidung gelobt, und sie ist vor Freude rot geworden. Am nächsten Tag erschien sie in noch eleganterer Aufmachung, die überhaupt nicht nach einer Polizeiuniform aussah, nicht einmal für Pariser Verhältnisse.

Ja, das stimmt. Eine Frau ist und bleibt eben eine Frau.

Unser Land macht im Augenblick eine schwere Zeit durch, eine sehr schwere Zeit. Die Entscheidung ist gefallen, sie ist klar und unwiderruflich. Unsere Gesellschaft hat den Weg der Erneuerung eingeschlagen und beschlossen, den Totalitarismus und das veraltete Kommandosystem, mit dem das Land verwaltet wurde, abzuschaffen. Es gibt keinen Weg zurück. Es geht nur vorwärts auf dem Weg der Demokratisierung, der nationalen Erneuerung und der Reformen in Politik, Rechtssystem und Wirtschaft. Auf diesem Weg sind jedoch viele Schwierigkeiten aufgetaucht, und es tauchen ständig neue auf!

Die zahllosen »schwarzen Löcher«, die in den Jahren der Perestroika in den Bereichen Wirtschaft, Umweltschutz, Kultur, Medizin, soziale Sicherheit und Menschenrechte aufgedeckt wurden, waren zuvor verheimlicht und verschleiert worden. Wie sich herausgestellt hat, wußten wir, die Gesellschaft als Ganzes, in keinem Bereich unseres Lebens über den wahren Stand der Dinge Bescheid. Die Perestroika mußte mit Tschernobyl fertig werden, mit dem Erdbeben in Armenien und mit den Ereignissen in Berg-Karabach, Sumgait, Osch, dem Süd-Ossetischen Autonomen Gebiet, mit Baku und Litauen... Wir hatten Tausende von Flüchtlingen im eigenen Land!

Die Zeit der Perestroika ist keineswegs leicht oder einfach. Alle diese dramatischen Ereignisse stellten die Gesinnung, den Verstand und den Willen auf eine harte Probe und brachten großen Kummer und schlaflose Nächte mit sich. Das Klingeln des Telefons dröhnt wie ein Kanonenschuß und zerstört den Frieden der Nacht. Inzwischen jagen mir Telefone Angst ein. Sie bringen Schreie der Verzweiflung, flehentliche Bitten, Leiden und manchmal die Nachricht vom Tod eines Menschen ins Haus.

Ich erinnere mich noch an all die Schreckensnächte – von Tschernobyl bis zum Krieg am Persischen Golf, als Michail Sergejewitsch um 2.20 Uhr morgens informiert wurde, daß die Operation in einer Stunde beginnen und der Irak bombardiert würde. Und dann die Nacht vom 19. auf den 20. Januar 1990, die Nacht der Ereignisse in Baku. Am nächsten Morgen erkannte ich Michail Sergejewitsch kaum wieder. Er war grau geworden, und auch sein Gesicht war grau: Er sah aus, als habe er einen Schock erlitten und eine psychische Krise durchgemacht.

Und wissen Sie, ich war nicht die einzige, die bemerkte, daß das eine traumatische Erfahrung für ihn war. Mir ist gerade ein erstaunlicher Brief in die Hände gefallen, datiert vom 24. Januar. Er wurde der Redaktion der *Prawda* zugestellt, war aber an Michail Sergejewitsch adressiert. Er kommt aus der Stadt Paneweschis und stammt von J. I. Wassiljauskas.

»Michail Sergejewitsch! Wenn es einen Gott oder eine andere höhere Macht gibt, so schenke sie Ihnen beste Gesundheit und größte Seelenstärke, ganz besonders jetzt. Ich habe Angst, Sie könnten aufgeben und all den Menschen den Rücken kehren, die Sie jetzt, offen oder versteckt, schlechtmachen und sich hämisch über die Kämpfe im Kaukasus freuen. Warum habe ich beschlossen, Ihnen zu schreiben? Ganz einfach, weil ich zum erstenmal eine solche Traurigkeit in Ihren Augen sah, als Sie im Fernsehen über die Ereignisse in Aserbaidschan sprachen. Ich will mich hier nicht in langen Erörterungen ergehen, sondern nur sagen: Ich kann die Gefühle eines Menschen vollkommen verstehen, der dem Volk alles gibt, was er geben kann, und alles tut, was in seiner Kraft steht, und dafür häufig, so scheint mir, nur Undank erntet. Ich kann sehr gut verstehen, wenn ein Mensch in diesem Fall am liebsten sagen würde: Macht doch, was ihr wollt! Das ist eine sehr menschliche Reaktion und absolut verständlich.

Aber, sehr verehrter Michail Sergejewitsch, Sie sagen oft in Ihren Reden, daß die Perestroika ohne dies oder jenes scheitern wird... Ich bin im Prinzip ein überzeugter Anhänger von Ihnen, kann aber wie jeder andere Mensch eine eigene Meinung haben. Sie wissen, wie man Menschen überzeugt, soviel steht fest. Aber in einem Punkt wird mich niemand, auch Sie nicht, überzeugen, daß ich unrecht habe: Wenn Sie jetzt aufgrund einer Kränkung oder aus irgendeinem anderen Grund beschließen, die Flinte ins Korn zu werfen, ist die Perestroika am Ende. Das stimmt hundertprozentig! Sie dürfen das auf keinen Fall tun, unter keinen Umständen, Sie dürfen es nicht! Man darf es nicht zulassen. Wenn Sie jetzt aufgeben, ist alles aus.

Der Begriff Perestroika ist mittlerweile ziemlich abgedroschen, und deswegen sage ich Ihnen, Ihr Ausscheiden zum gegenwärtigen Zeitpunkt würde für all jene das Ende der Hoffnungen bedeuten, die glauben, daß es ein Licht am Ende des Tunnels gibt... Die Menschen sind alles andere als Engel, aber was kann man machen? Sie haben Ihren Weg gewählt, und wie schwer er auch sein mag, Sie müssen ihn zu Ende gehen. Sie dürfen nicht aufgeben! Um keinen Preis! Deshalb halten Sie aus und werden Sie nicht depressiv, auch wenn Sie unter Druck gesetzt werden und wenn man Ihnen vorwirft, Sie würden Fehler machen. Ich bitte Sie. Ich verstehe einfach nicht, warum die Menschen, würden sie auch nur ein klein wenig nachdenken, Ihre Leistung nicht anerkennen. Auf jeden Fall begreifen sie eines nicht, das ich für ganz elementar halte und das sogar einer Amöbe klar sein sollte: daß Sie sich ausschließlich für das Wohl der Menschen in unserem Land und in der ganzen Welt einsetzen. Das ist Ihr höchstes Ziel, und nur ein Blinder oder jemand, der nicht sehen will, kann das übersehen.

Ich nehme an keinen Demonstrationen teil, weder pro noch kontra, und gehöre auch keiner Partei an. Aber ich unterstütze stets und vorbehaltlos Ihre Politik, Ihre Ziele und Ihre Ideen. Ohne Sie stünden wir vor dem Nichts. Ich bin kein dummes Schaf und kein Kriecher, und ich brauche nichts weiter. Ich respektiere Ihr Recht, alles hinzuwerfen, aber um Gottes willen, Michail Sergejewitsch, tun Sie es nicht jetzt, ganz gleich, was man Ihnen sagt. Gott gebe, daß ich mich irre und daß meine Befürchtungen grundlos sind. Aber aus manchen Informationen und den verschiedenen Gerüchten kann man durchaus solche Schlüsse ziehen. Außerdem haben Sie auf dem zweiten Kongreß mehrmals gesagt: Jeder, der es wünscht, kann meinen Platz einnehmen. Ich klebe nicht an ihm. Gott gebe, daß Sie das nur aus einer momentanen Erregung heraus gesagt haben. Alles, was Sie bisher getan haben, alles, was Sie erreicht haben, ist noch nicht unumkehrbar. Alles könnte wieder rückgängig gemacht werden, wenn Sie aufgeben. Tun Sie es nicht, ich bitte Sie! Ich bin überzeugt, daß ich mit meiner Meinung nicht alleine stehe. Millionen Menschen denken wie ich. Und nicht nur im Westen, sondern auch hier im ganzen Land.

Denken Sie daran, daß wir unsere ganze Hoffnung in Sie setzen. Dem Herrn sei Dank, wenn meine Befürchtungen unbegründet sind. Verzeihen Sie mir, daß ich den Namen Gottes so oft erwähne – ich bin nicht gläubig. Wenn ich es aber wäre, würde ich zu Gott beten, daß ich meinen Brief nicht vergebens geschrieben habe. Und verzeihen Sie mir, wenn dieser Brief etwas wirr klingt. Vielleicht wird Sie das von meiner Aufrichtigkeit überzeugen. Ich bleibe Ihr überzeugter Anhänger und wünsche Ihnen und den Ihnen nahestehenden Menschen alles

Gute. Und ich wünsche Ihnen nochmals, daß Sie durchhalten, durchhalten bis zum Ende. Verzeihen Sie, daß ich Sie belästigt habe.«

Das ist ein emotionaler, zugleich aber auch vernünftiger und verständiger Brief. Ich vertraue dem Schreiber dieser Zeilen mehr als den Menschen, die in offensichtlich provozierender Absicht und mit einer Hartnäckigkeit, um die man sie in diesen schwierigen Zeiten nur beneiden kann, immerfort sagen, mit Samthandschuhen könne man keine Revolution durchführen. Ich habe Michail Sergejewitsch mehr als einmal sagen hören, daß die Ziele, die wir uns gesetzt haben, es nicht zulassen, bei der Wahl der Mittel, mit denen wir sie zu erreichen versuchen, unkritisch zu sein.

Bei einer Sitzung von Bezirks- und Stadtparteisekretären auf dem XXVIII. Parteitag der KPdSU machte eine Aserbaidschanerin dem Generalsekretär Vorwürfe, die darauf hinausliefen, er sei der Henker des aserbaidschanischen Volkes. Er erhob sich langsam von seinem Platz und sagte nach einer kleinen Pause: »Wissen Sie, es ist unmöglich, mit einer solchen Anschuldigung zu leben.« In der Halle brach ein Tumult los, und die Frau entschuldigte sich…

Heute, wo die wirtschaftliche Lage und die Lebensbedingungen des gesamten Volkes so schwierig geworden sind, muß man Entscheidungen treffen, die außerordentlich einschneidend sind. Aber sie müssen getroffen werden, da es offensichtlich ist, daß sie sich nicht länger hinausschieben lassen. Das hat man schon zu lange getan…

Aber wissen Sie, heute machen uns nicht nur materielle Probleme zu schaffen. Perestroika, Demokratisierung und Glasnost haben das intellektuelle Leben in unserer Gesellschaft und das Leben überhaupt freier und offener gemacht.

Das soziale Gewissen wurde von vielen veralteten Klischees und Dogmen befreit. Die Bereitschaft, mehrere Meinungen zu akzeptieren, hat es ermöglicht, unsere Geschichte, die heutige Zeit und die Welt um uns herum mit neuen Augen zu sehen. Wie sich gezeigt hat, gibt es in den verschiedenen Gruppen der Gesellschaft eine große Vielfalt von Meinungen und Interessen. Aber auch hier sind wir auf große und vielleicht sogar die größten Probleme gestoßen.

Nationalismus und Extremismus sind wieder an die Oberfläche gekommen und breiten sich wie ein Krebsgeschwür im Gewebe des nationalen Selbstverständnisses der Menschen aus. Ich habe sowohl russische wie ukrainische Wurzeln, da, wie Sie wissen, mein Vater aus der Gegend um Tschernigow kam und ich im Gebiet Altai geboren wurde. Gelebt habe ich in Sibirien, im Ural, in Baschkirien und im Kaukasus mit seinem bunten Völkergemisch. Beinahe zwanzig Jahre lang lebe ich nun in Moskau. Ich habe eine gute Vorstellung davon, was es heißt, die Beziehungen und Kontakte zwischen Menschen unterschiedlicher Nationalität zu pflegen und sich gegenseitig zu helfen. Und ich bin zutiefst überzeugt davon, daß das der unsichtbare Nährboden ist, auf dem allein der einzelne Mensch und die gesamte menschliche Zivilisation überleben können. Er hat uns ermöglicht, durchzuhalten, auszuharren, oder, wie meine Mutter gesagt hätte, die bittersten Jahre und Tage »durchzustehen«, die unser Vaterland erlebt hat. Und ich finde es höchst alarmierend, wenn ich sehe, daß dieser unschätzbare Nährboden menschlicher Moral Löcher bekommt.

Zum erstenmal fiel mir das mit großer Eindringlichkeit in Armenien auf, zur Zeit des tragischen Erdbebens. Wie Sie sich erinnern, brach Michail Sergejewitsch damals seinen Staatsbesuch in den Vereinigten Staaten ab und reiste nach einem kurzen Zwischenaufenthalt in Moskau ins Zentrum des Katastrophengebiets. Wir besuchten Leninakan, Spitak und Kirowokan. Ich werde diese Tage nie vergessen! Und auch die Gesichter der Menschen nicht. Es lag so viel Leid in ihren durchdringenden Blicken.

Ich sah Männer, die alles verloren hatten und am Rande der Verzweiflung waren, und Frauen, die über winzigen Gräbern schluchzten, und ich tat alles, was in meiner Macht stand, um sie zu trösten. Ich sah verkrüppelte Kinder in den Krankenhäusern. Wie jeder Erwachsene sah ich ihnen nicht nur mit Furcht, sondern auch mit einem Gefühl der Schuld in die Augen. Gewiß, es war eine Naturkatastrophe gewesen, für die niemand etwas konnte. Aber ich weiß, ganz gleich, was geschehen ist und was immer die Menschen heimgesucht hat, menschliches Leid und menschliche Tragödien lassen den einzelnen nicht gleichgültig. Aus diesem Grund werden die Augenblicke der größten Tragödie, die es im menschlichen Leben gibt, auch zu Augenblicken der Erhebung für den menschlichen Geist und die menschliche Tugend. Tatsächlich war diese dramatische Mischung in jenen Tagen überall zu spüren – hier die Katastrophe, dort die aufrichtige Anteilnahme, überall in unserem Land und auf der ganzen Welt.

Das Land besann sich darauf, daß es ein einziges Land ist und daß Menschen Menschen sind, auf welcher Seite sie auch stehen und an welcher Grenze sie auch leben mögen. Um so beängstigender war es für mich, inmitten der Tränen, des Kummers und der vielen tausend Toten einige Leute Parolen rufen und lautstark die »Befreiung Berg-Karabachs« fordern zu hören, während noch das Stöhnen und die Hilferufe von Verschütteten aus den Ruinen drangen. Und dann erfuhr ich, daß in diesem tragischen Augenblick das Hilfsangebot Aserbaidschans abgelehnt worden war. Kann man solchen Leuten wirklich das Schicksal einer Nation anvertrauen? Wahrlich, wenn ein Blinder einen Blinden führt, werden beide in den Abgrund stürzen.

Ich weiß noch, wie ich im Dezember 1990 in einer Pause auf dem Vierten Kongreß der Volksdeputierten der UdSSR im

Foyer des Kongreßpalastes umringt wurde. Wie immer gab es Fragen und Antworten, Streitgespräche und Diskussionen. Plötzlich rief ein junger, gutaussehender Mann, so laut er konnte:

»Raissa Maximowna, jeder macht die Russen schlecht, sehen Sie das nicht? Sie demütigen unsere Nation, sie haben uns beraubt und in die Knie gezwungen...«

Ich konnte ihn nur mit Mühe unterbrechen.

»Wovon sprechen Sie? Hören Sie auf und denken Sie einen Augenblick nach. Schließlich sind es andere, die behaupten, die Russen spielten sich gerne als Herren auf, seien faul und arbeitsscheu und beuteten andere nur aus. Bedenken Sie doch, was Sie sagen. Noch einen Schritt weiter, und wir fangen an, nach Feinden Ausschau zu halten. Wer sind sie – die Georgier, Armenier, Esten, Letten, Juden, Kasachen, Aserbaidschaner? Sind das unsere Feinde? Die Geschichte hat uns mehr als einmal gezeigt, was das bedeutet. Oder ist die Erfahrung anderer Menschen immer nur Theorie? Die Stärke des russischen Volkes beruht auf der Tatsache, daß wir niemals jemanden ausgebeutet und auf Kosten anderer Völker gelebt haben. Wir haben die Freude des Sieges und die Bitterkeit der Tragödie mit allen Völkern unseres Landes geteilt. Und das ist kein Zeichen von Schwäche oder Demütigung, sondern, ich wiederhole, ein Zeichen unserer Kraft, unserer Moral.

Denken Sie an Dostojewski: ›Ich sage nur, daß das russische Herz sich unter allen Nationen vielleicht am ehesten für eine universelle, weltweite Einheit eignet...‹«

Wir leben in einer beunruhigenden Zeit, in der man sich über vieles Sorgen machen muß: über die Zukunft des Landes, über das Schicksal der Union unserer Völker und über alles, was das Leben in Jahrhunderten hervorgebracht hat. Wo hat diese alles zerstörende Aggressivität ihren Ursprung? Wenn fünfzig- oder sechzigjährige Männer, die dreißig Jahre lang auf der theoretischen Notwendigkeit des Kasernenhof-Sozialismus und seiner Überlegenheit bestanden haben und die mit dem Aufbau dieser Gesellschaft betraut waren – wenn diese Männer nun erklären, sie würden das alles mit Freuden zerstören, und es tatsächlich auch tun, dann bekomme ich Angst. Sollen noch mehr Leute vom Schlage eines Herostratos in die Geschichte unseres Landes eingehen? Sind wir wirklich nicht klüger geworden? Haben wir uns immer noch nicht vom tödlichen Virus gegenseitiger Vernichtung befreit? Ist angesichts dieses Übels jede Politik wirkungslos? Und, ganz allgemein, muß man denn zerstören, um vorwärtszukommen? Das widerspricht doch dem gesunden Menschenverstand! Ich bin überzeugt, daß Menschen nur dann glücklich sein können, wenn sie konstruktiv sind.

Woher rührt dieses Verlangen, die historischen Denkmäler des eigenen Volkes zu beschmutzen, dieser Drang, die siebzigjährige Geschichte der Sowjetunion als eine Zeit hinzustellen, in der es nichts als Fehler, Verbrechen und Schande gab? Wie viele Leute sind in letzter Zeit aufgetaucht, die sich als Anhänger der Perestroika ausgeben und im Interesse ihrer Karriere, ihres persönlichen Fortkommens und Wohlstands die Würde ihres Landes, ihres Volkes und ihrer Geschichte mit Füßen treten?

Was geschieht in solchen Zeiten mit den Traditionen unserer Intelligenzija? Oder haben wir uns dieser Traditionen in aller Eile entledigt, als seien sie abgelegte Kleidungsstücke? Manche Intellektuelle haben sich entschlossen, diese Traditionen zu hassen, und beruhigen ihr Gewissen mit Sprüchen wie: »Revolutionen werden stets von Intellektuellen begonnen, von Fanatikern durchgeführt, und die Früchte ernten die Schurken.«

Daher möchte ich den Leuten zurufen, sie sollten innehalten und nachdenken. Kultur ist sowohl ein intellektuelles wie auch ein moralisches Phänomen. Nach meinem Verständnis besteht der Sinn der Demokratie darin, gemeinsam und miteinander nach Wegen für den Fortschritt der Gesellschaft und nach den effektivsten Möglichkeiten zu suchen, das menschliche Leben zu organisieren, und nicht darin, uns gegenseitig zu bekämpfen und zu zerstören. Natürlich ist die Demokratie auch ein Wert an sich, aber in erster Linie ist sie doch ein Instrument, mit dem etwas noch Wichtigeres geschaffen werden soll. Oder sind wir nicht fähig, ohne Feinde zu leben? Noch hat sich in unserem Land keine echte Opposition formiert, aber wir hören bereits den Ruf: Krempelt die Ärmel auf, macht Listen mit den Namen zuverlässiger und unzuverlässiger Leute, ernennt »unsere« Leute, »unsere« öffentlichen Ankläger und zerstört die verfassungsmäßigen Machtorgane.

Wie schwer fällt uns die Auseinandersetzung mit den Zeiten, in denen wir gelebt und die uns geprägt haben! Die Intoleranz gegenüber der Meinung anderer Menschen, die unsere Gesellschaft früher durchdrungen hat, breitet sich in immer neuen Formen des Hasses, des Kampfes und der Konfrontation aus. »Rasende Demokraten« auf der einen und »rasende Konservative« auf der anderen Seite: In der Praxis entpuppen sich beide Extreme als ein und dasselbe.

Ich erinnere mich an einige Episoden auf dem XXVIII. Parteitag, der Russischen Verfassunggebenden Parteikonferenz und der gemeinsamen April-Sitzung von Zentralkomitee und Kontrollkommission. Die Partei bestätigte und unterstützte ihren Führer in der Überzeugung, daß wir nicht mehr so weiterleben können wie in der Vergangenheit. Aber allem Anschein nach würde es einigen Leuten – und zwar ziemlich vielen! – ganz gut gefallen, in einem Land zu leben, das sich verändert. Aber sie selbst wollen sich nicht ändern, wollen keine Veränderungen in der Lebensweise akzeptieren und sich nicht auf neue Bedingungen und Anforderungen einstellen. Und wieder dieselben Attacken, dieselbe Aggressivität und dieselbe moralische »Hinrichtung« der Initiatoren der Perestroika.

Während des XXVIII. Parteitages wurde eine Zeitung namens *Das dreizehnte Mikrophon* veröffentlicht. Ein Reporter der Zeitung interviewte Michail Sergejewitsch und veröffentlichte, was er gesagt hatte. Daraus ein paar Zitate:

»Wieviel Schlaf haben Sie in den letzten paar Tagen bekommen?«

»Ich kann nicht schlafen. Selbst im Schlaf gehen die Konflikte weiter.«

»Was war für Sie auf dem Parteitag am schmerzlichsten?«

»Darüber habe ich bereits gesprochen. Ich mag keine Schmeichelei! Ich habe sie noch nie gemocht, auch nicht in meiner Jugend. Meine Freunde aus der Studentenzeit wissen das. Ebensowenig kann ich unverschämte Angriffe ertragen, wie wir sie auf dem Parteitag leider erlebt haben. Das war schier unerträglich. Es gab die Tendenz, den Parteitag in ein Femegericht zu verwandeln. Das war schrecklich und hat mich mehr erschüttert als alles andere.«

»Und was hat Ihnen in diesen Tagen am meisten Freude gemacht?«

»Daß trotz aller Schwierigkeiten der gesunde Menschenverstand überwiegt.«

Ich erinnere mich an unsere Reise nach Spanien im letzten Jahr: Barcelona, Madrid, der Königliche Palast an der Plaza de Oriente, der Zarzuela-Palast, der Olympia-Komplex, die Universidad Complutense und das Institut für Sowjetische Wissenschaft und Kultur. Der Prado – die Schatzkammer Spaniens. Picassos *Guernica* hängt dort. Es wird viel über den antifaschistischen Gehalt dieses Gemäldes gesprochen. Für mich war es aber nicht nur ein Symbol des Faschismus, sondern auch ein Symbol des Krieges in seiner schrecklichsten Form in der Geschichte – ein Symbol der Schrecken des Bürgerkrieges. Das Bild ist eine Mahnung an die Menschen, zur Vernunft zurückzukehren. Spanien erlebte einen Bürgerkrieg, und das totalitäre Franco-Regime dauerte beinahe vierzig Jahre. Viele von uns erinnern sich noch daran, daß wir in den dreißiger Jahren spanische Waisenkinder aufgenommen haben, die der Hölle des Bürgerkrieges entrissen worden waren. Tausende fanden Zuflucht in unserem Land – und eine zweite Mutter unter unseren sowjetischen Frauen. Nun haben die Spanier die Kraft und den Mut gefunden, die Diktatur abzuschütteln und einen demokratischen Weg einzuschlagen, nicht mit den Mitteln des Krieges, sondern durch allgemeine Verständigung.

Die Dramen in der Geschichte unserer beiden Länder ähneln einander in vielerlei Hinsicht. Vielleicht sind wir deshalb bei unserem Besuch in Spanien auf so viel Verständnis gestoßen und haben so viele Freunde gefunden. Zu ihnen gehören König Juan Carlos I., Königin Sofia und der sozialistische Ministerpräsident Gonzáles, von dem mein Mann nach dem Zusammentreffen sagte: »Unser Gespräch dauerte sehr lange. Wir hatten eine hochinteressante Diskussion und kamen zu mehreren wichtigen Schlüssen...« Ein weiterer Freund ist Señor Villapalos, Professor der Rechte, ein führender Wissenschaftler und Rektor der Universidad Complutense. Und dann sind da noch die spanischen Kinder, die wir 1937 aufnahmen und die später nach Hause zurückkehrten. Viele kamen auf mich zu und fragten, wie sie unserem Land konkret helfen könnten.

Die Perestroika wird oft als Revolution bezeichnet. Wenn es eine ist, so ist sie beispiellos in Rußland, einem Land der Revolutionen. Denn Michail Sergejewitsch hat es sich zur Hauptaufgabe gemacht, die Perestroika auf demokratische Weise durchzuführen, ohne Blutvergießen oder Gewaltanwendung. Unglückseligerweise hat es in den Jahren der Perestroika einige Opfer gegeben. Aber glauben Sie mir, ihre Zahl würde unvergleichlich höher ausfallen, wenn es gewissen Kräften gelänge, den Präsidenten des Landes dazu zu bringen, den Standpunkt aufzugeben, den er bezogen hat und den er bewußt, resolut und mutig verteidigt. Um es mit den Worten Maximilian Woloschins zu sagen:

»Hier wie dort in den Reihen
Ertönt derselbe Ruf:
Wer nicht mit uns ist, ist gegen uns,
Und das Recht ist auf *unserer* Seite.
Aber ich steh' alleine dazwischen,
Zwischen lodernden Flammen und Rauch,
Und mit der ganzen Kraft, die ich habe,
Bete ich für einen und alle.«

Sehr passend! Und, wenn ich mich nicht irre, schon 1919 geschrieben.

Im Strudel der politischen Auseinandersetzungen ist heute meiner Meinung nach noch ein gefährliches Phänomen zu beobachten: die übertriebene Politisierung der Gesellschaft.

Angesichts der totalen Politisierung haben die Erwachsenen die Pflicht, genauer als jemals zuvor auf die geistigen Vitamine zu achten, die unseren Kinder verabreicht werden. Denn soviel ist sicher: Wir ernten heute die Früchte der Kindheit von Generationen, die mit den Bildern von »Verrätern« und »Volksfeinden« und deren Verurteilung aufgewachsen sind. Aus diesem Grund ist es wichtig, die Kinder vor dem Einfluß politischer Leidenschaften zu schützen und sie nicht dazu zu zwingen, sich auf die eine oder die andere Seite der Barrikaden zu stellen.

Es ist bestürzend und beängstigend, wenn ich bei Kundgebungen Reihen von Kindern und Jugendlichen sehe, die »Nieder mit« diesem oder jenem rufen. Es ist beängstigend, daß unsere Kinder wieder die gleichen Bilder von »Volksfeinden« im Kopf haben, auch wenn es heute »moderne« Feinde sind.

Ich habe Ihnen schon einmal gesagt, daß ich es sehr traurig und beunruhigend finde, wenn zum Beispiel die Frau eines beliebten Volksdeputierten in einem Interview der Zeitschrift *Ogonjok* stolz erklärt, ihre kleine Tochter könne am Aussehen und an der Sprechweise einer Person im Fernsehen intuitiv erkennen, ob sie »zu uns« gehört oder »unser« Feind ist. Ich schließe mich der Ansicht des Autors Anatoli Alexin, Präsident des sowjetischen Verbandes »Frieden für die Kinder der Welt«, an, die er in der Zeitung *Sowjetkultur* skizziert hat: »Die Saat der Feindseligkeit und des Hasses, des Nationalismus und Chauvinismus, die heutzutage in die Köpfe unserer Kinder gesät wird, wird nie etwas Gutes hervorbringen und nie zu anständigem Verhalten oder Internationalismus führen. Damit schleudern wir die Tragödie und die Auseinandersetzungen, die Last und den Schmutz der Vergangenheit in die Zukunft, in unser gemeinsames Morgen.«

Das Credo Ihres Mannes, das er immer wieder dargelegt hat, ist eine Kombination aus Politik und Moral. Wie ist Ihre Einstellung zu dieser gewaltigen Aufgabe? Halten Sie sie nicht für zu idealistisch?

Ja, Michail Sergejewitsch wiederholt häufig und gern, daß die Interessen von Millionen Menschen die großen Aufgaben in der Politik sind. Politik muß moralisch sein. Ist das Idealismus? Wie wäre es, wenn wir versuchten, etwas weiter zu denken?

Ich erinnere mich an ein Gespräch, das ich mit Mrs. Thatcher bei ihrem ersten offiziellen Besuch in Moskau führte. Beim Diner fragte ich die britische Premierministerin, eine hervorragende Politikerin:

»Mrs. Thatcher, ich möchte Ihnen als gewöhnlicher Mensch eine Frage stellen: Ist es moralisch, wenn man die Vorstellung vertritt, es sei wichtig, die Atomwaffen auf dieser Erde zu behalten?« Sie antwortete:

»Sie sind eine Idealistin, Mrs. Gorbatschowa.«

Ich verteidigte mich: »Aber es gibt viele Idealisten wie mich, und ich bin sicher, daß es in Zukunft noch viel mehr geben wird.«

Kürzlich, nach dem Ende des tragischen Krieges am Persischen Golf, mußte ich wieder an dieses Gespräch denken. Ich bringe den patriotischen Gefühlen des amerikanischen Volkes große Achtung entgegen und respektiere sie. Trotzdem möchte ich sagen, daß dieser Krieg, wie jeder andere, eine Tragödie war. Mir fiel das Gespräch mit Mrs. Thatcher wieder ein, nachdem ich gehört hatte, wie eine bedeutende politische Persönlichkeit eines bestimmten Landes sagte: »Nun gut, wenn Gewalt das einzig wirksame Mittel ist, dann werden wir eben unsere eigenen Atomwaffen bauen.« Also, was ist das? Wie nennen Sie so etwas? Nein, Krieg ist nie eine gute Sache, nicht einmal, wenn es darum geht, einen Aggressor zu bestrafen. Heute müssen die Menschen lernen, die Interessen der anderen zu berücksichtigen, und sei es auch nur um des eigenen Überlebens willen. Ich glaube nicht, daß der Punkt in diesem Koordinatenkreuz, in dem sich Politik und menschliche Moral schneiden, bloßer Idealismus ist. Nein!

Nein, gerade hier, am Schnittpunkt von Politik und Moral, haben die großartigsten und produktivsten Resultate zeitgenössischer Politik ihren Ursprung und ihre Grundlage.

Man wirft Michail Sergejewitsch vor, er scheue den endgültigen Bruch und kappe nicht die Verbindung zu bestimmten Leuten, denen er sich weiter verpflichtet fühlt, besonders seinen Mitkämpfern, mit denen er den Reformkurs begann.

Auch hier ist zu bedenken: Ist das wirklich so schlecht? Ist eine rein pragmatische und opportunistische Einstellung zu den Umständen und zu den Menschen tatsächlich so moralisch?

Ich will nicht leugnen: Manchmal muß man bittere Lektionen lernen, keine Frage. Ein Beispiel: Wenn uns das Schicksal nicht die Last der Perestroika auferlegt hätte, hätte ich wahrscheinlich nie erfahren, wie unglaublich wandlungsfähig Menschen sein können. Für mich ist das eine der schwersten moralischen Prüfungen der Perestroika: die Art, wie Menschen sich verhalten, was sie sagen und was sie tun. Wie sie gestern waren, und wie sie heute sind. Wie sie sich mir gegenüber und wie sie sich anderen gegenüber verhalten. Wie sie sind, wenn es um ihren Vorteil geht, und wie sie sind, wenn es zu ihrem Nachteil ist. Manchmal sehe ich sogar, oder fühle eher, daß sie keine Gesichter haben, sondern Masken, Masken der wirklichen Welt aber und nicht der Phantasiewelt der Märchen. Und wissen Sie, die Masken, die ich sehe, verschwinden manchmal ganz plötzlich, und ich kann ganz deutlich die Gesichter der Menschen sehen, die meinen Großvater in den dreißiger Jahren angezeigt haben. Und die Gesichter derjenigen, die ihn umgebracht haben. Und derjenigen, die den Schwanz einzogen und nicht einmal einer sterbenden Frau beistanden, nur weil sie aus der Familie eines »Volksfeindes« stammte.

Nikolai Gubenko, Kulturminister, Schauspieler und Regisseur, hat einmal zu mir gesagt: »Wissen Sie, wovon ich träume? Ich würde gern einen Film mit dem Titel ›Als ich Minister war‹ machen.« Ich glaube, es wird mehr als einen Film geben. Aber diese Filme werden keine Fiktion, werden nicht das Produkt krankhafter Phantasie oder entflammter Einbildungskraft sein. Es werden Dokumentarfilme sein, die die Wahrheit über die Menschen der Perestroika sagen. Glücklicherweise gibt es dokumentarisches Material in Hülle und Fülle, offizielles wie inoffizielles, schriftliches wie mündliches, wohlbekanntes wie bislang wenig bekanntes.

Am häufigsten und natürlich mit dem größten Bedauern denke ich an jene, die einmal Kameraden und Kollegen von

Michail Sergejewitsch waren und sich als Waffenbrüder bezeichneten.

Nein, diesen Ausdruck würde ich weglassen.

Warum? ... *[Sie zuckte mit den Achseln.]* So haben sie sich genannt. Und sie haben hart für die Perestroika gearbeitet.

Jeder von ihnen mußte in seiner beruflichen Laufbahn schwere Prüfungen durchstehen. Aber zeigten sie sich alle der Aufgabe gewachsen? Kann jeder von ihnen die Hand aufs Herz legen und sagen: Wir waren und sind an der Durchsetzung der Perestroika beteiligt, und wir werden es auch in Zukunft sein und uns für unsere gemeinsame Sache einsetzen?

Ich habe den handgeschriebenen Brief von Stanislaw Sergejewitsch Schatalin an Michail Sergejewitsch noch einmal gelesen und möchte gern glauben, was er schreibt! Der Brief stammt aus dem letzten Jahr.

»Lieber Michail Sergejewitsch!

Ich war erbittert, als ich erfuhr, was sich im Plenum zugetragen hat, und verspüre das unbezähmbare Verlangen weiterzukämpfen. Sie wissen, daß ich meinen Vorgesetzten nicht gerne Komplimente mache. Aber ich möchte Ihnen sagen, daß ich Sie respektiere und aufrichtig gern habe und bereit bin, mit Ihnen bis zum Ende zu gehen. Schenken Sie den Leuten vom ›rechten Flügel‹ keine Beachtung. Aufgrund eines tiefen historischen Mißverständnisses halten sie sich für Kommunisten. In Wahrheit sind sie jedoch politische Opportunisten, die kein Recht haben, im Namen des Volkes zu sprechen. Das Leben wird sie wegfegen, und das Volk wird verächtlich von ihnen sprechen. Schenken Sie auch der Hysterie der ›Linksradikalen‹ keine Beachtung. Nicht im landläufigen, sondern im wahren Sinne des Wortes bin ich vielleicht einer der am weitesten ›links‹ stehenden Männer in der UdSSR. Aber Sie führen im großen ganzen das einzige realistische Programm zur Rettung des ursprünglichen Sozialismus und Ihres Landes durch. Wenn Sie meine Meinung hören wollen, wie Sie Ihrem Programm einen konsequenteren Zuschnitt geben können, will ich es Ihnen gerne sagen.

Geben Sie sich auf dem Kongreß der Volksdeputierten ruhig und entschlossen. Er ist Ihre wichtigste Stütze. Lenin scheute sich nicht, den Vertrag von Brest-Litowsk zu schließen. Reagieren Sie mit philosophischer Gelassenheit auf die unverantwortliche Entscheidung der Litauischen Kommunistischen Partei. Am 3. Januar werde ich von einer Auslandsreise zurückkehren (ich arbeite gerade an einem Langzeitprojekt über Ost-West-Beziehungen) und bin bereit, jede Aufgabe zu übernehmen, die Sie mir anvertrauen. Mögen diese Worte wenigstens etwas dazu beitragen, Ihr inneres Gleichgewicht zu fördern. Bitte richten Sie Raissa Maximowna herzliche Grüße aus. Ich wünsche Ihnen und Ihrer Familie ein glückliches Neues Jahr. Wir haben keine Wahl: Wir werden uns durchsetzen.

Immer Ihr Stanislaw Sergejewitsch Schatalin, Mitglied der Akademie.«

Hier ist eine Fotografie, auf der wir alle zu sehen sind. Der Fotograf war Georgi Chosrojewitsch Schachnasarow, korrespondierendes Mitglied der Sowjetischen Akademie der Wissenschaften. Ihm zufolge ist das Besondere an diesem Foto, daß niemand ein ähnliches besitzt. Denn Pressefotografen werden in der Regel nicht in einen so engen Kreis eingeladen, nicht einmal in der Zeit von Glasnost.

Heute erlebt die Perestroika wahrscheinlich ihre schwerste Belastungsprobe. Verschiedene widersprüchliche und vollkommen entgegengesetzte Prozesse und Kräfte haben sich miteinander verwoben. Und im Zentrum dieses gigantischen Wirbelsturmes steht der Präsident der UdSSR und Generalsekretär des Zentralkomitees der KPdSU und gleichzeitig der Mensch, der mir am nächsten steht. Wird es uns gelingen, den Wirbelsturm ehrenvoll zu überstehen? Wird es uns gelingen, die Voraussetzungen für ein Leben zu schaffen, das dem modernen Menschen angemessen ist, das Beste in uns wiederzubeleben und das Beste von dem, was uns umgibt, zu bewahren?

Michail Sergejewitsch steht unter einer unglaublichen nervlichen Belastung. Seit sechs Jahren verrichtet er Tag für Tag aufopferungsvolle Arbeit, im umfassendsten Sinne des Wortes. Die Jahre sind zu einem einzigen, endlosen Arbeitstag zusammengeschmolzen. Er kommt nie vor zehn oder elf Uhr abends nach Hause und bringt immer einen Stoß Akten mit. Oft arbeitet er bis zwei oder drei Uhr morgens.

Auf Auslandsreisen hat er immer ein außerordentlich dicht gedrängtes Programm. Gespräche, die Unterzeichnung von Dokumenten, Dutzende von Treffen und Terminen: Jede Stunde, jede Minute seines Aufenthalts in dem jeweiligen Land ist verplant.

Delegationsmitglieder, Journalisten und andere Personen, die ihn auf seinen Reisen begleiten, wissen das sehr gut. Auf solchen Reisen schläft er keine Nacht länger als vier oder fünf Stunden. Hinzu kommen die körperlichen Strapazen, die der Klimawechsel und die Umstellung auf andere Zeitzonen mit sich bringen. Außerdem hat sich Michail Sergejewitsch nie den Luxus gegönnt, sich für ein oder zwei Tage oder auch nur für ein paar Stunden zurückzuziehen, um sich nach einem langen Flug auf die neuen Gegebenheiten einzustellen.

Mir ist aufgefallen, daß Auslandsreisen jetzt meistens samstags oder sonntags stattfinden. Früher wurde die Zeit, die für solche Reisen zur Verfügung stand, nach Tagen gemessen, heute nach Stunden. In Spanien verbrachte Michail Sergejewitsch dreißig Stunden, in Italien sechs oder sieben.

Das ist richtig. Aber das, was in solche Besuche hineingequetscht wird, wächst mit geometrischer Progression. Selbst in den Ferien gelingt es ihm so gut wie nie, sich von der Arbeit loszureißen. Im Urlaub schreibt er immer die wichtigsten anstehenden Reden, und dort ist auch sein Buch *Perestroika* entstanden. Und vor allem verliert er niemals, ganz gleich, wo er sich aufhält, auch nur für eine Minute die Verbindung nach Moskau. Im August 1990 erhielt er in den zwanzig Urlaubstagen, die er in Jalta verbrachte, nach meiner Schätzung etwa siebzehn dringende, unaufschiebbare Anrufe pro Tag.

Damals, kurz vor dem Ende unseres Urlaubs, sagte Michail Sergejewitsch zu mir: »Die schwierigste Zeit liegt noch vor uns. Es wird politische Kämpfe geben ... politische Streitereien..., es ist sehr beunruhigend... Weißt du, das wird unvermeidlich Auswirkungen haben auf die Wirtschaftslage und auf die Lösung unserer wirtschaftlichen Probleme. Unser Hauptproblem besteht darin, daß wir den Konservativen nicht nachgeben dürfen. Da würden wir nie wieder herauskommen. Wir dürfen das Schicksal und die Zukunft des Landes aber auch nicht den Hasardeuren überlassen; die würden alles ruinieren. Wir werden Schritt für Schritt weitergehen. Vielleicht wird nicht jeder Schritt der richtige sein; nicht jeder Schuß trifft ins Schwarze. Aber die Schritte müssen getan werden!«

Ich weiß, welchen Schmerz und welche Sorgen er durchlebt. Es ist nicht leicht, es ist niemals leicht für einen ehrlichen Mann. Das gilt doppelt für einen Mann, der sich eine solche Bürde der Verantwortung für sein Land und sein Volk aufgeladen hat. Ein Mann, der weiß, was er dem Vertrauen der Menschen schuldet, der von Haus aus Humanist und Demokrat ist und ein offenes Herz hat für das Glück und das Leid der Menschen, sich mit ihnen freut und mit ihnen leidet.

Ihr Mann besitzt eine beneidenswerte Selbstbeherrschung. Welches Geheimnis steckt dahinter?

Die Leute sprechen oft von seiner Selbstkontrolle und Toleranz. Aber für andere Leute – und solche gibt es auch – hat das nichts mit Selbstbeherrschung zu tun, sondern vielmehr mit einem »Mangel an Entschlossenheit«. Das sind die Leute, die in provokativer Absicht erklären, man könne Politik nicht mit zitternden Händen machen. Das sind gefährliche Leute, die in diesen stürmischen Zeiten nach oben gespült werden. Aber kehren wir zu Ihrer Frage zurück. Ich habe einmal gehört, was Michail Sergejewitsch selbst auf diese Frage geantwortet hat. Es war in Finnland, bei einem Frühstück, das Herr Koivisto gab. Halb im Spaß nannte Michail Sergejewitsch drei »Gründe«: Erstens habe er seinen Eltern zu danken, da sie ihm die Fähigkeit zur Selbstbeherrschung vererbt hätten. Als zweiten Grund nannte er mich. »Ich habe Raissa Maximowna für ihre Hilfe, ihre Unterstützung und ihre Loyalität zu danken«, sagte er. Der dritte Grund war sein Glaube daran, den richtigen Weg eingeschlagen und sich das richtige Ziel gesetzt zu haben.

Ich glaube, Georgi Wladimirowitsch, der dritte Grund ist der wichtigste: Seine Überzeugung, daß das, was er 1985 begonnen hat, richtig, wichtig und notwendig ist. Was einem starken Mann den Mut rauben kann, ist meiner Ansicht nach vor allem der Verlust des Glaubens und Zweifel an seiner Wahrheit.

Wissen Sie, Michail Sergejewitsch hat kürzlich in einem sehr freimütigen und ungezwungenen Interview im sowjetischen Fernsehen praktisch das gleiche noch einmal wiederholt.

Ja, Sie haben recht. Natürlich habe ich das Interview auch gesehen und gehört. Ich will nicht verhehlen, daß es mir große Freude bereitet hat, daß er bei den drei Gründen für seine Selbstbeherrschung wiederum mich genannt hat; er hat mich nicht vergessen. Zu den Faktoren, die Michail Sergejewitsch genannt hat, würde ich noch einen hinzufügen, der ganz zentral ist für das Verständnis seiner Selbstbeherrschung, Toleranz und Ausdauer. Für ihn sind alle Leute menschliche Wesen und Persönlichkeiten. Seine eigene Würde verteidigt er niemals dadurch, daß er die Würde anderer mit Füßen tritt. Das hat ihn sein Leben lang ausgezeichnet. In seinem ganzen Leben hat er Menschen, die an seiner Seite stehen, nie gedemütigt, um selbst größer zu erscheinen. Niemals.

Und aus diesem Grund hört man ihn auch Sätze sagen wie: »Man kann natürlich nicht allem zustimmen, was er sagt, aber schließlich ist er Arbeiter«, »er hat eine eigene Meinung«. Oder: »Man muß natürlich darüber nachdenken«, »in all dem steckt etwas Vernünftiges«. Oder: »Prinzipiell könnten wir das akzeptieren.«

Mit diplomatischer Etikette hat das nichts zu tun, geschweige denn mit Schüchternheit, Unentschlossenheit oder Unsicherheit. Nicht einmal mit Erziehung. Was ich meine, ist ein angeborener Respekt vor den Menschen. Wissen Sie, in der Familie hört er jedem vom Achtzig- bis zum Dreijährigen zu, als sei er ihm gleichgestellt.

Ich habe keinen Zweifel an Michail Sergejewitschs moralischer Kraft. Mir macht etwas anderes Sorgen, und ich denke, Millionen von Frauen, Ehefrauen und Müttern werden mich verstehen. Ich mache mir große Sorgen um seine Gesundheit.

Georgi Wladimirowitsch, ich würde unsere heutige Sitzung gerne mit einer Antwort auf Ihre Frage beschließen, was ich unter Glück verstehe. Das ist sehr einfach und zugleich sehr kompliziert. Es ist eine zeitlose Frage, so komplex und vielschichtig wie das Leben selbst. Eines aber weiß ich: Man kann nicht glücklich sein, wenn man allein ist, wenn einen niemand braucht.

Vor mir liegt ein Glückwunschschreiben zum Tag der Frau, dem 8. März. Ich habe es gerade erhalten.

»Liebe Raissa Maximowna!

So schwer es für Sie und Michail Sergejewitsch in diesen schrecklichen Zeiten auch sein mag, Sie können sicher sein, daß die Bemühungen der vergangenen sechs Jahre, unser Land zu verändern und voranzubringen, diesem ein unverfälschtes und ehrliches Ansehen eingebracht haben, das mit Begriffen wie Aufrichtigkeit, Moral und Humanität in Einklang steht. Es ist schwierig, ja unmöglich, im Laufe von sechs Jahren den Prozeß der Perestroika zur Vollendung zu bringen. Aber ich weiß, daß all Ihre Gedanken, all Ihre Gefühle und alles, was Sie in diesen Jahren gemeinsam getan haben, nur eines zum Ziel hatten: dem Land zu dienen.

Nikolai Gubenko.«

Das zweite Schreiben ist von Georgi Chosrojewitsch Schachnasarow.

»Liebe Raissa Maximowna!

Ich sende Ihnen die herzlichsten Glückwünsche zum 8. März. Ihnen ist ein erstaunliches Schicksal zuteil geworden – einerseits ein glückliches, doch in mancher Hinsicht auch ein unfreundliches. Sie nehmen seine Gaben wie auch seine Schläge jedoch mit großer menschlicher Würde entgegen. Wenn Ehen tatsächlich im Himmel geschlossen werden, dann hat Gott versucht, Michail Sergejewitsch eine Lebensgefährtin zu geben, die zu der Aufgabe, für die er bestimmt ist, sehr gut paßt.

Mit freundlichen Grüßen, Ihr Schachnasarow.«

Vielleicht *ist* das Glück, Georgi Wladimirowitsch? Oder...

Hier ist ein Geschenk, das mir sehr ans Herz gewachsen ist – *Jahrmarkt der Eitelkeit* von Thackeray. Es ist die Erstausgabe, 1848 in London erschienen. Mrs. Margaret Thatcher hat sie mir geschenkt. Dieses Werk eines hervorragenden Romanautors endet mit der Frage: »Wer von uns ist glücklich auf dieser Welt?«

Die Arbeit war beendet. Ich wurde die Treppe hinunter zum Vordereingang geleitet, wo ein Auto wartete, und küßte meiner Gastgeberin die Hand. Sie blieb am Eingang stehen, wo ein Hauch von Frühling zu spüren war. Das Haus hinter ihr war nur schwach beleuchtet; keine teure Festbeleuchtung. Ehe ich zum Auto ging, versuchte ich mir das Bild von dem Haus, der Glastür und der Frau auf der Türschwelle einzuprägen.

Ja, ich hatte gelesen, daß Raissa Gorbatschowa im Westen als »Geheimwaffe des Kremls« bezeichnet worden war, womit zum Ausdruck gebracht werden sollte, daß sich in der Politik auch persönlicher Charme bezahlt machen kann. Aber mir geht eine Szene nicht aus dem Sinn, deren Zeuge ich vor dem Klub der Bergleute in Donezk wurde: Raissa Gorbatschowa nimmt freundlich eine Frau an der Hand, augenscheinlich eine Arbeiterin, die etwas sagen möchte, der es aber nicht gelingt, sich einen Weg zu den großen Tieren zu bahnen. Sie führt sie in den Kreis, in dem eine hitzige Diskussion über politische und wirtschaftliche Fragen entbrannt ist. Wahrscheinlich geht mir diese Szene deshalb nicht aus dem Sinn, weil sie sich vor meinen Augen so häufig wiederholt hat. Nicht nur in Donezk, sondern auch in Swerdlowsk oder in Nischni Tagil.

Auf dem Rückweg nach Moskau denke ich: Und im Kreml? Wessen »Waffe« ist sie im Kreml? Denn soviel ist gewiß: Auch dort ist sie nicht nur eine Porzellanfigur.

Heute, da ich mehr über Raissa Gorbatschowa weiß als irgend jemand sonst außerhalb ihrer unmittelbaren Umgebung, habe ich eine klarere Antwort auf diese Frage. Wie elegant und gewandt sie sich auf dem politischen Parkett auch bewegen mag, wobei sie es auf ihre Weise menschlicher, attraktiver, fürs

Auge freundlicher und für die breite Öffentlichkeit sogar interessanter macht, so folgen ihr doch stets, wie mir scheint, ihre unsichtbaren Begleiter: die Not ihrer Kindheit, die blinden Krüppel, die nach dem Krieg nicht eben nüchtern auf den Bahnsteigen sangen, die Bergmannsfrauen, die gegenwärtig unter den demütigenden Versorgungslücken und der Unordnung in unserem Land zu leiden haben. Wenn Raissa Gorbatschowa im Westen als »Waffe des Kremls« bekannt ist, so ist sie innerhalb des Kremls eine »Waffe« derjenigen, die keine Waffen haben. Gebe Gott, daß es so ist!

Kürzlich habe ich irgendwo einen sehr interessanten Bericht gelesen. Eine Gruppe von Fachleuten hat eine Untersuchung über das weibliche Schönheitsideal in der Bevölkerung durchgeführt – nur weiß ich nicht, was das für Fachleute waren: für weibliche Schönheit oder Statistik. Sie sammelten Daten, werteten sie aus und kamen zu einigen allgemeinen Schlüssen, die wirklich verblüffend sind. Wie sich herausstellte, entspricht das Ideal dem Durchschnitt, einem Gesicht, das aus einer durchschnittlichen Nase, ganz gewöhnlichen Lippen, Augenbrauen usw. zusammengesetzt ist. Die Symmetrie herrscht anscheinend nicht nur im Reich der Natur, sondern auch in unserer Phantasie. Je weniger Individualität, desto größer die Attraktivität. Ist irgend etwas verkehrt an der Individualität, zumindest in der populären Vorstellung von Schönheit?

In Rußland trat die Frau des Staatschefs, schon aus einem Gefühl des Selbstschutzes, gewöhnlich keinen Millimeter aus dem Schatten ihres Mannes heraus. Je mehr sie in seinem Schatten blieb, desto besser.

Raissa Gorbatschowa hält sich ganz bewußt von allen Ebenen der offiziellen Machtstruktur fern: Wenn sie überhaupt eine Rolle spielt, dann nur in der Wohltätigkeitsarbeit und selbst dort nicht an prominenter Stelle. Ich könnte nicht sagen, daß sie die politischen Grenzen, die ihr Mann abgesteckt hat, jemals überschreitet oder sich eine Eigenmächtigkeit erlaubt. Das tut sie nicht, und sie hütet sich auch davor. Die Art, wie sie vor allem im Fernsehen spricht, trägt nicht nur den Stempel ihrer langjährigen Lehrtätigkeit, sondern verrät auch eine strenge Selbstkontrolle.

Die Konturen der beiden fallen genau zusammen, und dennoch kann man ein deutliches, seltsames Leuchten an den Rändern erkennen. Ich würde das allerdings nicht das Raissa-Gorbatschowa-Phänomen nennen, sondern das Phänomen der Gorbatschows. Sie erlaubt sich eine Individualität, die sie in erster Linie in ihrem Selbstwertgefühl zum Ausdruck bringt, und er achtet dieses Gefühl stets mit stillem Respekt. Das macht das Gorbatschow-Phänomen aus: die Bewahrung ihrer Individualität.

Ich habe bemerkt, daß Raissa Maximowna oberflächliche Konversation nicht mag. In jedem Gespräch behält sie die Fäden fest in der Hand. Sie reagiert wohlwollend, wenn man das rechte Wort trifft oder einen lohnenden Gedanken vorbringt. Geht aber eine Bemerkung daneben, reagiert sie mit großer Schärfe. Kurzum, die Frau, deren Buch Sie gerade lesen, gehört nicht zu jenen, bei denen sie sich geistig entspannen können, wenn Sie mit ihnen sprechen. Der Verstand muß wach und funktionsbereit bleiben.

Sie ist auch eine Frau, die ihre Augen nicht vor der Wahrheit verschließt: nichts wissen, nichts sehen, nichts hören. Sie weicht nicht aus, nennt die Dinge lieber beim Namen. Ich bin nicht sicher, ob es an der Spitze des sowjetischen Establishments viele Leute gibt, die dem Präsidenten die Wahrheit sagen, so demokratisch er auch auftritt. Aber ich bin überzeugt, Raissa Maximowna gehört dazu; das ist mir mehr als einmal zu Ohren gekommen. Und das, obwohl es für sie wahrscheinlich viel schmerzlicher und schwieriger ist als für jeden anderen, die ungeschminkte Wahrheit zu sagen.

Manchmal mag das Heil in einer Lüge liegen. Sie hingegen

scheint zu glauben, daß nur die Wahrheit heilsam sein kann, so bitter sie auch ist. Das entspricht eher ihrem Charakter und ihrer Vergangenheit.

Meine Hoffnungen

Ich schreibe diese abschließenden Zeilen am späten Abend. Wremja (Die Zeit), *die wichtigste Nachrichtensendung des sowjetischen Fernsehens, ist gerade zu Ende. Sie enthielt einen Beitrag, der in direktem Zusammenhang mit meinem letzten Besuch bei Raissa Gorbatschowa stand. Meine Gastgeberin hatte mich auf einen Stapel Briefe und Telegramme aufmerksam gemacht, die ihr Mann zum sechzigsten Geburtstag erhalten hatte, und erzählt:*

Ein Rentner und Bienenzüchter aus der Ukraine machte Michail Sergejewitsch anscheinend eine Tonne Honig zum Geschenk.

Warum »anscheinend«?

Nun, ich erhielt eine Benachrichtigung, wir sollten eine Tonne Honig in Empfang nehmen. Ich dachte, da ist wahrscheinlich etwas schiefgegangen. Statt ein Kilogramm hat jemand eine Tonne geschrieben.

Lassen Sie uns die Geschichte von dem Honig im Buch erzählen, sie ist interessant.

Ich bin nicht sicher. Auf jeden Fall sollten wir uns vergewissern. Vielleicht war es wirklich ein Irrtum.

Dem Bericht in Wremja *zufolge war es kein Irrtum. Raissa Gorbatschowa brachte den Honig in ein Altenheim. Dort saß sie inmitten der alten Leute, plauderte mit ihnen, beantwortete Fragen und trank Tee mit dem Honig, der auf Anweisung ihres Mannes an das Altenheim weitergeleitet worden war. Und noch ein anderes Geschenk für den Präsidenten hat in diesem Moskauer Altenheim einen Platz gefunden: ein Fernsehapparat mit allen Schikanen. Michail Gorbatschow hatte ihn in Beijing von Li Peng geschenkt bekommen und an die alten Leute weitergegeben.*

Ich hatte schon früher erfahren, daß die Sache mit dem Honig kein Irrtum war. Zufällig hatte ich die Person getroffen, die der Präsident beauftragt hatte, einen Teil des Honigs an ein Heim für geistig behinderte Kinder zu schicken, die nach der Geburt von ihren Eltern weggegeben worden waren.

Der »Honig des Präsidenten« wurde an drei Einrichtungen verteilt: an das Kinderheim, das Altenheim und die Zentrale Kinderklinik in Moskau, die, wie bereits erwähnt, von Frau Gorbatschowa unterstützt wird.

Eigentlich sollten der Schluß des Buches und ein Nachtrag dazu von der Autorin selbst geschrieben werden. Aber nun schreibe ich diese Zeilen, nachdem ich auf dem Bildschirm das konzentrierte und beherrschte Gesicht der Frau gesehen habe, mit der ich erst kürzlich gesprochen hatte, und nachdem ich gehört habe, wie sie den alten Menschen in einer für sie und das sowjetische Fernsehen ungewohnten Weise Ostergrüße übermittelte.

Der Präsident macht schwere, ja bittere Zeiten durch. Vielleicht ist der ukrainische Imker ein entfernter Nachkomme desselben Rudy Panko, über den Gogol seine unvergeßliche Erzählung Abende auf dem Vorwerk bei Dikanka *schrieb. Und vielleicht ahnte er in seiner Naivität gar nicht, welche Symbolkraft sein Geschenk hatte.*

Raissa Gorbatschowa hat bereits erklärt, warum sie dieses Buch schreiben wollte. Das Buch ist eine Erklärung ihres eigenen Ichs. Während sie sich in ihm an den ausländischen

Leser wendet, schaut sie aus den Augenwinkeln natürlich auch auf den russischen Leser. Wer weiß, vielleicht handelt es sich ja nur um einen Test, ehe sie ein Buch schreibt, das ausschließlich für das sowjetische Publikum gedacht ist. Raissa Gorbatschowa möchte im eigenen Land Verständnis finden. Als sie beschloß, dieses Buch zu schreiben, mußte sie die Grenzen ihres Charakters, ihrer Zurückhaltung und letztlich der Tradition überschreiten. Wenn mich nicht alles täuscht, hat bisher nur eine einzige sowjetische First Lady – Lenins Frau Nadeschda Krupskaja – ähnliches gewagt. Sie handelt gegen die Tradition, obwohl sie gerade deshalb so häufig kritisiert wird, weil sie sich über die ältesten Traditionen dieses Landes hinwegsetzt. Verständnis bedeutet bis zu einem gewissen Grad Unterstützung.

Als Mensch bin ich beeindruckt von dem ehrlichen Impuls, der Raissa Gorbatschowa antreibt. Zudem bin ich zutiefst davon überzeugt, daß Michail Gorbatschow, bei aller Besonderheit seiner Person, keine zufällige, sondern eine vollkommen logische und notwendige Gestalt unserer modernen Geschichte ist. Seine Besonderheit besteht vermutlich darin, daß er mit ungewöhnlichem Scharfsinn die allgemeine Richtung, in die sich die Dinge bewegen – weg von einer zerrissenen und gespaltenen Welt, die sich selbst zu zerstören droht, hin zu einer einheitlichen Welt –, und die latente Bereitschaft der Gesellschaft, diese Richtung einzuschlagen, erkannt hat. Er brachte Tempo in diese Bewegung, mit allen damit verbundenen Konsequenzen. Er tat dies, weil er wußte, daß ihm nur wenig Zeit blieb.

Bei der nochmaligen Lektüre des russischen Historikers W. O. Kljutschewski stellte ich fest, daß Peter der Große, der entschiedenste und vehementeste Reformer Rußlands, das Land sechsunddreißig Jahre lang regierte. Er wurde 1682 zum Zaren gekrönt und regierte von 1689 bis 1725. Offenbar bedarf es in Rußland so vieler Jahre, um tiefgreifende Reformen durchzusetzen! Gorbatschow wußte, daß er keine sechsunddreißig Jahre regieren würde, und nicht nur deshalb, weil er endgültig mit dem Stalinismus gebrochen hatte.

Wir alle in diesem Land warten darauf, daß er Ergebnisse vorweist – »hier und jetzt«. Als Vater von vier Kindern würde ich mich, trotz der allgemeinen und ganz natürlichen Ungeduld, der Meinung anschließen, daß wenigstens unsere Kinder etwas von den Ergebnissen haben sollten, so es denn welche gibt. Betrachten Sie dies bitte als verzeihliche Abschweifung eines Reporters auf das ihm unvertraute Terrain der politischen Verallgemeinerung.

Jetzt gebe ich das Mikrophon weiter an Raissa Gorbatschowa:

So, Georgi Wladimirowitsch, wie vereinbart ist dies heute unsere sechste und letzte Sitzung. Waren es Gespräche, Interviews, oder war es einfach eine Zeit der Besinnung? Ich weiß es nicht. Sie werden sich erinnern, daß ich nicht sofort zu diesen Interviews bereit war. Warum? Nun, ich habe bereits am Anfang des Buches darüber gesprochen. Damit haben wir angefangen.

Michail Sergejewitsch und ich lieben Balladen. Vielleicht ist das typisch für unsere Generation. Eine unserer Lieblingsballaden, die wir uns oft zu Hause auf Platte anhören, ist ein altes russisches Liebeslied von A. Abasa mit einem Text von Turgenew. Es ist eines der wenigen Liebeslieder, die Turgenew geschrieben hat, und wird von Nicolai Gedda gesungen – »Ein nebliger Morgen, ein trüber Morgen, die düsteren Felder sind schneebedeckt«. Ein wunderschönes Liebeslied! Bei Geddas Stimme weiß ich nicht genau, welches Adjektiv ich verwenden soll: schön, bezaubernd, märchenhaft oder phantastisch. Ein Liebeslied versetzt einen in die Stimmung, in der man sich an Vergangenes erinnert. Auch der Held des Liedes erinnert sich. Aber, Georgi Wladimirowitsch, unser Leben mit seinen täglichen Ereignissen, Problemen und Sorgen und unsere Stunden, Tage und Jahre, die zum Bersten voll sind, lassen uns keine Zeit für Erinnerungen.

Ich habe Michail Sergejewitsch viele Male sagen hören: »Ich wollte immer schreiben und will es noch. Aber ich habe einfach keine Zeit dazu.« Mich befielen Zweifel: Sollte ich Interviews geben und über mich sprechen? Wozu? Oder über Michail Sergejewitsch sprechen? Niemand kann besser und glaubhafter erzählen, was er durchgemacht hat und noch durchmacht, als er selbst. Was er getan hat, wie und warum. Überall im Leben herrscht »Arbeitsteilung«: Einige tun etwas, andere schreiben darüber und üben Kritik. Jeder hat sein eigenes Schicksal. Aber das nur nebenbei.

Jedenfalls, Georgi Wladimirowitsch, bereue ich nicht, mit Ihnen gesprochen zu haben. Ich bereue es nicht, obwohl diese vier Monate – soweit ich mich erinnere, fand unser erstes Gespräch irgendwann Ende Dezember letzten Jahres statt – für mich physisch, psychisch und emotional ziemlich anstrengend waren. Wohl auch deshalb, weil sie in eine schwere, ja vielleicht sogar die schwerste Zeit in der Geschichte unseres Landes und für Michail Sergejewitschs Arbeit fielen. Und weil ich zum erstenmal in meinem Leben zur Ruhe kam und mein Leben noch einmal durchlebte. Ich habe versucht, mich an Fakten und Ereignisse aus meiner Vergangenheit zu erinnern. Und ganz unerwartet tauchten aus unvorstellbaren Tiefen meines Gedächtnisses diese Episoden, Ereignisse und Fakten meiner Vergangenheit auf. Wie kleine Perlen fügten sie sich zusammen, reihten sich aneinander und bildeten eine lange, endlose Kette von Erinnerungen. Wahrscheinlich macht jeder einmal eine solche Erfahrung.

Ich habe festgestellt, daß es noch viel mehr gibt, über das ich sprechen möchte: über meine Familie, über die Menschen, mit denen mein Leben verknüpft ist, und über das, was ich gesehen habe. Und über die Briefe, die man mir geschickt hat.

Früher hatte ich nie Gelegenheit, über diese Dinge zu sprechen.

Und noch einmal, es war gar nicht so leicht, diese Flut von Erinnerungen gefühlsmäßig zu verdauen. Ich hatte wirklich den Eindruck, als erlebte ich alles noch einmal. Wie ich Ihnen schon sagte, ich mußte weinen, wenn ich mich an dieses oder jenes Ereignis erinnerte, und es tat mir in der Seele weh. In diesen vier Monaten habe ich alles noch einmal durchlebt.

Schließlich versuchte ich zu verstehen und zu begreifen, was geschehen war und was jetzt geschieht. Auch das ist mir ungeheuer wichtig. In diesen vier Monaten sind viele ungewöhnliche Dinge geschehen und wichtige Entscheidungen getroffen worden. In unserem Land und in uns selbst fanden zahlreiche Veränderungen statt. Es war eine schwierige, wahrhaft schicksalsträchtige Zeit.

Die Perestroika ist kein dürrer Feigenbaum, sondern trägt Früchte. Aber sie hat auch schlimme Dinge aufgedeckt oder vielleicht selbst unfreiwillig verursacht. Ich träume von der Zeit, in der es diese Dinge nicht mehr gibt, in der die Perestroika greifbare und reiche Früchte trägt, damit jeder spürt, und das ist für mich das Wichtigste, daß er mit sich selbst im reinen ist, daß er festeren Boden unter den Füßen hat, daß er den Tisch reicher decken kann und daß es ihm zu Hause besser geht. Ich wünsche mir, daß mein Mann und seine Anhänger das, was sie begonnen haben, zu einem erfolgreichen Abschluß bringen und in den Genuß der Früchte der enormen Umgestaltung kommen, die sie eingeleitet haben.

Ich möchte vor allem etwas über die Kollegen meines Mannes sagen, über die Leute, die zusammen mit ihm die Veränderungen begonnen haben, heute noch an seiner Seite stehen und gegen alle Hindernisse, Irrtümer und Vorurteile ankämpfen. Manche kenne ich gut, andere weniger gut, vor allem die Jüngeren, die sich erst später auf diesen dornigen Weg begeben haben, der für das Land und die Gesellschaft so überaus wichtig ist. Jedem von ihnen danke ich für die aktive Unterstützung, die sie meinem Mann gewährt haben, und für die Loyalität zur gemeinsamen Sache. Ich wünsche allen viel Glück. Ich wünsche ihnen und ihren Familien, daß sie nicht aufgeben und nicht die Willenskraft verlieren, die durch die Bedeutung der Sache, der sie dienen, gestärkt wird.

Die Stabilisierung des Konsumgütermarktes und des Währungssystems, die Bodenreform, der stufenweise Abbau staatlicher Kontrolle und das freie Unternehmertum setzen sich allmählich durch. Wenn dieser Prozeß nicht durch politische Umwälzungen gestört wird, dürfen wir mit Recht eine Wende zum Besseren erwarten. Und zwar je früher, desto besser!

Am 13. März 1991 wurde das erste Referendum in der Geschichte unseres Landes durchgeführt. Achtzig Prozent der wahlberechtigten Sowjetbürger gingen zu den Urnen und beantworteten die Frage: »Halten Sie es für notwendig, die Union der Sozialistischen Sowjetrepubliken als erneuerte Föderation gleichberechtigter, souveräner Republiken beizubehalten, in denen die Rechte und Freiheiten von Personen aller Nationalitäten in vollem Umfang garantiert werden?« Darauf antworteten 76,4 Prozent mit: »Ja, wir wollen eine große, neue, demokratische Sowjetunion.«

Ich glaube und hoffe, das sowjetische Volk hat genug Kraft, Selbstbeherrschung, Vaterlandsliebe und, was ich für besonders wichtig halte, gesunden Menschenverstand, um alle Schwierigkeiten und Hindernisse auf dem Weg dahin zu überwinden. Ich wünsche mir, daß die Sowjetunion auf dem Weg zur Erneuerung eine Einheit bleibt – von Menschen, Republiken und Idealen. Wir dürfen nicht zulassen, daß die unschätzbare, jahrhundertealte moralische und soziale Erfahrung so vieler Sprachgruppen und Menschen, die zusammen leben und arbeiten, einfach in den Wind geschlagen wird. Vielmehr bin ich der Meinung, daß diese Erfahrung für jeden von Wert ist, für die gesamte menschliche Zivilisation. Wer weiß, vielleicht stellt ebendiese jahrhundertealte gegenseitige Anziehung und Durchdringung eine, wie es früher hieß, »Emanation des Geistes« dar – von allen Völkern der Union, einschließlich des russischen.

Ich hoffe auf Frieden. Es gibt nichts Schrecklicheres oder Unmenschlicheres als Krieg. Das Unheil des Krieges, egal wo, wann oder über wen es hereinbricht, ist eine Tragödie für die gesamte Menschheit. Noch vor wenigen Jahren ertönte beinahe jedesmal, wenn Michail Sergejewitsch Begegnungen mit dem Volk hatte, der Ruf: »Wenn es nur keinen Krieg gibt!« Und in den sechziger und siebziger Jahren, als ich als junge Soziologin mit meinen Fragebögen von Haus zu Haus ging, stellten mir vor allem Mütter die bange Frage: »Es wird doch keinen Krieg geben?« Ich erkundigte mich nach ihrem Lohn, ihrer Arbeit, ihren Kindern, ihren Familien und ihren Bedürfnissen, wie oft sie ins Kino gingen, Klubs oder Freunde besuchten – der Fragebogen enthielt auch solche Fragen –, und sie antworteten: »Wenn es nur keinen Krieg gibt!« Heute sind solche Rufe und Fragen nicht mehr zu hören. Die Gefahr eines weltweiten Infernos, die Gefahr der Vernichtung, die jahrzehntelang in jedem Haus und in jeder Familie unseres Landes gegenwärtig war, ist inzwischen gebannt. In meinem Land, das sich jahrhundertelang an der Nahtstelle zweier Welten befand, führte das zu einer veränderten Wahrnehmung der Welt und der Einstellung zu ihr: von einem dauernden Zustand der Angst zu einem Gefühl von Sicherheit.

Die Welt ist nicht mehr in zwei Lager gespalten. Für Rußland, für die Sowjetunion und für alle Völker der Erde ist der Friede sicherer geworden. Darauf bin ich stolz, denn schließlich ist das auch in großem Maße den politischen Bemühungen und staatsmännischen Fähigkeiten meines Mannes zu verdanken. Ich bin stolz auf den Friedensnobelpreis, der ihm verliehen wurde. Natürlich habe ich Angst, daß es in unserem Land zu einer Konfrontation kommen könnte. Ein solch zerstörerischer und sinnloser Konflikt könnte sich nicht nur für unser Volk, sondern auch für die ganze Menschheit zu einer Tragödie entwickeln. In einer friedlichen Zukunft liegen das Glück und das Wohlergehen der Menschen dieser Erde, das Glück unseres Landes, unserer Kinder und Enkelkinder – und auch der Familie des Präsidenten.

Gerade ist der März zu Ende gegangen; er ist ein besonderer Monat im Leben Michail Sergejewitschs: Im März 1985 wurde er zum Generalsekretär des Zentralkomitees der KPdSU, im März 1990 zum ersten Präsidenten des Landes gewählt. Am 2. März 1991 feierte er seinen sechzigsten Geburtstag. Aus allen Landesteilen erreichten uns Tausende von herzlichen und dankbaren Glückwunschschreiben von den unterschiedlichsten Menschen.

»Lieber Michail Sergejewitsch!

Herzlichen Glückwunsch zum Geburtstag. Ich wünsche Ihnen von ganzem Herzen alles Gute, Gesundheit, Glück und Standhaftigkeit. Schließlich ist es eine schwere Bürde, der Präsident unseres unglückseligen Landes zu sein. Wir sind Ihnen unendlich dankbar, daß sie das Unglaubliche geschafft haben, uns von der Angst zu befreien und uns Hoffnung und Freiheit zu schenken. Wir sind unter Breschnew aufgewachsen und betrachteten jeden in der Regierung mit Abscheu und Haß. Aber zu Ihnen haben wir Vertrauen. Und wenn die landesweite Präsidentenwahl stattfindet, werden wir Sie wählen.

Mit größter Hochachtung – Lew Issaakowitsch Sigal, Marina Valentinowna Morosowa, Moskau.«

»Guten Tag, Michail Sergejewitsch!

Seien Sie nicht traurig, daß Sie sechzig geworden sind. Das ist noch kein Alter. Jeder Tag, den Sie leben, ist wie ein Jahr. Die gute Saat, die Sie mit Ihrem Herzen und Ihrem Verstand in unserem sündigen Land gesät haben, wird zwangsläufig eine reiche Ernte und viel Freude bringen. Wohin darf ich Ihnen ein paar getrocknete Champignons schicken?

Familie Tschakuschkin, Tscheboksary.«

»Sehr geehrter Michail Sergejewitsch!

Aufrichtige Glückwünsche zum Geburtstag. Haben Sie Mut, lieber Genosse, im Kampf um Gerechtigkeit und Glück für die Menschen.

Kommunisten, Mitglieder des Komsomol und der Pioniere, die Lehrer und alle Mitarbeiter der Schule Nr. 64 in Stawropol.«

»Sehr geehrter Michail Sergejewitsch!

Meine herzlichsten Glückwünsche zu Ihrem sechzigsten Geburtstag. Zuallererst wünsche ich Ihnen Gesundheit und Willensstärke. Geben Sie nicht auf und weichen Sie nicht zurück. Ich sehe, daß Sie Schwierigkeiten haben. Ihre politischen Gegner, und nicht nur die, verstecken sich hinter demokratischen Phrasen und liefern Ihnen und Ihren Anhängern einen erbitterten Kampf. Dabei bedienen sie sich nicht nur politischer Methoden. Leider ist es ihnen gelungen, einen Teil der Bevölkerung unseres Landes buchstäblich zum Narren zu halten, wobei sie die wirtschaftlichen Probleme und die Nationalitätenkonflikte, die – da bin ich sicher – durch die Schuld dieser ›Demokraten‹ entstanden sind, für ihre eigennützigen Ziele ausnutzen. Ich wünsche Ihnen nochmals Gesundheit, Erfolg und Glück in Ihrem Privatleben.

Ihr treuer Anhänger A. Koslow, Smolensk.«

»Sehr geehrter Michail Sergejewitsch!

Wir gratulieren Ihnen von ganzem Herzen zu Ihrem Geburtstag. Wir wünschen Ihnen Gesundheit und Erfolg bei Ihren eifrigen Bemühungen, unser Vaterland wieder aufzurichten. Alle echten Arbeiter sind ganz auf Ihrer Seite. Wir unterstützen Sie und vertrauen Ihnen. Sie sollen wissen, daß Sie unsere Hoffnung sind. Wir umarmen und küssen Sie. Möge Gott Ihnen beistehen.

Alla Karabanowa und Nina Nasarowa, Telegraphistinnen beim Hauptpostamt Moskau.«

»Lieber und hochverehrter Michail Sergejewitsch!

Aufrichtige Glückwünsche zu Ihrem Geburtstag. Und allerbeste Gesundheit für Sie. Bitte, halten Sie trotz Lügen und Extremismus durch. Ein aufrichtiges Kompliment für Ihre Geduld und Ihren Mut. Denken Sie daran, daß Ihre Charakterstärke unsere Hoffnung ist. Wir unterstützen Sie von ganzem Herzen.

M. Schask, Leningrad.«

»Lieber Michail Sergejewitsch!

Ich gratuliere Ihnen zu Ihrem Geburtstag. Ich wünsche Ihnen Gesundheit und Erfolg für Ihre schwierige Aufgabe. Ich möchte, daß Sie immer Präsident bleiben und für den Frieden kämpfen. Kommen Sie und seien Sie unser Gast in Petrosawodsk! Dann können wir zusammen angeln gehen.

Mischa Tortschik, neun Jahre, Petrosawodsk.«

»Sehr geehrter Michail Sergejewitsch!

Wir gratulieren Ihnen zum Geburtstag und wünschen Ihnen Erfolg bei Ihrer schwierigen Arbeit.

Studenten der Staatlichen Universität Lwow.«

Hier sind noch zwei Briefe, auf die ich besonders aufmerksam machen möchte:

»Sehr geehrter Michail Sergejewitsch!

Zu Ihrem Geburtstag sende ich Ihnen die herzlichsten Glückwünsche. Trotz meines hohen Alters gab mir das Schicksal noch die Gelegenheit, Sie kennenzulernen, einen Mann, der im Mittelpunkt des Weltgeschehens steht. Das war für mich eine außerordentlich wertvolle Erfahrung. Ich betrachte Sie als einen Segen. Das Leben hat vieles durcheinandergebracht (aber nicht alles!). Es ist schwer, sich vor den Stürmen des Lebens zu schützen, denen wir alle ausgesetzt sind. Ich bin in der russischen Provinz geboren und glaube weiter an den mit der Scholle verwachsenen Menschen. Er ist dem Himmel näher und deshalb stärker als die »Menschen der Luft«. Ich sende Ihnen meine herzlichsten Grüße und wünsche Ihnen Gesundheit, Willensstärke und ein langes Leben, damit Sie die Aufgabe erfüllen können, die Ihnen auferlegt wurde.

Mit größter Hochachtung, Georgi Wassiljewitsch Swiridow [der führende sowjetische Komponist].«

»An den Präsidenten der UdSSR, M. S. Gorbatschow!

Hochverehrter, lieber Michail Sergejewitsch! Erlauben Sie mir, daß ich Ihnen aufrichtig und von Herzen zu Ihrem sechzigsten Geburtstag gratuliere. Ich bete zu Gott, daß er Ihnen Kraft gebe und Ihr Herz stets seine Weisheit bewahre, die ganz von Frieden und Liebe erfüllt ist. Möge Ihre Arbeit als Oberhaupt des großen Sowjetstaates gesegnet sein, und mögen Sie Erfolg haben bei der Stärkung der Einheit unserer Völker in all ihrer Vielfalt und der gegenseitigen Bereicherung ihres Lebens. Ich glaube, daß mit Gottes Hilfe die große Sache, die Sie zur Erneuerung unseres Vaterlandes auf der Grundlage demokratischer, gesetzestreuer und moralischer Prinzipien in Gang gesetzt haben, trotz aller Schwierigkeiten doch noch ein gutes Ende finden wird. Ich versichere Ihnen, unsere Gebete und Mühen sind ein untrennbarer Bestandteil dieses historischen

Prozesses. Bitte übermitteln Sie Ihrer Gattin, Raissa Maximowna, und all denen, die Ihnen nahestehen, meine aufrichtigen Glückwünsche.

Hochachtungsvoll, Alexi, Patriarch von Moskau und ganz Rußland.«

Wir erhielten an Michail Sergejewitschs Geburtstag auch eine Menge Blumen: herrliche Rosen, prachtvolle Orchideen, Boten des Herzens, Nelken und Tulpen aus der Steppe, wunderschöne blaue Iris – die Farbe der Hoffnung –, Sträuße aus karminroten Flamingoblumen mit gelben, lilafarbenen und weißen Freesien. Aus Tradition schenke ich Michail Sergejewitsch Veilchen zum Geburtstag. Es sind zarte, anmutige Blumen und duften nach freiem Himmel und Frühling. Für uns sind sie ein Symbol der Jugend, und sie erinnern uns an unser erstes Ehejahr, als Michail Sergejewitsch und ich zum erstenmal nach der Hochzeit in seinen Heimatort fuhren. Kennen Sie diese Tradition des Südens – einen kleinen Garten vor dem elterlichen Haus und den Duft der Veilchen, die dort blühen? Seit damals schenke ich ihm nur noch Veilchen.

Im Namen seiner und meiner Mutter, im Namen unserer Kinder, Enkel und Geschwister und natürlich in meinem eigenen Namen sagte ich zu Michail Sergejewitsch an seinem sechzigsten Geburtstag: »Danke, daß es dich gibt, daß du bist, wie du bist, und daß wir bei dir sein dürfen.«

Ich hoffe, daß mein Mann gesund bleibt; immerhin ist er gerade sechzig geworden. Ich hoffe, daß meine Kinder und Enkel gesund bleiben. Und ich hoffe, daß das Schicksal auch mir die Kraft gibt, so lange wie möglich bei ihnen und bei meinem Mann zu bleiben, ihm beizustehen und jeden Pulsschlag mit ihm zu teilen.

Wir hatten alles im Leben – Freude und Leid, ungeheuer harte Arbeit und extreme nervliche Belastungen, Erfolge und Mißerfolge, Armut, Hunger und materiellen Wohlstand. Obwohl wir das alles durchgemacht haben, ist die ursprüngliche Grundlage unserer Beziehung und unserer Treue zu unseren Ideen und Idealen erhalten geblieben. Ich glaube, daß Willenskraft, Mut und Entschlossenheit meinem Mann helfen werden, die beispiellose Zerreißprobe in der schwierigsten Phase unseres Lebens zu bestehen.

Ich hoffe es.

Moskau
Dezember 1990 bis April 1991

Personenregister